国企混改
实战100例

刘斌　王娜◎编著

中国人民大学出版社
·北京·

这些年来，广大国企朋友在讨论和思考本企业的发展思路、改革方案、优化管理问题的时候，不约而同地问我们一个问题："能不能帮我找到一些国内外相关领域的改革案例呢？"

这充分说明了一件事——管理变革是一门"行胜于知"的实践学问，与其拉洋片谈理论构想，讨论该怎么改革，倒不如简简单单学习已经成熟、成功的经验，说说这样的改革是怎么完成的。案例至少可以做一面镜子，参考参考别人，再对照对照自己，能起到无法替代的作用。

◎ 混改案例的价值

国企面对的混改问题，更加呼唤来自实践的、一手的、新鲜的案例。

混改是一项系统性工程。这项工程既有对企业战略发展的思考，又有对企业资本价值和股权结构的考量，还需要综合考虑企业治理和体制优化、市场化机制建设等若干环节。越来越多的企业意识到，如果想在这样的系统设计和实践中得分更高，必须学习并借鉴成功的混改案例经验，从而绕开实践中的雷区、误区和陷阱。

混改是一项政策牵引工作。混改的方案，通常是由政策空间入手，结合企业具体情况进行一企一策设计，然后在不同的授权范围内进行审核批准。政策是检验改革科学性、规范性、成熟度的基本标尺。宏观层面混改政策鼓励企业个体"因地、因业、因企"进行大胆突破创新；微观企业层面更加需要找到能够对标、对照的类似混改案例，确定本企业的混改价值坐标，才能实施有效的创新性设计。

混改是一项崭新的改革任务。党的十八届三中全会正式提出发展混合所有制经济，之后的几年从中央到地方形成了"1＋N"国企改革政策体系。真正大范围、深层次的混改实践工作，都是近几年才开始的。目前，国企对混改的认知，加起来不到一千天。愈是新的任务，就愈考验管理决策的判断，这时如果能够找到可参考、可解剖的"麻雀"，将对做出正确决策起到愈加重要的作用。

◎ **本书的混改案例**

为广大的国企收集、整理、撰写混改案例，是我们在进行专业研究和服务的过程中义不容辞的责任。

为了更好地履行这项职责，把最新出现的全国混改案例更加全面地展现在国企朋友面前，知本咨询利用多年积累的国企混改大数据、国企混改模型和专业数据分析能力，在 2018－2019 年以天为单位，不断丰富国企混改案例库，并结合我们第三方的认识，对这些案例进行解读和分析。本书中的案例就是这些努力的一部分。

从内容来看，这本案例集是《国企混改实战 100 问》的配套用书，因而两书基本体例保持一致。这本案例集从国企混改涉及的七大领域展开，其中包括混改战略型案例 20 个、混改模式选择型案例 15 个、股权结构设计型案例 12 个、投资人选择型案例 9 个、混改评估定价型案例 8 个、中长期激励型案例 13 个、机制创新型案例 4 个。各位朋友可以结合知本咨询"国企混改七大关键领域，十八个核心问题"方法体系进行解读。

从案例企业来看，我们力求本书的 100 个案例有更广泛的代表性，因此，既选择了如中国联通、招商局集团、中粮集团等知名中央企业集团或者其下属公司，也纳入很多地方性国企，对北京、天津、山东、重庆、江苏等不同地区的国企典型混改案例进行分析。行业方面，所选案例来源于能源、机械、医药、物流、电子、批发零售、信息技术、互联网服务等十多个不同的行业情况，希望对不同行业的特点都有所反映。

从案例时间来看，与其他案例集不同的一点是，本书收集的大多是发生在 2017—2019 年间的混合所有制改革案例，不求完美、不求面面俱到，力求新鲜、力求真实可靠。国企混改是一项与时俱进的历史性工程，只有最新、最真实的企业实践，才能为未来的改革提供最大价值。

◎ 如何利用这些案例

案例的价值是总结出来的，更是实践出来的。

100 个案例摆在各位国企朋友面前，行业各异，区域广阔，大家可以将本书作为一本工具书或参考书，径直从中找寻自己的改革参考对象。同时，这些案例又是在不同的重点领域做出的分类说明，对员工持股、股权设计、管控优化等问题有专题需求的企业朋友们，可以在相关章节里多看几家企业的案例，做好比较。但是，再好的案例也是别人的，只有自己的实践才能推动改革，从案例中寻找灵感，在实践中使梦想成真。

读案例，可以知其然；读问答，可以知其所以然。

本书是《国企混改实战 100 问》的配套案例集，两书既可单独使用，也能一同阅读。《国企混改实战 100 问》是我们对混改核心问题和解决方法的系统阐述，侧重于说理和分析；本书是基于国企混改实战的案例说明，侧重于事实和逻辑。两本书一起使用，可以得到更好的效果。

案例能反映出改革的进展，也能映射出我们努力的方向。

本书是根据知本咨询国企混改研究院的基础案例素材整理出来的，我们注重其时间更及时、内容更丰富。但是，对于不同的案例，也有在完整性、深入性方面的遗憾。国企混改后浪推前浪，国企 2020－2022 年三年改革时间表即将落地，时间不等人，本次案例分析可能没法做到十分完美后再推向社会。各位朋友在阅读时，可以根据企业特点进行取舍和个性化深入。

混合所有制改革大幕已经拉开，在这个历史舞台上，国企的优秀实践必然会持续演奏华丽的乐章。国企改革的历程不会停止，我们的国企改革研究和服务也将持续更新迭代、不断升级。祝愿《国企混改实战 100 问》和《国企混改实战 100 例》作为改革五线谱中的音符，奏出最美丽的合音。

目　录

第 1 章 >>

国企混改全景分析

国企混改政策环境

◎ 中央层面混改政策

为贯彻落实党的十八大关于全面深化改革的战略部署，党的十八届三中全会通过了《中共中央关于全面深化改革若干重大问题的决定》，突出经济体制改革的牵引作用，为后续搭建国企改革"1＋N"政策体系明确了总纲领和总基调。

随着国企改革不断深化与创新，在完善国有资产管理体制、推进混合所有制改革、健全企业法人治理结构、完善市场化经营机制、健全激励约束机制、解决历史遗留问题、加强党的建设等方面的国企改革政策体系建设基本完备。为进一步推进国企全面深化改革，切实破除体制机制的障碍，使国有企业真正做强做优做大，依据《中共中央关于全面深化改革若干重大问题的决定》相关规定，2015 年 8 月党中央、国务院颁布了国企改革的纲领性文件《中共中央、国务院关于深化国有企业改革的指导意见》（中发〔2015〕22 号）。

2015 年至 2017 年，围绕 22 号文件出台了多个配套政策文件，为全面推动国企改革奠定了坚实的基础，并形成了相对完整的"1＋N"政策体系。完善国有资产管理体制方面，主要包括改革和完善国有资产管理体制、推动中央企业结构调整与重组、加强和改进企业国有资产监督、建立国有企业违规经营投资责任追究制度、国有资产交易监督管理、上市公司国有股权监督管理、加强和改进外派董事会工作等；推进混合所有制改革方面，主要包括国有企业发展混合所有制经济的意见、鼓励和规范国有企业投资项目引入非国有资本等；健全企业法人治理结构方面，主要包括完善国有企业法人治理结构指导意见；完善市场化经营机制方面，主要包括开展市场化选聘职业经理人；健全激励约束机制方面，主要包括员工中长期激励机制改革、国有企业工资决定机制改革、中央企业薪酬制度改革、规范中央企业负责人履职待遇等；解决历史遗留问题方面，主要包括加快剥离国有企业办社会职能等；加强党的建设方面，主要包括发挥党的领导、监督作用等。

2018 年以来，中央和国家相关部委在完善国有资产管理体制、推进混合所有制改革、健全激励约束机制等方面持续进行了政策体系的完善与细化。

第一，在完善国有资产管理体制方面，陆续出台了《上市公司国有股权监督管理办法》（国资委、财政部、中国证监会令第 36 号）、《中央企业违规经营投资责任追究实施办法（试行）》（国资委令第 37 号）、《国务院关于推进国有资本投资、运营公司改革试点的实施意见》（国发〔2018〕23 号）、《关于加强国有企业资产负债约束的指导意见》、《中央企业合规管理指引（试行）》（国资发法规〔2018〕106 号）、《国务院关于印发改革国有资本授权经营体制方案的通知》（国发〔2019〕9 号）、《国务院国资委关于印发〈国务院国资委授权放权清单（2019 年版）〉的通知》（国资发改革〔2019〕52 号）、《中国证券监督管理委员会关于修改〈上市公司重大资产重组管理办法〉的决定》（中国证券监督管理委员会令第 159 号）、《国务院国资委关于以管资本为主加快国有资产监管职能转变的实施意见》（国资发法规〔2019〕114 号）、《国务院国资委关于进一步推动构建国资监管大格局有关工作的通知》（国资发法规〔2019〕117 号）等文件。

第二，在推进混合所有制改革方面，陆续出台了《关于印发〈国企改革"双百行动"工作方案〉的通知》（国资发研究〔2018〕70 号）、《关于深化混合所有制改革试点若干政策的意见》（发改经体〔2017〕2057 号）、《国务院办公厅关于印发文化体制改革中经营性文化事业单位转制为企业和进一步支持文化企业发展两个规定的通知》（国办发〔2018〕124 号）、《关于支持鼓励"双百企业"进一步加大改革创新力度有关事项的通知》（国资改办〔2019〕302 号）、《中央企业混合所有制改革操作指引》（国资产权〔2019〕653 号）、《百户科技型企业深化市场化改革提升自主创新能力专项行动方案》（2019）等文件。

第三，在健全激励约束机制方面，陆续出台了《国务院关于改革国有企业工资决定机制的意见》（国发〔2018〕16 号）、《关于扩大国有科技型企业股权和分红激励暂行办法实施范围等有关事项的通知》（财资〔2018〕54 号）、《中央企业负责人经营业绩考核办法》（国资委令第 40 号）、《国务院办公厅关于抓好赋予科研机构和人员更大自主权有关文件贯彻落实工作的通知》（国办发〔2018〕127 号）、《中央企业工资总额管理办法》（国资委令第 39 号）、《关于进一步做好中央企业控股上市公司股权激励工作有关事项的通知》（国资发考分规〔2019〕102 号）等文件。

总之，中央和国家有关国企改革的政策体系基本完备，为有序加快国企改革奠定了良好的政策基础。其中，国企混改已经成为国企改革的主要突破口，在"混"的方面，已有完善国有资产管理体制、推进混合所有制改革、解决历史遗留问题等政策，从而确保"混"的实现。在"改"的方面，也已有健全企业法人治理结构、完善市场化经营机制、健全激励约束机制、加强党的建设等政策，从而确保"改"的有效。

◎ **地方层面混改政策**

伴随着中央改革政策体系的系统性完备，各地在贯彻落实中央国企改革政策的基础上，根据实际情况逐步完善自身国企改革政策内容，并形成具有地方特色的政策体系。

从各地发布的国企混改政策数量来看，出台政策数量最多的前十个省级行政区分别是山东、天津、广西、福建、湖北、云南、浙江、安徽、广东、四川（见图 1 - 1）。

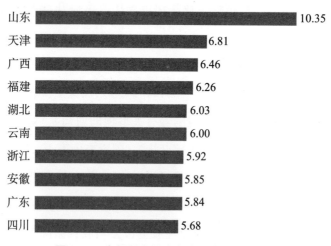

山东	10.35
天津	6.81
广西	6.46
福建	6.26
湖北	6.03
云南	6.00
浙江	5.92
安徽	5.85
广东	5.84
四川	5.68

图 1 - 1　中国国企混改各省政策指数 Top10

1. 山东

山东是我国国有资本大省，国企改革制度设计起步早、任务落实进展快，且始终坚持探索创新。山东国企改革政策体系有以下主要特点：

第一，以完善国有资产管理体制为起点，国企改革政策体系主次明确、基本完备。山东国企改革政策，主要以完善国有资产管理体制、推进混合所有制改革为重点，同时关注健全企业法人治理结构、解决历史遗留问题等方面。

第二，国企改革政策建设快，政策效果逐渐显现。尤其是在组建改建国有资本投资运营公司、规范董事会管理、推进经营层人员契约化管理、国有资产统一监管等方面已经取得显著的政策导向效果。

2. 天津

2014 年以来，天津加快国有企业改革的步伐，市委、市政府不断进行顶层政策设计和健全。目前，天津"1＋N"配套文件体系已基本建设完成，为进一步加速推进国企改革奠定了政策基础。天津国企改革政策体系有以下主要特点：

第一，以健全市场化经营机制为重点，国企改革政策体系基本健全。天津市国企改革政策体系形成过程依次是完善市场化经营机制、推进混合所有制改革、健全激励约束机制、解决历史遗留问题、健全企业法人治理结构。

第二，职业经理人和市场化选聘政策方面突出。在完善市场化经营机制方面，重点在于推行职业经理人和市场化选聘经营管理者。

第三，积极推进集团层面混改。在推进混合所有制改革方面，重点在于推进集团层面混改。

第四，在健全激励约束机制方面，重点在于企业业绩考核和收入分配以及国企工资决定机制等。

第五，在健全企业法人治理结构方面，重点在于规范董事会建设。

3. 广西

2013 年以来，广西不断深化国企改革，逐步建立健全顶层政策设计。目前，"1＋N"配套文件体系已基本建设完成，为进一步深化国企改革奠定了政策基础。广西国企改革政策体系有以下主要特点：

第一，以完善国有资产管理体制为起点和重点，国企改革政策体系基本健全。广西国企改革政策体系形成过程依次是完善国有资产管理体制、健全激励约束机制、推进混合所有制改革、解决历史遗留问题、健全企业法人治理结构、加强党的建设。

第二，在健全激励约束机制方面，重点在于薪酬管理、科技型企业股权和分红激励、工资总额管理等方面。

第三，在健全企业法人治理结构方面，重点在于"三重一大"决策制度、董事会建设等方面。

第四，重点推动省属、市属企业混合所有制改革，而且着重为混改企业提供具体指导意见。

第五，积极完善产业体制改革、创新创业、供给侧改革等其他国企改革政策。

4. 福建

近年来，福建国企改革力度与深度不断延伸，尤其是在全面完成公司制改革、国有控股混合所有制企业开展员工持股试点等方面已经取得一定成效，这都得益于国企改革政策体系的相对完备性。福建国企改革政策体系有以下主要特点：

第一，以完善国有资产管理体制为起点和重点，国企改革政策体系基本健全。福建国企改革政策体系形成过程依次是健全企业法人治理结构、完善国有资产管理体制、健全激励约束机制、推进混合所有制改革、解决历史遗留问题。

第二，完善国有资产管理体制以推进国有资本投资、运营公司建设为重点。

第三，在推进混合所有制改革方面，重点在于指导国有控股混合所有制企业开展员工持股试点。

第四，积极完善产业体制改革、企业改制重组、供给侧改革等其他国企改革政策。

5. 湖北

近年来，湖北国企改革持续深化，逐步完善国企改革政策体系，通过推进混改、股权多元化、平台公司市场化改革等方式，已经在充分发挥市场机制作用、推进主业处于竞争领域的商业类国企开展混改、推进二三级子公司混改和股权多元化方面取得一定成效。湖北国企改革政策体系有以下主要特点：

第一，以健全企业法人治理结构为起点和要点，逐步形成国企改革政策体系，形成过程依次是健全企业法人治理结构、完善国有资产管理体制、健全激励约束机制、推进混合所有制改革、解决历史遗留问题。

第二，健全企业法人治理结构以推进规范董事会工作、完善职工董事和外部董事管理为主。

第三，完善国有资产管理体制的重点之一是深化"放管服"，大力推进政府职能转变。

第四，在推进混合所有制改革方面，重点在于指导国有控股混合所有制企业开展员工持股试点。

第五，积极完善产业体制改革、创新创业、供给侧改革等其他国企改革政策。

6. 云南

2013 年以来，云南国企改革力度不断加大，尤其是在混改方面，起步早、力度强、深度大，涌现出一批混改典范企业，如云南白药、中国联通等。当然，云南在国企混改政策体系搭建方面也较为完备，有以下主要特点：

第一，以完善国有资产管理体制为起点和要点，逐步形成国企改革政策体系。云南国企改革政策体系形成过程依次是完善国有资产管理体制、加强党的建设、健全企业法人治理结构、健全激励约束机制、推进混合所有制改革、解决历史遗留问题、完善市场化经营机制。

第二，完善国有资产管理体制的重点是完善省属企业财务快报、重点项目建设、股权质押及委托管理备案、资产处置流转、出资人职责事项权利清单、现代企业制度、企业分类监管、国有资产集中统一监管等。

第三，在健全企业法人治理结构方面，重点完善外聘监事会工作人员管理、重大事项监事会发表意见、法律顾问和公职律师制度、"三重一大"决策制度、外部董事管理等政策。

第四，在推进混合所有制改革方面，重点在于具体指导国有企业开展混合所有制改革。

第五，积极完善产业体制改革、企业改制重组、供给侧改革等其他国企改革政策。

7. 浙江

浙江是国内民营经济大省之一，民营经济一直在浙江经济发展中占据重要地位。为激发浙江国企的活力和潜力，使国有经济与民营经济齐头并进，浙江一直以来不断推进深化国企改革，在顶层设计方面已经形成了具有浙江特色的"1＋N"政策体系。浙江国企改革政策特点是注重国企"瘦身健体""国民共进"。具体而言：

第一，以推进混合所有制改革为起点，国企改革政策体系持续健全。浙江依次推出了混合所有制改革、完善国有资产管理体制、健全激励约束机制、完善市场化经营机制等方面的政策文件。

第二，以混合所有制改革为突破口激发国企潜力，以市场化经营机制为手段倒逼国企改革，激发国有企业活力和动力。

8. 安徽

在全国国企混改的大军中，安徽混改处于不断有序进行中。党的十八大以来，安徽出台的国企混改政策数量较多，从顶层设计方面支撑了其国企混改行动的加速。安徽国企改革政策体系有以下主要特点：

第一，以完善国有资产管理体制为起点和重点，国企改革政策体系基本健全。安徽国企改革政策体系形成过程依次是完善国有资产管理体制、健全激励约束机制、推进混合所有制改革、健全企业法人治理结构、加强党的建设、解决历史遗留问题。

第二，健全激励约束机制是国企混改的特色之一。重点在于进行工资总额管理、负责人经营业绩考核、经营管理人员培训、启动"538英才工程"等。

第三，重点推动省属企业混合所有制改革，而且着重为混改企业提供法律服务。

第四，在健全企业法人治理结构方面，重点在于规范董事会建设，即全面建立外部董事占多数的董事会，国有控股企业实行外部董事派出制度，完成外派监事会改革。

第五，积极完善盐业体制改革、企业改制重组、供给侧改革、金融资本管理改革等其他国企改革政策。

9. 广东

在国企改革的浪潮中，广东一直走在全国国企改革前列。广东通过健全并完善国企改革的政策体系，以政策为导向促进改革，取得了明显的成效。广东国企改革政策体系有以下主要特点：

第一，以问题为导向完善国企改革政策体系。广东省国有企业具有总体规模庞大、企业数量众多、单个企业规模较小、外部竞争压力大等特点。

在国企改革政策上，广东结合当地实际情况，在出台政策时以问题为导向健全并完善国企改革政策体系。

第二，以健全激励约束机制为起点，国企改革政策体系基本完备。广东依次在健全激励约束机制、推进混合所有制改革、完善国有资产管理体制、加强党的建设等政策方面进行健全、完善。

第三，着力推动国企综合改革，通过国有资本投资、运营公司建设，促进国有资本产业结构优化。2019年，广东明确了国企改革的重点方向是综合改革，重点强调完善国有资产管理体制，尤其是国有资本投资、运营公司改革工作顺利推进。

第四，创新引领，以区域性国资国企综合改革为抓手。2019年8月19日，《中共中央、国务院关于支持深圳建设中国特色社会主义先行示范区的意见》正式发布，支持深圳开展区域性国资国企综合改革试验。早在同年7月8日，《深圳市区域性国资国企综合改革试验实施方案》获批，深圳将努力"建设国资管理体制创新先行区、国有企业综合改革示范区、国有资产综合监管引领区、央地国资国企深度合作区、国有企业高质量发展先锋区"。

10. 四川

近年来，四川不断深化国企改革，积极推进混改向纵深发展。目前，四川国企混改工作已经进入转折期和深水区，不仅注重资本和产权方面的合作力度，而且注重混改面和混改层级，以及两类资本的深度融合。从顶层设计来看，四川在逐步完善国企混改政策体系且已经相对完备。四川国企改革政策体系有以下主要特点：

第一，以健全企业法人治理结构为起点，国企改革政策体系持续健全。四川依次推出了健全企业法人治理结构、健全激励约束机制、完善国有资产管理体制、推进混合所有制改革、加强党的建设等方面的政策文件。

第二，在健全企业法人治理结构方面，重点在于完善薪酬管理、三项制度改革、工资总额管理等政策。

第三，在推进混合所有制改革方面，混改不仅注重宏观政策导向，更加注重具体操作以及员工持股试点的实施。

第四，在完善国有资产管理体制方面，主要包括企业所持股权转让、企业国有产权交易、省属企业功能界定与分类、企业投资、企业主营业务管理、企业结构调整和重组、企业投融资及借款和担保监管、企业资产出租、企业审计监督、企业财务监管、企业对外捐赠、企业违规经营等方面的制度建设。

第五，积极完善产业体制改革、企业改制重组、供给侧改革等其他国企改革政策。

国企混改总体进展

◎ 中央层面混改进展

党的十八大以来，国资委推动国企混改的方向越来越明确、速度越来越快。自 2014 年国资委启动四项改革试点以来，从国企混改试点，到投资运营公司，再到创建世界一流示范企业，不断深入。

目前，国家发改委推动实施国企混改试点累计达到 210 家。2019 年 5月，国家发改委发布第四批国企混改试点名单，入选企业为 160 家。其中，中央企业系统 107 家，地方企业 53 家，资产总量超过 2.5 万亿元。从数量上看，超过了前几年三批试点名单总和的三倍；从资产规模上看，改革试点正在向国民经济骨干行业的大型企业延展。

2018 年，国资委推动"双百行动"改革试点，涉及国企达到 404 家，数量空前，标志着国企混改决心不改，加量加速。2019 年 5 月，国资委对"双百行动"改革试点进行调整，调整后共 444 家中央企业下属公司和地方国资企业入选名单。2020 年 4 月，国资委再次对"双百行动"改革试点进行调整，目前共 448 家中央企业下属公司和地方国资国企入选，这 448 家"双百企业"将展开公司治理、市场化运营、混改和股权多元化、激励约束机制、历史遗留问题处理，以及加强党的领导等多维度综合改革。

2019 年 12 月，《百户科技型企业深化市场化改革提升自主创新能力专项行动方案》印发，将重点推动部分中央企业和地方国有企业科技型子企业深化市场化改革，成为国有科技型企业改革样板和自主创新尖兵。2020 年 4 月，国务院国资委公布了"科改示范专项行动"入选企业名单，共 204 家国有科技型企业入选（见图 1-2）。

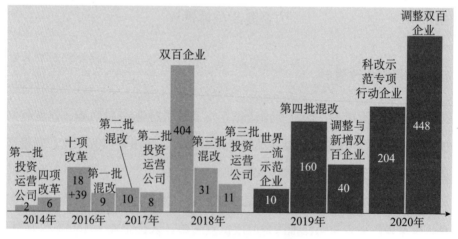

图 1-2 近年来中央混改情况

从数量上看，中央企业及其子企业混改率（按照户数的比例）已经达到了 70%。其中，2018 年，中央企业新增混合所有制户数为 1 003 户，地方国有企业新增 1 877 户，国资委系统的中央企业和地方国有企业一共 2 880 户。

◎ **地方层面混改进展**

近年来，各地方加快混改，不仅试点发力，更呈现批量推动态势。各地国企围绕各自区域产业特色进行深度混改，尤其是天津、山东、江西、山西、辽宁、广东、陕西、浙江等地，推动混改力度明显加大。

根据统计，在 2017—2020 年 6 月期间，各地混改陆续加速。其中，天津推动国企混改力度空前，先后推出混改项目超过 400 个，其中 2017 年推出 194 个，2019 年推出 174 个，2020 年推出 60 个，涉及房地产、制造、金融、服务等多领域；2019 年，山东向国内外推出 82 个省属国企混改项目和 109 个市属（青岛）国企混改项目，集中在基础设施、公共服务领域，2020 年 6 月，山东儒商大会官方公布了 40 个国企混改项目；2019 年，江西国企混改逐渐提速，累计推出国企混改项目超过 200 个；2018 年以来，山西陆续推出 245 个国企混改项目，涉及制造、电力、能源等领域；2019 年内蒙古推出 40 余个国企混改项目，涉及冶金、能源、金融、商贸、文化、交通、投资等领域，2020 年，内蒙古再次推出 47 个国企混改项目，涉及钢铁、能源、金融、旅游、环保、公共服务等领域；2018 年以来，辽宁陆续批量推出国企混改项目，累计推出的项目超过 200 个，涉及钢铁、汽车、煤炭、能源等领域；2020 年，江苏南京推出 20 个市属国有企业混改项目，涉及商贸流通、装备制造、公共服务、房地产、旅游、健康养老、现代农业等领域；2018 年，浙江推出 40 个国企混改项目，涉及交通、能源、环保等领域；早在 2014 年，广东便批量推出 180 个国企混改项目，涉及交通物流、金融服务等 17 个行业，另外在 2018 年广州发布 20 个混改项目，具有一定的影响力，也具备较强的技术优势，涉及科技创新、商业、金融等领域；2019 年，甘肃发布首批 38 个国企混合所有制改革引进战略投资者项目；2019 年，四川省国资委集中推介了 179 个混改项目，涉及资产总额超 3 200 亿元，拟引入社会资本超过 430 亿元；2019 年，陕西推出 23 家省属国企集团的 59 个国企混改项目，加速了陕西国企混改的步伐；2019 年，吉林推出 123 个省属国有企业混改项目，涉及农产品加工、森林工业、旅游等吉林优势产业。

在国企改革顶层政策体系引导下，在中央混改行动的引领下，各地国企混改也在不断推进与加速。2018 年以来，地方国企改革行动最大的亮点是混合所有制改革全面提速，持续推动由"混"到"改"转变。尤其是北京、天津、山西、辽宁、上海、浙江、江西、山东、广东、陕西等地在推进混合所有制改革方面均初见成效，并呈现差异化特点。

1. 北京

2018 年以来，北京国企改革的重点工作是推进混合所有制改革和健全激励约束机制等，并且取得了一定的成效。

北京国企混改的特点是：在推进混合所有制改革方面重点在于提高国有资本证券化水平；在健全激励约束机制方面重点在于积极扩大员工持股试点范围。

据统计，2018 年上半年北京共有 45 家国有企业进行了混改，引进非公有资本合计 73 亿元。北京市国资委批准 6 家企业进入首批员工持股试点企业名单。截至 2018 年上半年，北京市属国企混改比例达到 70%。其中，庆丰包子混改落地、北汽新能源混改并做上市准备、蚂蚁金服和北京汽车集团产业投资有限公司（北汽产投）通过增资方式入股北京环境交易所等混改动作，是北京国企混改的典型实践。

2019 年，北京国企改革重点工作是持续推进混合所有制改革，提升国有企业的科技创新能力；完善国有资产管理体制，加快推进国有资本投资、运营公司试点工作，加快实现北京国企由"管企业"向"管资本"的转变。

2. 天津

2018 年以来，天津市国企改革驶入快车道，国企混改特色鲜明。

第一，从混改项目来看，大量国企放弃绝对控股权成为一大特点。

从天津混改实践来看，大量国企放弃绝对控股权成为一大特点，尤其是在建筑工程、医药等充分竞争领域。而在城市水务行业等非充分竞争领域，国有资本仍以保留绝对控股权为主。

2018 年以来，天津主要的国企混改落地项目如下：

2018 年 5 月 4 日，天津建筑材料集团（控股）有限公司混改项目签约成功，金隅集团受让天津建筑材料集团（控股）有限公司 55％的股权。至此，天津首个集团层面混改项目成功落地，标志着天津在推进市管企业混改工作中迈出实质性一步。

2018 年 8 月，招商局集团入股天津药物研究院，招商局集团所属天津招商天合医药科技发展合伙企业受让天津药物研究院 65％的股权，标志着天津国企混改工作取得新成效、再上新台阶。

2018 年 8 月，天津市属国有独资大型集团——天津建工集团经重组改制，正式成立。此次重组，天津国资将持有改制后的天津建工 35％的股权；绿地集团通过股权收购方式，以 14.859 亿元受让改制后的天津建工 65％的股权，另外，绿地集团拟转让其持有股权中的 10％，推进天津建工经营团队持股计划。

2018 年 8 月，渤海证券公开向社会招聘 4 名高管，开启了天津国企试点职业经理人的步伐。

2018 年 10 月，中国银行天津市分行与天津市国资委签订全面战略合作协议，双方达成千亿元规模的授信意向，助力天津市国企混合所有制改革。

2018 年 12 月，天津水务集团所属华博水务有限公司 49％股权增资项目签约成功，北控水务集团参与此次混改。

2018 年 12 月，天津城市基础设施建设投资集团有限公司旗下天津城投置地投资发展有限公司增资项目成功落地，华润置地有限公司旗下北京润置商业运营管理有限公司增资 79.34 亿元，持有城投置地公司 49％的股权。

2019 年 2 月，央地联手混改项目成功落地，中建六局并购天津振津公司 70％的股权。

2019 年 3 月，天津首家市管企业华泽集团混改签约仪式在天津举行，以增资扩股的方式引入国家电投集团资产管理公司。混改后，国家电投集团资产管理公司持有华泽集团 53.3％的股权。

第二，国企混改项目批量推出，频率不断加快、范围不断扩大。

从天津推出的混改项目来看，呈现的特点是：项目数量多，推出频率不断加快；涉及的行业广泛，包括金融业、批发贸易业、公共设施管理业等多个领域。

天津陆续推出的混改项目如下：

2017 年，天津首次推出 40 多家市属集团的 194 个混改项目，拉开天津国企混改大幕。

2018 年 5 月，天津启动第二批混改项目：天津市国资委推出第二批国企混改项目，共选取了 20 个一级大集团，涉及多家上市企业。

2018 年 11 月，天津混改继续提速，推出第三批混改项目：天津市举办国有企业混改项目招商会，24 个优质国企混改项目集中亮相。

2019 年 1 月，天津混改再加速，推出第四、五批混改项目：天津市国资委推出 100 户国企混改项目；同月，天津市启动了不少于 16 家服务型企业的混改项目。

2019 年 9 月，天津再次批量推出 58 个国企混改项目，涉及的行业和领域有房地产开发、工业制造、建筑施工、金融、医药等。

3. 山西

2018 年同样是山西国企改革加速年。尤其是在推进国企混改和股权多元化方面，山西力求实现重大突破。

第一，从改革项目来看，国企混改及组建两类公司是山西国企改革的重点内容。

2018 年以来，山西主要启动的混改落地项目如下：

2018 年 2 月，山西新一轮国企改革试点单位之一的汾酒集团混改落地，以股权转让方式，作价 51.6 亿元，向华创鑫睿（香港）有限公司转让山西汾酒 11.45％的股权。

潞安集团已划转至山西省国有资本投资、运营公司。2018 年 2 月，山西潞安化工有限公司挂牌，标志着山西省高端煤化工行业整合平台启动。

山西焦煤集团入围山西国有资本投资公司试点，2018 年 3 月全面启动旗下国企混改工作。

阳煤集团牵头，进行山西省属企业煤机装备制造业专业化重组，筹建山西煤机集团，2018 年 11 月底完成全面重组。

2019 年 2 月，西山煤电作为山西燃气集团增资引进的战略投资者，以货币出资 5 000 万元，通过非公开协议方式向山西燃气集团增资。

2019 年 3 月，8 户山西省属国企签署增资协议，正式入股山西燃气集团。这标志着，山西燃气集团股份制改造迈出了实质性步伐。

第二，批量推出国企混改项目，数量众多。

虽然山西大批量推出混改项目时间较晚，但是在数量上表现突出，而且在国企混改项目批量推进过程中，兼顾集团层面与子公司层面混改。2018 年，山西批量推出的国企混改项目如下：

2018 年 11 月，山西推出 108 个优质国有企业混合所有制改革项目，向海内外民营企业和社会资本敞开合作大门。108 个混改项目涉及装备制造、能源、航空、供水等领域，并在不同领域企业分别推进集团层面、子公司层面混合所有制改革。

集团层面混改，重点选出太重集团、文旅集团、建投集团、大地公司和云时代公司 5 户省属国有企业，灵活确定股权比例，引进战略投资者和财务投资者。

子公司层面混改，通过"优中选优"，共筛选出 103 个项目，可开展增资扩股，也可开展股权转让，灵活确定股权比例。其中，电力领域 6 个，新材料领域 7 个，装备制造领域 6 个，新能源领域 5 个，煤炭领域 18 个，现代化工领域 6 个，其他领域 55 个。

2019 年 9 月，山西省国资委在厦门举办的省属国企混改项目专场推介会上，推出了 137 个混改项目，涉及资金约 380 亿元。137 个混改项目不仅涵盖了生态环保、互联网、金融保险等朝阳产业，也涵盖了煤炭、化工、电力等传统优势产业，在股权比例设计上更为灵活，对于一般竞争性混改项目允许出让全部股份，但是对于战略竞争性混改项目国有控股下限为 34%，对于煤炭、电力混改项目则允许民营企业控股。

4. 辽宁

2018 年以来，混合所有制改革成为辽宁国企改革的重点工作，尤其是批量推出混改项目、沈阳综改试验区启动成为辽宁国企混改的特色。

第一，国企混改项目数量较多、涉及领域广泛。2018 年以来，辽宁陆续批量推出的国企混改项目超过 200 个。混改项目涉及领域包括钢铁、汽车、能源、交通、金融等。

第二，集团层面混改逐渐铺开。

第三，国企混改进一步向重点产业和骨干企业集中。

第四，国企混改仍是未来重中之重。2019 年 7 月，沈阳国资国企重点领域和关键环节改革专项工作正式启动，未来积极稳妥推进混合所有制改革成为主要工作。

2018 年以来，辽宁批量推进国企混改项目动态如下：

2018 年 8 月，辽宁推出了全省国有企业混合所有制改革项目 17 个，涉及钢铁、汽车、能源、交通等多个领域。

2018 年 8 月，辽宁推出了 48 个省属国企及旗下单位混改项目，企业涉及本钢集团有限公司、华晨汽车集团控股有限公司、辽宁省交通建设投资集团有限责任公司、辽宁省水资源管理集团有限责任公司、辽宁省能源产业控股集团有限责任公司、中天证券股份有限公司、辽宁省环保集团有限责任公司、抚顺矿业集团有限责任公司、阜新矿业（集团）有限责任公司、沈阳煤业（集团）有限责任公司、辽宁铁法能源有限责任公司、辽宁省粮食发展集团有限责任公司、辽宁省工程咨询集团有限责任公司、辽宁南票煤电有限公司、辽宁省国有资产经营有限公司、辽宁省国际经济技术合作集团有限责任公司、辽宁利盟国有资产经营有限公司等 17 家集团公司。其中，仅中天证券股份有限公司在集团层面启动混改。

2019 年 3 月，辽宁推出 47 个省属国企及旗下单位混改项目，企业涉及本钢集团有限公司、华晨汽车集团控股有限公司、辽宁省交通建设投资集团有限责任公司、辽宁省水资源管理集团有限责任公司、辽宁省能源产业控股集团有限责任公司、中天证券股份有限公司、辽宁省城乡建设集团有限责任公司、辽宁省粮食发展集团有限责任公司、辽宁省工程咨询集团有限责任公司、辽宁省环保集团有限责任公司、辽宁省健康产业集团有限公司、辽宁省辽勤集团有限公司、辽宁省旅游投资集团有限公司、辽宁时代万恒控股集团有限公司、辽宁省国际经济技术合作集团有限责任公司、辽宁省展览贸易集团有限公司、辽宁利盟国有资产经营有限公司等 17 家集团公司。其中，9 家企业在集团层面启动混改。

2019 年 4 月，为吸引各类资本有效参与辽宁国企混改，辽宁国资委推出 52 个国企混改项目，涵盖了能源产业、高端制造业、旅游业、商业管理等产业和领域。52 个混改项目先后在沈阳联合产权交易所、大连产权交易所、北京产权交易所、上海联合产权交易所、深圳联合产权交易所挂牌。

2019 年 9 月，辽宁国资委推出 52 个省属企业优质混改项目，先后在上海、杭州、南京举办省属企业混改项目推介活动，进一步推动辽宁省属企业混改再深化、再提速。

5. 上海

上海在国企改革尤其是混改进度上一直处于全国国企改革相对领先的地位，国企改革成效明显且具有鲜明的特点。2018 年以来，从混改动态及混改效果来看，上海国企混改的特点包括以下几点：

第一，"混"与"改"兼顾推进。

2018 年 3 月，上海市国资国企工作会议召开。会议明确指出，继续推进国企集团整体上市或核心业务资产上市，稳妥实施燃气行业企业混改，深入推进供销社系统综合改革，积极推动企业集团混改，加快推动二级及以下企业混改；在完善市场化经营机制方面，上海国资国企将在总结市管企业职业经理人薪酬制度改革试点经验的基础上，严格业绩考核，一企一策稳妥推进职业经理人机制；在健全激励约束机制方面，鼓励上市公司、科技型企业、国有创投企业加大实施股权期权、分红激励和跟投机制试点力度。

2018 年 7 月，上海市市长应勇在国际集团和国盛集团调研时指出，要坚定不移推进上海国企改革，努力把上海建设成为国企综合改革示范区。

2018 年 11 月，华东建筑集团下属公司入选上海市国有控股混合所有制企业员工持股试点名单。

第二，建立国企混改基金助力国企混改。

2018 年 10 月，上海诚通股权投资基金管理有限公司成立，总规模达300 亿元。诚通股权投资基金主要参与上海国企改革，促进发展混合所有制经济。

第三，加速国企整体和核心业务资产上市。

2018 年上海国有经济发展的质量和效益持续提升，1 月份到 11 月份上海国有企业实现营业收入 3.05 万亿元，利润总额 2 956 亿元；截至 11 月底，上海国资的资产总额达到 19.08 万亿元。

上海坚持以公众公司（公众公司是指向不特定对象公开转让股票，或向特定对象发行或转让股票使股东人数超过 200 的股份有限公司）为导向，发展混合所有制经济。目前，整体和核心业务资产上市的国企已占上海竞争类国企总数的三分之二。

第四，创新引领，战略性新兴产业成重点。

2018 年 7 月，上海出台《关于本市国有企业全力打响上海"四大品牌"的实施方案（2018－2020）》，提出坚持以改革改制、创新转型为动力，深化国资国企改革创新，不断完善品牌建设体系和机制。

第五，区域性综合改革成为重点。

2019 年 8 月，上海出台《上海市开展区域性国资国企综合改革试验的实施方案》，共提出 7 个方面 26 条改革举措。该方案于同年 8 月 20 日起实施。

2019 年 8 月 21 日，上海"区域性国资国企综合改革试验"工作正式启动。上海综改试验坚持市场化、专业化、国际化、法制化的导向，突出完善国资管理体制、推动混合所有制改革、激发员工内生动力等着力点，推动国资国企综合改革。

6. 浙江

浙江是全国国企改革起步较早的省份。近年来，浙江相继完成物产中大集团整体上市、浙商证券首发上市、组建浙江省石油公司等一批重大改革项目。截止到 2018 年年底，浙江国企混改率已超过 70％。浙江推动国企改革的主要特点如下：

第一，完善国有资产管理体制，加速由"管资产"向"管资本"转变。

2018 年，浙江在完善国有资产管理体制政策导向下，为实现国有资本所有权与企业经营权分离，进一步促进国有资本合理流动，优化国有资本向重点行业、关键领域和优势企业集中，进一步提高国有资本配置和运营效率。

2018 年 2 月，浙江推动省能源集团、省交通集团启动省级国有资本投资公司试点工作，深入推动国资监管从"管资产"向"管资本"转变。其中，省能源集团根据自身产业特点，拟通过试点改革加快传统能源产业转型升级，打造综合能源供应新业态；省交通集团将推动交通领域产业集聚，构建与完善全新的交通产业体系。

第二，健全激励约束机制，提升混改国企活力。

为满足当地重点产业发展的需求，浙江选择的员工持股试点企业以人才资本和技术要素贡献占比较高的科技型企业为主。

2017 年 4 月，浙江推出浙江勿忘农种业股份有限公司、浙江中医药大学中药饮片有限公司、浙江省交通规划设计研究院、杭州热电集团有限公司、浙江海正药业股份有限公司 5 家国企混改员工持股试点企业。

2018 年 2 月，浙江推出第二批国企混改员工持股试点名单。物产中大公用环境投资有限公司（物产中大集团）、物产中大国际云商有限公司（物产中大集团）、浙江诺和机电股份有限公司（省机电集团）、浙江中国科技五金城集团有限公司（金华市国资委）等 4 家企业入选试点名单。

第三，成立国企改革发展基金，助力国企混改。

浙江成立百亿级国企改革发展基金助推国企混改，助力浙江经济转型升级。尤其是在浙江这个以民营资本为主的地区，国企改革发展基金的参与，能够吸引更多的社会资本助力国企混改。

2018 年 7 月，浙江省国企改革发展基金正式成立，首期规模达 100 亿元，资金重点投向资产证券化项目、混合所有制改革项目、上市公司并购重组项目和浙江省八大万亿产业等四大方向。

第四，混改项目批量推出，加速国企混改。

为加快浙江国企混改速度，延伸国企混改的深度和广度，扩大国企混改示范效应，浙江省国资委于 2018 年 12 月推出了 40 个混改项目，吸引各类社会资本积极参与国企改革和浙江经济建设。40 个混改项目主要涉及交通、能源、环保、化工、机械、建筑、金融等多个领域。

7. 山东

山东是我国新旧动能转换综合试验区。为实现山东经济高质量发展目标，混合所有制改革成为山东国企改革的主要抓手。2018 年以来，山东国企混改明显加速。

第一，首批混改试点企业基本完成混改工作。

山东省成立省属企业改革工作组，按照"一企一策"原则精准指导企

业抓好"国企十条"各项改革举措落实。截至 2018 年末，山东首批省属 58
户混改试点企业基本全部完成混改工作。

2018 年 9 月，鲁北集团再次启动混合所有制改革，这是该集团在引进杭
州锦江集团之后的第二次混改。此次混改将进行增资扩股，增资比例约为
20%，增资金额不低于 3.39 亿元，新进股东将成为鲁北集团的第三大股东。

2018 年 9 月，山东省委省政府和省国资委决定组建山东省文化旅游发
展集团有限公司，未来将进一步整合山东省省属文化旅游优质资源，将省
属经营性旅游资产、旅行社、文艺演出机构等相关资源以股权投资合作等
方式注入文旅集团。

第二，批量推出优质国企混改项目。

2018 年 9 月，在儒商大会上，山东省政府推出 93 家国有企业混合所有
制改革项目，均是经营情况较好的企业。

2018 年 12 月，在"深化鲁港互惠合作 助力国企改革发展"恳谈会上，
推出 93 个省属企业混改项目，向国际资本敞开合作大门。其中，多数混改
项目属于山东新旧动能转换重点发展的十强产业。

2019 年 8 月，青岛市国资委集中推出 109 个国企混改项目，包括青岛
市国资委履行出资人职责的 24 个市属企业集团及 85 个子企业混改项目。涉
及的行业和领域涵盖了工业制造、交通旅游、投融资服务、金融服务、有
关新兴产业等。

8. 江西

江西国企改革不断持续与深化，国企改革成效逐渐显现且具有一定特
点。从混改动态及混改效果来看，江西国企混改的特点包括以下几点：

第一，样本先行，以点带面逐步扩大。

2018 年之前，打造了中国瑞林、建工集团、江盐集团、江咨集团等多

个混改样本。

2017—2018 年，启动两批 9 家企业员工持股试点。2017 年，基本完成江铜国贸、省旅游集团、省机电招标公司等第一批企业的员工持股试点工作；2018 年，基本完成江钨股份、兴铁资本等第二批企业的员工持股试点工作。

第二，抓重点与难点，逐步推进重点企业混改。

2018 年，集中推进中国江西国际经济技术合作有限公司、中鼎集团等骨干企业混改。如，2018 年，中鼎集团改革改制各项工作按照省能源集团的决策部署和要求有序开展。6 月 7 日，中鼎集团改制引入民间资本在省产交所挂牌；6 月 21 日，省能源集团正式批复，原则上同意中鼎集团改制方案，在建信投资债转股的同时，引入民营资本增资扩股，同步实施员工持股试点。

第三，借鉴样本经验，批量推进国企混改。

2019 年 3 月，江西与全国知名民营企业投资合作（北京）推介会召开，会上集中推出了 25 个国企混改项目。

2019 年 5 月，江西省"大型国有企业集团层面引进战略投资者对接洽谈会"在香港举行，集中推荐 45 个投资项目，投资总额达 2 025 亿元。其中，江铜集团、新钢集团、中国江西国际经济技术合作有限公司、江西钨业控股集团有限公司、江咨集团和江盐集团等 6 家大型国有企业在集团层面将引入战略投资者。

2019 年 6 月，江西省着力推进"百户国企混改行动"，江西省国资委筛选了 109 个国企混改项目。其中，将江铜集团、新钢集团等 78 个国企混改项目编入了《江西省国资系统招商项目册》，通过江西省产权交易所发布征集信息，并在深圳召开的"江西省百户国企引进战略投资者对接合作洽谈会"上进行推介，总投资额约为 1 542 亿元。

第四，积极探索国企综合性改革，积累"混"与"改"并重经验。

2018 年，江铜集团、新余钢铁集团、绿色产业集团、天然气（赣投气通）控股、中鼎集团、江铃汽车集团、江西江钨钴业等 7 户企业被纳入"国企改革双百行动"企业名单。

2019 年，江西加大力度推进上述 7 家大型国企的综合性改革力度与进度。

9. 广东

2018 年，广东国企混改主要围绕"突出主业"来推动混改，全面助力国有企业产业结构优化。

第一，集团层面混改全国领先。

2018 年 4 月，广州国有企业的混改率已达 66%。市国资委直接监管的 33 户一级企业中，广汽集团等 9 家企业是混合所有制企业，占直接监管企业的 27.27%，集团层面混改率为全国同类城市最高。

第二，加快推进充分竞争领域的商业类国企混改。

2018 年 7 月，深圳市属国资国企已经完成 11 家企业的混改工作。深圳国资旗下共计控股上市公司 24 家，其中 A 股公司有 21 家，且多数为商业类企业。

2019 年，深圳市国资委混改专项工作组按照国资国企综合改革的总体部署，全力推进符合条件的市属国有商业类企业开展综合改革工作。

第三，突出主业，以"混"促"改"。

2018 年 10 月，广州市国资委发布 20 个重点混合所有制改革项目，公开招募战略投资者，涉及总资产约 5 000 亿元，年营业收入约 300 亿元，净利润近 40 亿元。

此次批量推进国企混改不是为"混"而"混"，而是以"混"促"改"，以"突出主业"为核心，促进企业"完善治理、强化激励、提高效率"，以"提升主业核心竞争力，做强做优做大国有资本"为目标。同时，规划大部分混改企业能够最终实现上市。

第四，区域性国资国企综合改革乃是重中之重。

2019 年 9 月，深圳"区域性国资国企综合改革试验"启动。早在 2019 年 7 月获批的《深圳市区域性国资国企综合改革试验实施方案》，在九大改革领域提出了 39 条重点举措。

10. 陕西

自陕西推进混合所有制改革以来，国企混改成效逐渐显现。从混改动态及混改效果来看，陕西国企混改的特点包括以下几点：

第一，省属企业成为"混改尖兵"。

2017 年以来，陕煤集团、陕旅集团、陕投集团、北元化工集团、陕西有色集团、西安市市政建设（集团）等省属企业国企混改工作完美收官，为陕西地区的国企混改树立标杆。

第二，能源类企业混改动作快、力度大。

2017 年 4 月，陕西煤业化工新型能源有限公司通过引入战略投资者、实施股权激励等方式实现混改。

2017 年 8 月 22 日，陕西煤业化工新型能源有限公司首届股东会、董事会、监事会顺利召开，标志着陕西首个混合所有制暨员工持股改革试点企业正式诞生，该公司改革发展从此将迈向新的征程。

2018 年，陕西能源化工交易所通过增资扩股方式，引进民营战略合作者，实现优势互补、互利共赢，共同做强做优做大延长云商电商贸易平台。

2018 年 9 月，由陕西有色光电科技有限公司、陕西巨光投资控股集团有限公司、青岛特锐德电气股份有限公司合资组建的陕西有色新能源发展有限公司在西安创立。

2018 年以来,陕西北元化工集团股份有限公司围绕"国企改革双百行动"加快改革步伐,出台了 17 项综合改革计划,发出了向改革要效益的动员令。该公司开展员工持股改革,探索混合所有制法人治理模式等。

第三,充分竞争领域商业类企业混改也不甘落后。

2017 年,丰年资本看中了西安创联超声产业发展优势,出资入股,成为西安创联超声的第二大股东。由于丰年资本的资金进入,西安创联超声国有股占总股本的 45.725%,丰年资本持有股份占总股本的 41%,10 多位自然人持有股份占总股本的 13.275%。

2017 年 6 月,瑞达石化公司在汉中正式挂牌成立,成为陕投集团在贸易物流板块重点布局的骨干公司和集团首家混合所有制改革试点单位。

2017 年底,陕旅集团结合总体发展战略要求和各子公司的功能定位,完成了陕西海外旅游有限责任公司、陕西中国旅行社有限责任公司、陕西旅游集团海外贸易有限责任公司和陕西云尚精品酒店管理有限公司等 4 家企业的混改工作。

2018 年 9 月,西安市市政建设(集团)有限公司增资扩股混合所有制改革项目签约仪式在西安市公共资源交易中心举行。随后,成功引入陕西建工集团有限公司、西安市政设计研究院有限公司、西安秦商科创投资合伙企业(有限合伙),以及员工持股平台——西安中瑞丰市政投资有限公司。

第四,混改项目批量推荐,未来国企混改将提速。

2019 年 4 月,陕西省国资委推出了 23 家省属国企集团的 59 个混改项目,加速陕西地区国企混改步伐。

◎ 国企混改交易进展

新时代下，我国国企混合所有制改革全面加速。全国各大国有产权交易所作为国企混改产权交易的必经通道，能够有效反映国企混改的重要趋势。下文将对近一年全国各主要国有产权交易所国有产权交易数据进行统计分析，旨在依据国有产权交易数据变化趋势来推测国企混改发展趋势。

下文中国有产权交易统计数据来源于全国 35 家大型国有产权交易所的产权转让与增资扩股两类交易数据。

鉴于各国有产权交易所公示的产权交易项目未严格明示国企混改项目，下文统计的国有产权交易数据为全口径数据，不仅包含了以混改为目标的产权交易数据，也包含了其他产权交易数据。但通过国有产权全口径交易数据也基本能够透视或反映国企混改变化趋势。

从产权交易项目成交数量来看，2019 年，35 家大型产权交易所成交的产权交易项目共 1 540 个，剔除 2018 年披露的项目，2019 年国有产权交易项目实际成交率约 43%。进一步说明在 2019 年，通过产权交易所完成的混改项目比例较低。

其中，北京、上海、山东、广东、江苏等地产权交易项目成交数量较高，也进一步彰显出这些地区国企混改速度在全国范围内来说处于领先地位。

另外，产权转让成为产权交易的主要方式，其中产权转让项目占比近 85.39%。可以窥见，在我国国企混改过程中，以产权转让为主要方式的混改项目比例较大。

从产权交易项目成交金额来看，2019 年国有产权交易成交项目的成交金额共计 3 555 亿元，其中产权转让 2 052 亿元，增资扩股 1 500 亿元，"产权转让＋增资扩股"3 亿元。可见，增资扩股项目数量虽然少，但是单个项目涉及金额较高。

另外，北京、上海、广东等国企混改速度较快的地区成交项目涉及金额较高，涉及金额分别为 570 亿元、335 亿元、330 亿元。其中，北京、广东两地的增资扩股项目成交总金额要高于产权转让项目成交总金额，即这两个地区单个增资扩股项目的金额较高。

第 2 章 >>
国企混改战略型案例

　　战略问题是很多企业容易忽视的根本问题。企业在进行混合所有制改革之前，首先要想清楚改革能够为企业带来的价值是什么，这是混改前需要明确的原点问题，也是混改的根本问题。战略制定对改革成败产生直接的影响。

　　对于国有企业而言，谈到混改战略，应该首先明白混改这一资本性、业务性扩张能够为其带来何种价值，同时更需要明白这种活动不能帮助企业干什么。

　　我们认为，国企混改能够为企业带来的价值是帮助企业聚合科技资源、落实成长战略，改善资本结构、推动企业上市，激活国企机制、激发人力资本，拓宽市场空间、展现巨大的发展潜力等。但是，国企混改将使企业管控复杂化，且不能保证提高企业效益，不当的混改甚至会使企业倒退。

　　纵观近几年的混改实践，从中央到地方，各家企业都在发挥创造力，将混改与企业战略需求结合起来，初步形成了一些值得总结的混改战略实践方法。总结起来，我们整理出如下九个方面：

- 混改与产业拓展战略
- 混改与业务联盟战略
- 混改与资本成长战略
- 混改与组织激活战略
- 混改与新业务培养战略
- 混改与辅业退出战略
- 混改与老国企重生战略

● 混改与央地联合战略

● 混改与军民融合战略

以下，我们详细展开相关案例，对这九大混改战略实践进行说明。

混改与产业拓展战略

我们在《国企混改实战 100 问》中强调过，通过股权投资的联合，国企可以实现产业的拓展、业务环节实力的增强、价值链的补充完善。在过去几年的混改实践中，这一点得到了充分的验证。

◎ 案例 1   国药集团混改突破发展瓶颈

所谓的"一混就灵"从不存在，混合所有制改革并不是一剂包治百病的良药。混合所有制改革不保证提高企业经济效益，而且混合所有制改革一定会使管控更加复杂化。但是，中国医药集团总公司（简称"国药集团"）的混改却能突破发展瓶颈，实现企业经济效益的增长，进一步优化了公司法人治理结构。本案例对国药集团的混改进行深入研究，为想要混改成功的国有企业提供一定的助力。

国药集团成立于 1987 年，是国务院国资委直接管理的我国规模最大、产业链最全、综合实力最强的医药健康产业集团，拥有现代物流分销一体化运营平台、产学研一体化科技创新平台、国际经营一体化平台、医疗健康产业平台和高效管控与融合协同一体化平台。国药集团药业股份有限公司（简称"国药股份"）和国药控股股份有限公司（简称"国药控股"）是国药集团的医药物流分销一体化运营平台。

20 世纪初，国内医药流通企业面临发展瓶颈，较为突出的是资金困境、上下游企业间资金的时间错配，让医药流通企业的资金流管理面临很大压力。国药集团为突破发展瓶颈，增强行业竞争力、实现全产业链发展，通过混改引入战略投资者，为企业注入新鲜血液，实现股权多元化发展。

国药集团是一家处于完全竞争领域的央企，持续激发企业市场活力以及不断增强竞争力才能让其在行业竞争中始终保持领先地位。

2003 年 1 月，国药集团与上海复星产业投资有限公司（以下简称"复星投资"）合资成立国药控股，注册资本 10 亿元。其中，国药集团持股 51%，复星投资持股 49%。2008 年，国药控股实施股份公司改造，国药集团与复星医药子公司齐绅公司分别出资 51% 和 49% 成立国药产业投资有限公司（简称"国药产投"），国药产投和国药集团持有国药控股股份比例分别为 96% 和 4%。2009 年，国药控股在香港上市，股权结构进一步得到优化。

最终，国药集团、国药产投、公众股东持有国药控股的股份比例分别为 2.37%、56.79% 和 40.84%。而国药产投，由国药集团持股 51%，复星医药持股 49%。

国药集团混改战略明确发展目标，突破发展瓶颈。首先，国药集团所处行业属于完全竞争领域。药品商业流通领域是我国最早放开管制的领域，市场充分竞争，上有资金雄厚的跨国公司，下有机制灵活的民营企业。国药集团作为国有企业优势不足，很难在险恶的市场竞争环境下生存并发展。其次，国药集团面临多重困境。一方面，中国医药流通体制发生重大变化，国药集团所从事的全国药品调拨业务被取消，医药公司纷纷下放地方或改制，国药集团经营深陷困境。另一方面，上游的制药厂要求医药流通企业快速回款，下游的医院占用货款时间长，意味着国药集团必须有充裕的资金，才能保证这一循环的正常流转。于是，通过引入民营企业进行混合所有制改革是国药集团较好的选择。

国药集团在发展战略指导下，引入优势互补投资者，协同发展。国药集团此次混改引入的复星医药在当年凭借灵活的机制和敏锐的市场触觉，成为医药市场颇具实力的民营企业。

国药集团作为大型央企，在品牌、特殊经营权、土地使用权、销售网络、人力资源、政府资源等方面具有明显优势，但在公司治理、管理体制机制方面存在不足。复星医药作为民营企业，在公司治理、管理体制机制、医药制造、资本运作等方面具有相对优势，但是在医药研发与销售、药品经营权、土地资源、人力资源、政府资源等方面存在不足。二者联合能够实现资源和优势互补，有助于共同打造各自在医药产业的竞争优势，提高资本回报率。

国药集团着眼于长期发展，降低股权集中度，实现国有参股。国药集团此次混改通过新设企业的形式进行。国药控股在成立初期，由国药集团持股 51%，复星投资持股 49%。这一股权结构在当时实属较大的突破，国有企业与民营企业持股比例基本对等，双方都在企业有足够充分的控制权和话语权，能够让双方的资源充分融合。

而为了推动国药控股的上市，双方以 51% 对 49% 的出资比例成立国药产投，并通过国药产投控制国药控股。国药控股上市后，国药集团、国药产投、公众股东持有国药控股的股份比例分别为 2.37%、56.79% 和 40.84%。

上市后的国药控股的股权结构设计有两个特点。第一，与上市前相比增大了国资相对民资的持股比例。由于国药控股上市后，国药集团和复星医药的股权比例均被稀释，如果想获得国药控股的控制权，可以通过增持国药控股的股份实现。于是，国药集团通过增持国有控股 4% 的股权，进一步扩大国资持股比例，以保证国有资本对企业的控制力。第二，流通股比例较高。上市后，公众股东持股比例为 40.84%，超过了国药集团和复星医药各自对国药控股的持股比例。这样的股权设计，一方面降低了股权集中度，有助于优化治理机制和引入市场化机制；另一方面能够引入更多社会资本，有助于企业的长期布局和发展。

国药集团混改后完善公司法人治理，为快速实现战略目标提供助力。国药控股上市后，国药控股董事会成员有 15 名，其中，国药集团占 6 名，复星医药占 4 名，其余 5 名为独立董事。一方面，国药集团成员人数最多，且比复星医药多 2 名，一定程度上降低了股权结构上双方过于接近可能引发的控制权转移风险。另一方面，独立董事数量占三分之一，能够确保董事会决策的合理性。董事会结构的设计体现了国药控股、复星医药和社会公众股东的出资要求和利益诉求，为董事会科学决策、保护股东利益提供了保障。

◎ 案例 2　中国建材股份混改打造全球玻璃纤维领导者

我们认为，混合所有制改革这一资本性、业务性扩张活动至少可以在三个方面为国有企业创造价值：聚合产业资源，落实成长战略；改善资本结构，推动企业上市；激活国企机制，激发人力资本。中国巨石股份有限公司（以下简称"中国巨石"）的混改，也是获取上述三个价值的过程。

中国巨石是中国建材股份有限公司（以下简称"中国建材股份"）玻璃纤维业务的核心企业。中国巨石 1999 年在上海证券交易所上市，是我国新材料行业进入资本市场较早、企业规模较大的上市公司。

中国巨石核心业务是玻璃纤维及其制品的生产与销售，业务平台是巨石集团有限公司（以下简称"巨石集团"）。1999 年至 2018 年间，中国巨石总资产增长了 28 倍，年复合增长率达 39.4%，净利润年复合增长率达 48.57%。

目前，中国巨石已经是全球最大的玻璃纤维及其复合材料制造企业，拥有完全自主知识产权的高熔化率大型窑炉技术、全通路纯氧燃烧技术等核心技术，在美国、法国、加拿大、西班牙、意大利、南非、新加坡等国家和地区设立生产和贸易型海外公司，并与全球 100 多个国家和地区的客户建立了长期友好的合作关系。

1998 年成立之初，中国巨石便开始走上混改之路，以募集新设公司的形式进行混改。中国巨石成立初期，世界玻璃纤维市场全面萎靡，企业发展受到严重阻碍。中国巨石需要更多的发展资金来提升核心技术，突破外国技术垄断，实现可持续发展。根据战略发展需要，中国巨石 1999 年进行 IPO，为企业发展提供了宝贵的资金支持。

上市之后，中国巨石战略升级，由多元化主业战略向单一主业战略转变，将玻璃纤维及其复合材料的生产和销售作为公司主营业务。经过多次战略调整，巨石集团作为玻璃纤维的运营平台登上历史舞台。

2006 年以后，中国巨石主业进入快速发展期，企业规模快速扩张带来了更多的资金需求。为助力企业战略目标实现，除引入丰富的资金外，中国巨石更希望引入具有战略协同效应的外部投资者。

2010 年，根据发展需要，为进一步完善公司法人治理结构，中国巨石实施发行股份购买资产重组项目。

中国巨石至今经历了与央企合作、上市、引入战略投资者、资本重组等一系列操作。中国巨石开始进入发展快车道，逐步实现了"三地五洲"全球化布局。

中国巨石始终遵循"追求和谐、稳健经营、规范运作、精细管理、创新发展"的企业理念，为将公司打造成"主业突出、治理完善、运作规范、业绩优良"的上市公司和具有国际竞争力的世界一流建材企业不断努力。

第一步：以募集方式设立新公司。

中国巨石成立之初，便是混合所有制企业，由中国新型建筑材料（集团）公司（以下简称"中国新型建材"，中国建材集团前身）、浙江桐乡振石股份有限公司（以下简称"浙江振石"，振石集团前身）、江苏永联集团公司（以下简称"永联集团"）、中国建筑材料及设备进出口公司（以下简称"中国建筑进出口"，中国建材股份前身）共同组建而成（见图 2 - 1）。

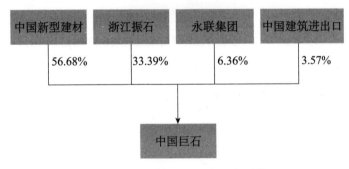

图 2 - 1　中国巨石成立之初股权结构图

第二步：上市。

1999 年，中国巨石在上海证券交易所挂牌上市，引入公众股东，公司股权结构进一步多元化。

第三步：引入战略投资者。

2006 年，中国巨石以巨石集团为平台引战。2007 年 1 月，海外战略投资者珍成国际有限公司（以下简称"珍成国际"）、索瑞斯特财务有限公司（以下简称"索瑞斯特"）向巨石集团现金增资。本次引战，不仅使巨石集团获得了充足的发展资金，也使巨石集团公司法人治理结构更加多元化。

第四步：股权分置改革。

2007 年 8 月，中国巨石完成公司股权分置改革，中国建材股份持股比例为 36.15%，进一步完善了公司法人治理结构，为进一步优化多元化的股权结构奠定基础（见图 2-2）。

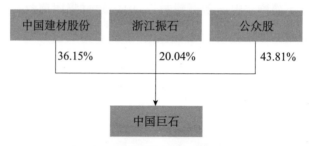

图 2-2   股权分置改革完成后的股权结构图

第五步：资产重组。

2011 年，中国巨石发行股份购买资产，向中国建材股份、振石集团、珍成国际、索瑞斯特四家股东发行普通股，购买其合计持有的巨石集团 49% 的股权。

截至 2019 年 12 月，中国建材股份仍是中国巨石的第一大股东兼实际控制人（见图 2-3）。

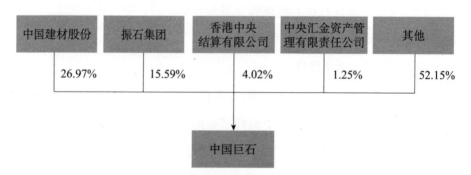

图 2-3   截至 2019 年 12 月的股权结构图

我们看到，中国巨石在混改过程中，无论是新设公司，还是上市，抑或是引入海外战投，都具有明确的战略定位。中国巨石能够清楚意识到，自身处于中国高端制造领域，国企有其重要地位，即由于中国计划经济向市场经济转变与改革开放的渐进性，在例如钢铁、化工等大量行业中，国有资本依然举足轻重。中国高端制造不能缺少这些行业中产品的高端化，因而需要国有企业发挥其重要作用，助力中国高端制造。

中国巨石要实现产品的高端化，研发至关重要。但是，研发需要较高投入，且研发的成果经商业转化形成收益需要时间，因此资本支撑不可或缺。民营资本通过增资入股可为企业发展带来资金支持，国企上市更是开辟了更广的融资渠道，这些均为产品高端化发展提供了有力支撑。

中国巨石混改带来的机制变革，能够进一步激发企业活力。产品的高端化不仅是技术的高端化，更是企业综合实力的体现，通过混改激活企业用人机制、改变企业激励机制，使人尽其用，激发员工动力，特别是研发人员的动力，将有助于企业技术精进、成本降低、产品高端化。

此外，混改后实现战略协同，能够助力企业融合发展。当前技术研发以及技术的应用已不单单局限于一个领域，很多技术的研发和应用是跨领域的，因此混改为国企和外部资本提供了很好的技术合作空间，进行深度技术合作往往以合资成立混合所有制公司最为典型。

目前，中国巨石董事会有 9 名成员，其中 4 名来自中国建材股份，2 名来自振石集团，另有 3 名独立董事，均是战略、财务、管理方面的专家。

混改与业务联盟战略

"同行是冤家"，这个传统的商业理念在混改的新时代，需要重新对其进行思考和定位了。通过股权合作，依靠资本和业务联系，原先在同一行业中的竞争者完全可以成为伙伴，从而能够合力应对更大的外部挑战。混改实践当中，也对这样的业务联盟构建方法给出了新的答案。

◎ 案例 3　物美集团和重庆商社混改联姻

随着新零售的不断兴起与发展，传统零售企业面临新零售企业的入侵挑战。国内各大非国有传统零售企业纷纷开启转型升级之路。然而，国有体制机制下的传统零售企业该何去何从？下文选择西南地区混改金额最大的案例重庆商社（集团）有限公司（以下简称"重庆商社"）来给出一个完美的答案。

重庆商社成立于 1996 年，是中国西部最大的商贸流通集团，国家重点扶持的 20 家大型流通企业之一，重庆市属国有大型企业。作为大型国有传统零售企业，重庆商社以振兴民族商业为己任，坚持"发展商社，服务社会"，立足重庆，拓展西部，走向全国，不断增强核心竞争力。

目前，重庆商社已形成了百货、超市、电器、汽车贸易、化工、进出口贸易等多业态发展的经营格局，培育了电子商务、消费金融、供应链金融及质量检测等新兴产业。2018 年，重庆商社实现销售收入 674.89 亿元，总资产超过 260 亿元。

当新零售崛起，传统零售不断面临发展威胁的时候，非国有传统零售企业通过并购重组进一步提升企业实力和综合竞争力，如永辉入股武汉中百集团、成都红旗连锁，大商收购新疆友好等；或线上线下竞合，向新零售迈进，如阿里巴巴收购银泰商业，腾讯入股京东、永辉等。

而国有传统零售企业则借助国企混改的机遇，将混改作为其向新零售转型的主要抓手。尤其是 2019 年以来，主业处于充分竞争领域的商业类国有企业混改提速。2019 年 4 月，发改委表示"第四批混改试点选择不局限于重要领域企业，也包括具有较强示范意义的充分竞争领域企业"。因此，处于充分竞争领域的国有传统零售企业混改也将进一步加速。

重庆是西南地区零售企业的主战场，是国内外零售巨头排兵布阵的"兵家重地"。作为国有独资企业的重庆商社，受限于体制机制的约束，在兵力及排兵布阵上均不如家乐福、沃尔玛、麦德龙、华润等国内外零售巨头。尤其是在新零售企业纷纷登台之后，重庆商社更需要通过混改突破资源边界，实现产业协同，努力提升综合竞争力。否则，重庆商社难以突破重庆市场，获得更广阔的发展空间。

所以，早在 2016 年，重庆商社便开始筹谋以混改谋求转型升级。然而，由于企业内外环境的影响限制，混改之路颇为曲折。

从混改方案来看，重庆商社混改特色主要有两点：一是重庆有史以来混改金额最大的项目；二是解决了国有资本一股独大的问题。

（1）混改金额大。

物美集团全资子公司天津物美以 70.75 亿元取得重庆商社 45% 的股权，步步高集团以 15.72 亿元取得重庆商社 10% 的股权。重庆商社此次混改，共引入资金 86.47 亿元，成为重庆有史以来金额最大的混改项目。

重庆商社也引入同行业战略投资者，实现了行业联合、资源整合、资本融合，进一步加速优化产业资源配置。

（2）解决了国有资本一股独大的问题。

从混改的股权结构设计来看，重庆商社此次混改在股权集中度和股权制衡方面均有很大程度的优化，进一步解决了国有资本一股独大的问题；而且，更有利于重庆商社通过完善法人治理结构、健全市场化运行机制，提高企业决策和运营效率。

　　首先，股权集中度较低。重庆商社是主业处于充分竞争领域的商业类国有企业，根据《中共中央、国务院关于深化国有企业改革的指导意见》规定，国有资本控、参无绝对，可择机解决国有资本一股独大问题。混改后的重庆商社，重庆国资委持股 45%，物美集团持股 45%，步步高集团持股 10%，股权集中度大幅度降低（见图 2-4）。而且，国有资本持股比例由 100% 降至 45%，放弃了控股地位。非国有资本拥有足够的话语权和控制力，有利于企业的市场化发展。

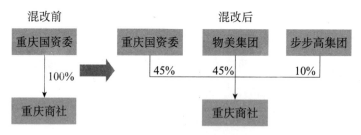

图 2-4　重庆商社混改前后股权结构图

　　其次，股权制衡度提升。混改后的重庆商社，第一大股东、第二大股东持股比例均为 45%，无实际控制人。因此，在实际经营过程中，第一、第二大股东都无法根据自己的意愿来控制公司，需要考虑第三大股东的意见。而第三大股东也会根据企业利益考量，选择与对企业发展更有利的一方成为一致行动人。

　　（3）产业优势互补，能够很好地实现协同创新，推动产业升级。

　　对物美集团而言，进军西南地区，距离实现布局全国的梦想更近一步：重庆是西南地区零售企业的主战场，是国内外零售巨头排兵布阵的"兵家重地"。进军西南地区是物美集团一直以来的心愿之一。2016 年，物美集团想通过参与重庆商社混改进军西南的梦想第一次破灭，而今终于实现。

　　对重庆商社而言，联手物美集团，可利用物美集团现有渠道突破西南市场，进军华北、华东和西北。

物美集团以连锁的综合超市、大卖场和便利店等业态为主，而重庆商社以百货店、超市为主，二者在业态上具有明显的优势互补特点。

因而，物美集团与重庆商社在实现资源整合、资本融合等方面较为快捷与便利，即能够快速实现供应链及采购资源整合、新零售技术合作共享等，共同提升在业态链、供应链、物流、信息、运营管理及资本等方面的综合竞争力，实现产业协同。

◎ 案例 4　居然之家与武汉商联战略联合重组武汉中商

混改目的除了资本扩张之外，更多是期待和投资者的资源对接，推动企业成长发展，或者借助于股权多元化体制激活企业组织，打破紧箍咒。因此，这样的国企混改需要的是投资者的持续发力，重点看中投资的长期利益，避免地区同业竞争，实现地区产业结构调整。武汉中商集团股份有限公司（以下简称"武汉中商"）混改案例则足以说明，国企混改如何避免同业竞争，如何实现产业结构调整与优化。

武汉中商是一家以商贸零售为主业，同时涉足商业物业开发、商场装饰装修、电子商务等产业的国有控股大型商业上市公司。控股股东为武汉商联（集团）股份有限公司（以下简称"武汉商联"），持股 41.25%。

2019 年 1 月，武汉中商发布重组预案表示，拟以发行股份的方式购买北京居然之家投资控股集团有限公司（以下简称"居然控股"）等 24 名交易对方持有的北京居然之家家居新零售连锁集团有限公司（以下简称"居然新零售"）100% 股权。交易完成后，居然新零售将成为武汉中商的全资子公司，武汉中商控股股东变更为居然控股（见图 2-5）。

武汉中商此次通过增资扩股进行混改，以发行股份的方式购买居然控

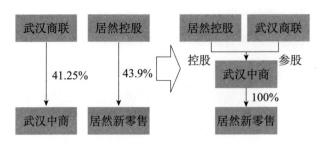

图 2 - 5　武汉中商混改前后股权结构图

股等 24 名交易对方持有的居然新零售 100% 股权,本次交易拟发行股份总数为 60.36 亿股。

居然控股是以家居为主业,业务范围涵盖室内设计和装修、家具建材销售等领域的大型商业连锁集团公司。居然新零售是居然控股旗下二级子公司,是一个互联网家装智能服务平台,在业务规模、营业收入、利润方面都保持稳定增长。2018 年,阿里巴巴、泰康人寿、红杉资本等 18 家机构,以 130 亿元的现金投资入股,投后居然新零售估值约 363 亿元。

2019 年 2 月 15 日,在武汉中商召开的重大资产重组媒体说明会上,武汉国有资产经营有限公司董事郭岭表示,本次交易是深化混合所有制改革,助力武汉商贸零售产业结构调整及发展的需要。

根据各方初步商定的交易价格区间中值及发行价格计算,本次交易完成后,居然控股将成为武汉中商控股股东,汪林朋及其一致行动人将合计控制武汉中商 61.44% 的股份。

武汉中商此次混改,有利于解决同业竞争问题。资料显示,武汉商联于 2014 年做出争取在 5 年内解决武汉武商、武汉中百和武汉中商三家商业上市公司同业竞争问题的承诺。如今选择居然之家,是武汉商联尊重资本市场,维护广大投资者利益,履行和兑现承诺的重要举措。

另外,这也是进一步深化地方混合所有制改革的重要举措。国有控股上市公司武汉中商通过本次交易引进民营资本居然控股成为上市公司股东，是武汉中商积极响应国家混合所有制改革号召、深化混改的重要举措。

从地区产业结构来看，此次混改也有利于调整地方产业结构。武汉中商属于传统零售企业，发展空间、发展动力不足；居然新零售是国内大型一站式家居消费平台和龙头企业。此次武汉中商与居然新零售深度合作与整合，将有利于本地商贸零售产业结构的调整及发展。

混改与资本成长战略

混改，混的是股权，带来的是公司资本结构的优化和资本总量的增长，因而在资本成长方面，对国有企业的帮助是直接的。通过混改，进一步推动企业登陆资本市场，或者为未来的资本运作奠定基础，是很多国企推动混改的动力之一，也形成了不错的实践经验。

◎ 案例 5　中国黄金集团零售业务混改与上市准备

中金珠宝是专业从事"中国黄金"品牌运营的大型专业黄金珠宝生产销售企业，是中国黄金集团有限公司（以下简称"黄金集团"）的控股公司，也是黄金集团旗下黄金珠宝零售板块的唯一平台。

黄金珠宝行业是一个充分竞争的领域，市场竞争相对激烈。面对强大的竞争对手"老凤祥""周大福"等一些知名品牌，中金珠宝在经营机制、渠道开发与布局、资本扩充等方面处于弱势地位。

中金珠宝作为唯一一家黄金珠宝品牌央企，面对日益激烈的市场竞争环境，选择通过混改让企业形成"央企实力＋民企活力"的发展模式，提升企业综合实力。在黄金集团大力支持下，中金珠宝将混改目标定为 IPO。

为实现混改目标，中金珠宝根据行业特色和企业背景开辟了一条具有"中金特色"的混改之路。

清晰明确的混改战略规划、相对合理的股权结构设计、以产业协同发展为原则引入外部投资者、有效的员工持股计划、完善的公司治理结构设计等，都是中金珠宝能够实现混改阶段性目标且实现混改终极目标（IPO）的关键点。2019 年 6 月，中金珠宝已完成券商辅导，混改上市目标的实现更进一步。

中金珠宝整体上市战略目标明确，通过混改完善公司法人治理结构。中金珠宝在混改方案制定过程中，就将稳妥推进 IPO 作为混改的最终目标。因此，在混改的股权结构设计过程中，为保证上市前后国有资本控制力不发生转移，中金珠宝采取了"国有资本相对控股且股权相对分散"的股权结构设计方式。

混改后，黄金集团及其一致行动人的持股比例由 85.79% 降至 51.19%（见图 2-6）。上市前，国有资本拥有相对控股地位。第一大股东黄金集团持股比例下降将近 30%，中金珠宝股权分散度与制衡度进一步提升，进一步激发了国企活力。

另外，即使上市股权被稀释，黄金集团及其一致行动人仍对中金珠宝拥有控制权，在一定程度上避免了股权与控制权之争，避免了重蹈中芯国际内讧的覆辙。

中金珠宝引入 8 家外部投资者，其中 7 家战略投资者合计持股 24.52%，1 家产业投资者也是第二大股东持股 9.81%。目前，中金珠宝股东有 17 家，但是真正对中金珠宝具有管理决策权限的股东仅有 5 家（见图 2-7）。

此外，在"产业＋金融"模式下，提供战略资源的战略股东实施共治。中金珠宝引入的 8 家外部投资者，其中 7 家是金融类企业组建的有限

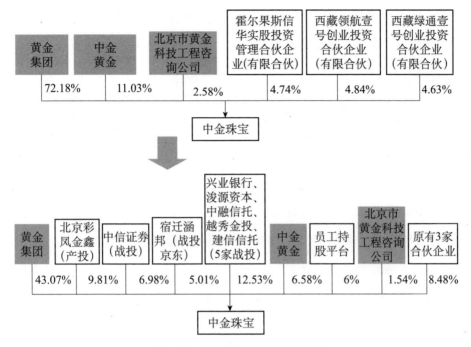

图 2-6 中金珠宝混改股权结构图

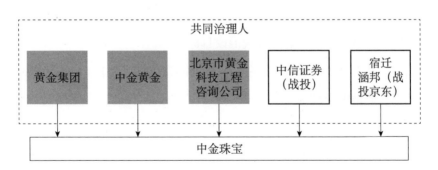

图 2-7 中金珠宝混改后公司共同治理人

合伙企业。可以说，真正参与中金珠宝公司治理的企业仅有中信证券和京东两家。

我们认为，中金珠宝引入国内顶尖证券公司中信证券，一方面出于中信证券能够为中金珠宝带来资本助力的考虑，另一方面更多的则是出于为中金珠宝 IPO 考虑。中金珠宝邀请京东共同参与管理，更多的是基于产业协同角度的考虑，京东在新零售、物流、云计算、大数据等方面具有行业领先优势。

中金珠宝混改过程中，由经销商组成的产业投资者以利益捆绑为主，不共治。中金珠宝在混改方案设计过程中，也考虑到要"巩固现有渠道＋拓展新渠道"。京东的加入则实现了中金珠宝拓展新渠道的目标。如何实现巩固现有渠道的目标呢？最好的方法便是与现有渠道商成为利益共同体。

因而，中金珠宝在混改时引入了下游 30 家优质加盟商。30 家优质加盟商共同组成的北京彩凤金鑫商贸中心（有限合伙）作为产业投资者入股中金珠宝。产业投资者以"资本"为纽带，为中金珠宝夯实线下渠道打下良好基础。

另外，实施员工持股计划，形成资本所有者与劳动者的利益共同体。混改不仅要激发企业发展动力，更要激发员工活力，以增强员工的积极性、主动性和创造性，从而更大程度提高企业的经营效益。因此，"引战＋员工持股"能够更有效、更快速地实现混改目标。

然而，并不是所有企业只要实施员工持股计划，就能激发员工活力、留住员工。但是中金珠宝却切实做到了，为什么？我们认为主要有以下三点原因。

第一，员工对中金珠宝未来发展有信心。混改后的中金珠宝，在稳步推进上市计划方面的决心不变，未来发展潜力无限。

第二，员工持股激励对象选择恰当。中金珠宝通过设立三个合伙企业间接持股的方式进行员工持股，选择 150 名核心骨干员工持股 6%。

第三，员工持股与业绩目标结合在一起设计和实施。中金珠宝实施员工持股的同时，开展薪酬结构改革，通过加重考核比例、缩减档级、拉大级差，打破"大锅饭"和平均主义的薪酬弊端。

混改后，中金珠宝董事会成员 9 人，其中黄金集团及其一致行动人拥有 4 个名额，国有资本董事数量占比降至 50％以下。中金珠宝董事会成员中，独立董事数量占比为三分之一，能够确保董事会决策的合理性（见图 2-8）。

混改后，中金珠宝已经形成更加制衡有效的法人治理结构。但是，国有资本在董事会层面仍具有一票否决权。

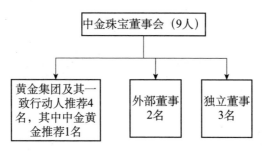

图 2-8　中金珠宝混改后的董事会组成

◎ 案例 6　绿地集团混改与上市

绿地控股集团有限公司（以下简称"绿地集团"）是一家以房地产为主业的综合性企业集团，成立于 1992 年，注册资本为 2 000 万元。绿地集团在 2014 年的《财富》世界五百强中位于第 258 位。绿地集团主营业务包括房地产以及建筑建设、酒店、绿化园林等业务，绿地集团还涉足能源、金融等多种产业。

绿地集团战略发展方向是整体上市，通过混改引进战略投资者完善公司法人治理结构，增强企业整体发展实力，为整体上市奠定良好基础。

在进行混合所有制改革前，上海地产集团、中兴集团和上海城投集团三家国有企业共持有绿地集团 60.68％的股权，由绿地集团高层和核心员工组成的职工持股会持股 29.09%。

在 2013 年引入战略投资者、2014 年改制职工持股会和 2015 年借壳上市后，绿地集团完成了所有混改动作。最终，上海地产集团、中兴集团和上海城投集团三家国有企业共持有绿地集团 46.45% 的股权，上海格林兰持有 28.79% 的股权，五家战略投资者合计持有上市公司 19.94% 的股权（见图 2-9）。

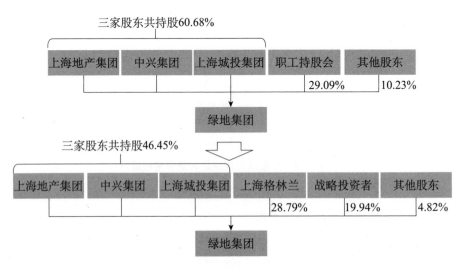

图 2-9　绿地集团混改股权结构图

绿地集团混改与上市主要有以下特点：

（1）整体上市战略明确，引入私募股权投资者扫除第一个上市障碍。

绿地集团想通过借壳金丰投资的方式完成上市。若要借壳金丰投资，金丰投资需进行重大资产重组，股权资本从 5 亿元增加至 11.3 亿元，这样就会出现社会公众股不足的情况，触发退市红线。于是，绿地集团先后引进了五家私募股权投资者，对绿地集团共同增资。五家私募股权投资者持股 19.94%，再加上其他公众股东持股 2.6%，社会公众股已经超过了

20%，绿地集团扫除了第一个上市障碍。

（2）为实现整体战略目标，改制职工持股会扫除第二个上市障碍。

绿地集团的职工持股会在改制前持有绿地集团 29.09% 的股权，是一个社会团体。中国证监会明确规定，此类职工持股会作为股东的公司不能上市。因此，绿地集团在 2014 年成立了上海格林兰投资管理有限公司。然后，绿地集团设立 32 家有限合伙企业，将 900 多名员工分配给这 32 家合伙企业。此后，上海格林兰投资管理有限公司和这 32 家合作伙伴共同投资建立了一家名为上海格林兰投资企业的有限合伙企业。最后，上海格林兰投资企业吸收合并了绿地集团的职工持股会，继承其资产与债务。因此，上海格林兰投资企业就成为绿地集团的合法股东，员工的股份也依然存在，扫除了第二个上市障碍。

（3）实现阶段性战略目标，借壳上市实现混改完美收官。

最初，绿地集团计划于 2009 年上半年加快上市进程，但由于市场调整，房地产公司上市收紧，绿地集团上市计划推迟。2011 年底，绿地集团打算实施 IPO 整体上市，并进入主要筹备阶段。但由于 IPO 上市进程缓慢，为了加快上市速度，绿地集团最终选择借壳的方式完成上市。金丰投资主要从事投资开发和房地产方面的业务，一方面经营业绩不佳，另一方面其实际控制人为上海市国资委，与绿地集团相同。于是，金丰投资成为绿地集团借壳上市的最佳选择。

（4）采取具有相对优势的股权结构，国有参股且股权相对分散。

股权分散与制衡有利于国有企业市场化。第一大股东上海格林兰、第二大股东上海城投集团、第三大股东上海地产集团分别持股 28.79%、20.55% 和 18.20%，股权集中度降低，股权制衡度提升。这意味着任何一方都不能单独控制公司，上市后的绿地集团没有实际控股股东和实际控制人。而且上海市国资委明确表示，三家国有企业不做一致行动人，意味着绿地集团的具体经营活动不会再受到上海市国资委的干涉，能够真正地进行市场化决策。

绿地集团混改引入国资背景投资者，保持国有资本控制力。三家国有企业虽然持股比例不高，但合计持有绿地集团 46.45％的股份。未来当绿地集团面临危机或重大决策时，三家国有企业依然会站在同一战线，防止损害企业利益的情况发生。国有资本依然保持着一定的控制力，能够防止控制权转移的情况发生。

混改与组织激活战略

混改有三大战略性功能，其中通过混改来推动国企市场化进程，激发组织和人才活力这一点被很多国企高度重视。混改不仅带来外部资源，也带来市场化机制的改革，还带来中长期激励的同步推进，这对很多处于充分竞争领域的国企来说，是非常重要的改革动力。

◎ 案例 7　中国联通混改和组织激活

中国联合网络通信集团有限公司（以下简称"中国联通"）从战略筹划、顶层设计、行为认可、价值评定、战略投资者寻找、市场改革等方面，系统思考和安排自己的混改工作。因此，中国联通的混改案例能够整体展现通信领域国企混改顶层设计和实施的整体蓝图是如何具体落实的。本案例，我们将从顶层设计的角度对中国联通进行深入解读。

中国联通于 2009 年 1 月 6 日在原中国网通和原中国联通的基础上合并组建而成，在国内 31 个省（自治区、直辖市，不含港澳台）和境外多个国家和地区设有分支机构，是中国唯一一家在纽约、香港、上海三地同时上市的电信运营企业，集团注册资本为 10 647 119.890 4 万元。

中国联通是联通集团控股的重要二级企业，在 A 股上市。中国联通主要经营固定通信业务，移动通信业务，国内、国际通信设施服务业务，卫星国际专线业务，数据通信业务，网络接入业务，各类电信增值业务，与通信信息业务相关的系统集成业务，等等。

中国联通混改的目的是配合政策发展和令集团的营运更市场化。同时结合企业实际全面推进互联网化运营，加快提升创新能力、转换发展动能，按照"四位一体"深入推进划小承包、人力资源、薪酬激励、绩效考核等体制机制改革。此外，努力打造新基因、新治理、新运营、新动能、新生态的"五新"联通。

中国联通按照公开透明、规范有序、市场定价原则，通过定向增发扩股和转让旧股的方式对股权结构进行调整。联通集团持有的中国联通股权占比由 62.74% 减至 36.7%，同时引入 780 亿元资金。

中国联通股权调整后，再通过联通集团内部股权交易，实现国有资本对联通红筹公司持股 60% 左右（其中联通集团持股 51.05%）。

混改前，联通集团持有中国联通 62.74% 的股权，北京联通兴业科贸有限公司、联通进出口有限公司（两家均为联通集团子公司）持有 0.01% 的股权，公众持股 37.25%。混改后，联通集团持有中国联通 36.7% 的股份，14 家战略投资者持有 35.2% 的股份，核心员工股份占比为 2.7%，公众股东持有 25.4% 的股份（见图 2-10）。

2017 年 8 月 20 日，中国联通公布混合所有制改革方案。在本次混合所有制改革方案中，中国联通拟向百度、阿里巴巴、腾讯、京东等战略投资者非公开发行约 90.37 亿股股票，向归属于国资委的结构调整基金转让约

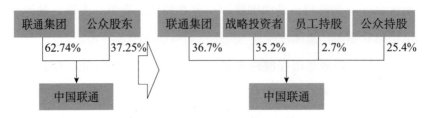

图 2 - 10 中国联通混改前后股权结构图

19 亿股股票，授予核心员工限制性股票 8.48 亿股。

中国联通混改前，已经具有清晰的混改战略，包括企业战略定位、战略目标、战略发展路径、企业发展方面的资源优势与不足、具体的混改方案等。这能够让投资者看到可预期的战略增长和投资回报，对中国联通产生兴趣；也能让员工对中国联通未来发展有信心，愿意与企业形成利益共同体。

此次混改，中国联通在战略投资者的选择上，选择的对象都是实力雄厚的大型企业，能够与中国联通优势互补，产生协同效应。一方面，混改为中国联通注入大量资本。中国联通此次混改非公开发行股份共募集资金 617.25 亿元，分别用于 4G、5G 和创新业务。4G 网络优化、5G 网络建设和创新业务规模的扩大，有助于提升中国联通在电信产业的核心业务竞争力、推进中国联通战略转型。另一方面，混改后的国资、民资优势互补。四大互联网公司与中国联通的主业联系密切，具有互补性，此次战略性引入可以将中国联通在网络、数据、客户及行业影响力等方面的优势与四大互联网公司的市场优势、业务优势相结合，双方共谋发展。优势互补使得中国联通与四大互联网公司在云计算、人工智能、大数据等领域都占据先机。同时，民营资本参股中国联通，可以充分发挥民营资本的市场效率优势，全面提高国有企业经营效率和行业竞争力。

中国联通依据战略发展规划，合理设计股权比例，保持国有相对控股。首先，提升分散度与制衡度，激发国企活力。混改后，中国联通第一大股东联通集团持股 36.7％，战略投资者持股 35.2％，员工持股 2.7％。与混改前联通集团持股 62.74％相比，第一大股东减持将近一半的股权，中国联通的股权集中度由高度集中转为相对集中，股权制衡度有所提升。其次，坚持国有资本为主导，避免股权与控制权之争。混合所有制改革中分散化的股权结构有利于国有资本与民营资本的融合与制衡，进而提高公司治理效率，但股权结构设计不合理也可能造成股权和控制权之争。国有资本为主导，是保证国有企业发展大方向的前提，也是避免股权与控制权之争的根本保障。中国联通此次混改的股权结构设计有效避免了此问题。联通集团与战略投资者的持股比例看似接近，但战略投资者共有 14 家，第一大股东联通集团的持股比例远高于第二大股东。

此外，在 14 家战略投资者中，国有企业中国人寿和结构调整基金持股最多，分别为 10.3％和 6.1％。于是，联通集团、中国人寿和结构调整基金三家国有企业合计持有中国联通约 53％的股份，确保国有股份占比超过 51％，在面临重要决策时很大程度上可以做到步调一致。

混改后的中国联通在市场化机制、董事会治理等方面的创新可供很多混改企业参考并借鉴。

第一，混改后的中国联通，民营资本在公司决策层具有一定的话语权。

中国联通混改完成后，董事会成员由 7 名扩编至 13 名，其中非独立董事 8 名。8 名非独立董事中，有 5 名为中国联通这次混改引入的战略投资者，分别来自中国人寿、腾讯、百度、京东和阿里巴巴。

可见，混改后的中国联通，民营资本在董事会层面具有一定的话语权。同时，中国联通也逐步建立并完善可实现有效制衡的混合所有制企业公司治理机制。

第二，中国联通的机制创新还体现在瘦身健体。

中国联通瘦身健体、精简机构是推进混改企业内部改革的"第一刀"，致力于打造"小管理、大操作、强协同"组织架构。2017 年末中国联通完成瘦身工作。

在总部层面，部门数量由过去的 27 个减少为 18 个，减少 33.3%；人员编制由 1 787 人减少为 865 人，减少 51.6%。在省分公司层面，省分公司现有机构数减少 205 个，减少 20.5%，本部管理人员职数减少 342 个，减少 15.5%；地市公司机构减少 2 013 个，减少 26.7%，地市公司班子职数减少 73 个，减少 4.2%。全国省级公司管理人员职数减少 415 个，精减率为 9.8%。

第三，中国联通混改后建立市场化用人机制，激发企业发展活力。

为激发企业发展活力，中国联通在全集团组织进行了机构精简后的管理人员首次选聘工作。

截至 2017 年末，管理人员平均退出率在 14.3% 左右，退出合同制员工达 1 071 人。首聘结束后，各级聘任人员签订《业绩任务责任书》。落聘人员参加下级岗位选聘，易岗易薪。

第四，中国联通混改后完成首次员工激励——员工限制性股票授予。

首次授予的授予日为 2018 年 3 月 21 日，授予数量为 79 386.1 万股；授予人数为 7 752 人，包括公司中高层管理人员以及对公司经营业绩和持续发展有直接影响的核心管理人才及专业人才。该工作已于 2018 年 4 月 9 日完成。

第五，中国联通混改后实施"双创"改革。

中国联通深入推进全生产场景划小承包改革，搭建内部"双创"平台，使中国联通从大公司回归到创业公司。

整体效果：中国联通内部"双创"，结合一线生产场景，建立微组织，把"要我干"变为"我要干"，2018 年上半年，全国有 13.5 万名员工进入 2.4 万个划小承包单元，选拔产生 1.7 万名"小 CEO"，实行增量收益分享，打破平均主义"大锅饭"，一线员工薪酬同比增幅超过 20%，高于各级机关和后台部门，提升基层员工获得感。

第六，中国联通推进小承包改革，在机制创新方面取得一定进展。

中国联通下属单位通过建立"一种机制"（市场化运营机制）、搭建"两个平台"（创新创业平台），激发出"N 种活力"，逐步实现了由点的突破向系统能力提升、从量的积累向质的飞跃的重大转变。

第一步：选聘小 CEO。

先选聘小 CEO，再实施瘦身健体首聘。领导的重视、政策和资源的倾斜，让所有人都意识到小 CEO 这个岗位是干事创业的第一选项，迅速在公司内树立起"划小单元是最重要的基层单位，小 CEO 是重要的价值创造者"理念，全员形成了尊敬、重视、争当小 CEO 的共识。

第二步：赋予小 CEO 权限。

为充分保护和激发小 CEO 干事创业的积极性，对承包 CEO 充分授权，包括用工决定权等六大赋权、八大激励政策，明确了任务包、激励包、资源包、权力包和过程督导管控清单，确保责权利对等，让想干事、能干事的干部员工争当小 CEO。

另外，为广大员工搭建干事创业、多劳多得的"双创"平台，让员工在企业混改中增强获得感，实现企业和员工的双赢。

第三步：建立小 CEO 考核机制。

以收入和毛利为主的考核导向，让小 CEO 像"老板"一样思考、一样算账、一样操心，不再一味追求博人眼球的数量，无效发展得到了控制，发展模式逐渐由重数量向重价值、重效益、重服务转变。

第四步：瘦身健体。

统筹推进"瘦身健体，划小承包"的创新做法，既圆满完成了瘦身健体、精简机构和精减人员的任务，又为营服中心输送了急需的优秀人才。

◎ 案例 8　西安市政集团激活组织完善工程产业链

西安市市政建设（集团）有限公司（以下简称"西安市政集团"）创建于 1951 年，原为西安市国资委出资成立的国有独资公司，是以市政工程、公路工程建设为主的专业性建筑施工企业，拥有市政公用工程施工总承包一级资质和众多专业承包资质。

混改前，西安市政集团是西安市国资委的独资公司。2018 年，西安市政集团通过公开挂牌交易进行增资扩股，引入三家战略投资者，分别为陕西建工集团有限公司、西安市政设计研究院有限公司、西安秦商科创投资合伙企业（有限合伙），并同步实施员工持股。混改后，公司注册资本为 3 亿元。西安市国资委持股 38.47%，陕西建工集团有限公司持股 10%，西安市政设计研究院有限公司持股 11%，西安秦商科创投资合伙企业（有限合伙）持股 11%，员工持股平台——西安中瑞丰市政投资有限公司持股 29.53%（见图 2-11）。

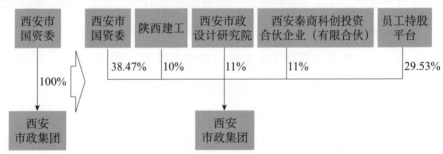

图 2-11　西安市政集团混改前后股权结构图

西安市政集团 2017 年 9 月 30 日净资产为 25 541.69 万元，其中含有大量无效资产或非经营性资产，如果这些资产不能剥离，将严重影响战略投资者的引入和员工持股计划实施。此外，西安市政集团拥有大量内退职工和冗余员工，如果不能妥善安置他们，将严重影响企业稳定。为此，西安市政集团在混改前，剥离非经营性资产 9 657 608.46 元，扣除预留的职工安置费用 16 815 509.8 元。先解决历史遗留问题，让混改企业轻装上阵，降低了混改交易成本，有利于吸引战略投资者，有利于混改后产业战略发展。

西安市政集团此次选择战略投资者，要求比较特殊，即要求战略投资机构分别为市政施工投资类企业、市政设计投资类企业、金融股权投资基金管理公司。其中，市政施工投资类企业要具有市政施工总承包特级资质，注册资本在 3 亿元以上，在行业内有较强影响力，且具有地域优势，或为全国特大型建筑企业，最终选择了陕西建工集团有限公司。市政设计投资类企业要求具有市政设计甲级资质，在西北地区专业处于领先地位，或为市政特级资质施工企业，最终选择了西安市政设计研究院有限公司。金融股权投资基金管理公司要求具有省内大型商会成员资格、企业联合会成员背景，注册于陕西省境内，已在中国证券投资基金业协会完成备案，最终选择了西安秦商科创投资合伙企业（有限合伙）。

西安市政集团如此要求，背后有深刻的战略意图。引入市政施工类企业是为了使公司拥有的资质、专业技术、市场竞争力得到进一步提升；引入市政设计类企业是为了使公司拥有设计、施工、运营总承包能力；引入金融类企业是为了提高企业的资本运作能力，并为项目公司股改上市提供助力。西安市政集团通过一次混改增强了三方面能力，混改效果预期突出。

从股权结构设计角度来看，西安市政集团此次混改是在集团层面进行的，因此在股权结构上比较注重国有资本对企业的控制力。其中，西安市国资委持股 38.47%，处于相对控股地位。三家战略投资者分别持股 10%、11%、11%。一方面，三家战略投资者持股比例相近，每家都能够对西安市政集团产生一定的影响，但比较均衡；另一方面，三家战略投资者持股总量为 32%，与国资委持股比例接近，能够在一定程度上对其形成制衡。最后，员工持股平台——西安中瑞丰市政投资有限公司持股 29.53%，这个比例接近相关政策要求的"员工持股总量原则上不高于公司总股本的 30%"，可以说是在符合政策要求的前提下最大程度发挥了员工持股的激励作用。

总体来说，西安市政集团股权结构基本完成了股权多元化和激励股权配置，股权结构得到了深度优化，对企业的长期发展将起到积极的作用。

混改与新业务培养战略

"新兴业务，优先混合"，这是我们对国有企业混改业务选择的基本建议之一。国企经过多年发展，多多少少在本领域建立了一定的基础，下一步的发展便是：国企业务结构里有种子型业务，也有成长型业务，这样的业务如果在市场竞争充分的领域，可以充分利用混改带来的资源和机制优势，做快、做强、做大。利用混改推动新业务培养和发展，这是本轮改革的一个突出特点。

◎ 案例 9　中国中车下属新兴业务中车产投混改

中车产业投资有限公司（以下简称"中车产投"）成立于 2015 年 12 月，注册资本 37 亿元，原来是中国中车集团有限公司（以下简称"中国中车"）的全资子公司，是国家发改委第二批混改试点单位。

中车产投主要经营机电、能源、交通、节能、环保、新材料、物联网等领域项目投资，投资管理，资产管理等业务，是中国中车除了轨道交通装备之外的新兴产业投资和管理主体。

2018 年，这家公司营业收入为 845 274.30 万元，净利润为 42 393.85 万元，净资产为 830 219.42 万元。截至 2019 年 6 月 30 日，营业收入为 280 805.89 万元，净利润为 6 800.05 万元，净资产为 935 235.61 万元，资产负债率为 53.29%。

中车产投将围绕 "3＋X" 产业发展方向，大力推动产业发展，重点聚焦 "新能源汽车、环境治理、氢能源动力、智能制造、储能" 等产业进行投资，快速培育并打造成中国中车新的百亿元产值支柱产业。

此次混改，中车产投充分发挥多元股东的作用，完善现代企业制度和市场化经营；同时，以充分激发企业活力为核心，深化企业三项制度改革。

2019 年 9 月 29 日，中车产投增资项目在北京产权交易所公开挂牌；2019 年 12 月 17 日，中车产投混改项目成功落地，共引入 5 家战略投资者，包括株洲市国有资产投资控股集团有限公司（以下简称 "株洲国投"）、中国国新资产管理有限公司（以下简称 "中国国新"）、上海奉新智能制造发展有限公司（以下简称 "上海奉新"）、上海国盛（集团）有限公司（以下简称 "上海国盛"）和工融金投一号（天津）股权投资合伙企业（有限合伙）（以下简称 "工融金投一号"），募集资金 34 亿元，持股比例合计 35%。

混改完成后，中国中车持股比例由 100% 变更至 65%，新进 5 家战略投资者合计持股 35%（见图 2 - 12）。中国中车仍为中车产投第一大股东兼实际控制人，拥有绝对控股权。

中车产投此次混改，聚焦新领域，混合协同培育新动能，国有资本绝对控股。混改完成后的中车产投将聚焦新能源、智能制造等战略性新兴产

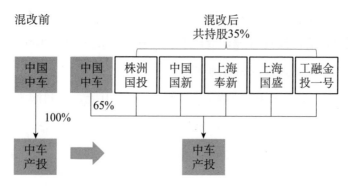

图 2-12 中车产投混改前后股权结构图

业，通过各股东之间的产业协同、资源协同、创新协同、人才协同等，赋能中车产投战略性新兴产业的培育与发展，从而打造中国中车新的发展动能。未来，中车产投将成为中国中车新的利润增长点。因此，无论是从混改后中车产投的产业发展目标来看，还是从未来经济贡献方面来看，中国中车都需要对中车产投拥有控股权。

从持股比例来看，中车产投的股权结构属于"一股领先＋高度分散"模式。未来中车产投在条件成熟时，可向"一股领先＋高度分散＋激励股份"的最优模式迈进。

从引入投资者类型看，战略投资者以国有资本为主，聚焦发力助力企业快速发展。中车产投引入的 5 家战略投资者，包括 1 家央企、2 家地方国企、1 家国有银行、1 家混合所有制企业。可见中车产投引入的战略投资者以国资背景为主，在一定程度上降低了股权集中度，同时保证了国有资本的实际控制力。但是，在国有资本一股独大的问题上，仍需要进一步深化改革。

从战略投资者拥有的战略资源来看，中国国新、株洲国投、上海国盛属于大型投资控股和资本运营类公司，既能够提供丰富的资金支持，也能够提供一定的战略资源。而上海奉新可视为产业投资者，能够在智能制造领域与中车产投形成产业协同。工融金投一号可视为财务投资者，能够为中车产投未来发展提供金融支持。

◎ **案例 10　联通智网科技混改推动中国联通战略性新兴领域发展**

联通智网科技成立于 2015 年，注册资本 2.47 亿元，是专注于车联网领域专业化服务的公司，长期服务于国内外主要品牌车厂和相关生态客户，车联网领域的市场占有率已经达到 70% 以上。这是中国联通旗下首家完成混改引战的专业子公司。

联通智网科技注重发力 5G 智慧汽车，通过混改方式成功引入 9 家战略投资者，引入资金 7 679.61 万元，为公司未来新业务开拓和布局引入了资本、产业资源。

联通智网科技混改后，中国联通持股比例由 100% 稀释到 68.88%，9 家战略投资者合计持股 31.12%，其中第二大股东一汽股权投资（天津）持股比例仅为 11.02%，其余股东持股比例均在 5% 以下（见图 2-13）。

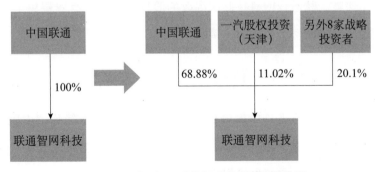

图 2-13　联通智网科技混改前后股权结构图

联通智网科技此次混改，是为了借助外部资本和资源，共同推动创新和研发，布局新产业及融合领域，从而获得全新市场空间。从产业变革来看，新资本大量产生、资本迅速增值往往出现在新产业、新领域中，这也是国有资本最大化增值能力的最佳路径。

联通智网科技此次混改引入的战略投资者，包括一汽、东风汽车、广汽等中国最大车企在内的 9 家企业，涉及大型汽车企业的投资公司、产业链企业（主要与车联网有关）、资本或资源类企业。联通智网科技与 9 家战略投资者之间具有较强的产业链互补、战略协同效应。

新兴领域国有绝对控股且相对分散。5G 智能汽车无论是对联通智网科技还是对战略投资者而言都是新兴的高科技领域。中国联通将联通智网科技作为未来新的核心业务及利润增长点，需要对其进行绝对控股，拥有绝对控制权，因此仍持有联通智网科技 68.88% 的股份。

坚持国有资本为主导，避免股权与控制权之争。混合所有制改革中分散化的股权结构有利于国有资本和民营资本的融合与制衡，进而提高公司治理效率，但股权结构设计不合理也可能造成股权和控制权之争。国有资本为主导，是保证国有企业发展大方向的前提，也是避免股权与控制权之争的根本保障。联通智网科技此次混改的股权结构设计有效避免了此问题。中国联通与战略投资者的持股比例相差较大，且远高于第二大股东。

◎ 案例 11   中国电信翼支付混改

天翼电子商务原来是中国电信股份有限公司（以下简称"中国电信"）的全资子公司，成立于 2011 年 3 月，是中国电信布局互联网金融的重要板块，是互联网金融行业领先的创新企业。

天翼电子商务旗下拥有翼支付、橙分期、甜橙保险、甜橙信用、甜橙保理等业务板块。其中，翼支付作为其核心品牌，是中国人民银行核准的第三方支付机构、中国证监会核准的基金支付结算机构，致力于为个人、企业提供"安全、便捷、时尚"的支付解决方案。

混改前，天翼电子商务是中国电信的全资子公司。2019 年 1 月，天翼电子商务 A 轮引战正式获得央行审批通过，成功引入前海母基金、中信建投、东兴证券和中广核资本四家战略投资者，融资 9.45 亿元。混改后，中国电信持股 51%，四家战略投资者共持股 49%（见图 2 - 14）。

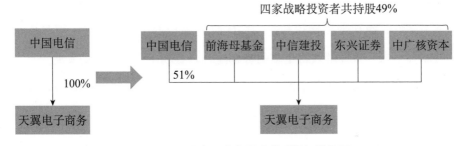

图 2 - 14　天翼电子商务混改前后股权结构图

天翼电子商务主要从事第三方支付等金融业务，此行业竞争激烈，国有企业的体制机制并不占优势。此次混改引战有利于解决翼支付此前体制机制不够灵活等问题。该行业的领先企业如蚂蚁金服、腾讯金融科技、京东数字科技等大多通过资本运作快速获取战略协同资源、布局金融科技各业务领域。因此，翼支付需通过引入外部战略投资者获取战略协同资源，提高经营决策效率，实现平台流量变现和多元化金融科技板块布局。

此外，天翼电子商务此次混改，实现了协同创新与可持续发展，为高质量发展奠定基础。天翼电子商务从 2011 年成立以来，已经度过了建设期和成长期，进入了一个新时期。

首先，作为天翼电子商务核心业务的翼支付已经成为国内最大民生缴费服务供应商和中国电信第一大通信费充值服务商。目前，公司用户超过 4

亿个，在移动支付市场的占有率处于第二梯队。但受到资金、体制机制不灵活等问题的限制，翼支付很难超越支付宝、财付通和京东支付进入第一梯队，因此进行混改能够助力天翼电子商务度过瓶颈期，进一步扩大市场份额，预期取得更好的业绩。

其次，根据相关财务数据，天翼电子商务 2015 年亏损 5 941.65 万元，2016 年亏损 16 569.62 万元，2017 年扭亏实现净利润 552 万元。截至 2018 年 1 月末，其净利润达 4 195.29 万元。由此可知，天翼电子商务的经营状况逐渐转好，净利润呈增长趋势。在此阶段进行混改，能够吸引更具实力的战略投资者，也能够获得更多的资金注入，有利于企业长远的发展。

此次混改后，天翼电子商务的股权结构呈现出"一股领先＋相对分散"的模式，即中国电信持股 51％，四家战略投资者共持股 49％，中国电信依旧保持绝对控股地位。

一方面，天翼电子商务此次 A 轮融资是混改的第一步。天翼电子商务本来计划 2019 年上半年进行第二轮融资，预计 2019 年下半年到 2020 年将适时启动独立 IPO 计划。经过第二轮融资和 IPO 后，中国电信现有股份将会被进一步稀释，为了保证中国电信对翼支付的控制力，需要在首轮混改时进行比较稳妥的股权结构设计。另一方面，天翼电子商务虽然是中国电信的子公司，但对中国电信来说具有较高的战略意义，能够为中国电信在金融领域开辟一片天地，为未来的业务协同发展做铺垫。因此，中国电信需要保持对子公司的控制力，由此中国电信选择了 51％对 49％的股权设计。

天翼电子商务此次混改共引入四家战略投资者，分别是前海母基金、中信建投、东兴证券和中广核资本。这四家战略投资者有两个共同特点：都属于金融行业，且都是国资背景。四家企业分别是上海国资委、北京国资委、财政部、国务院国资委下属企业，有的是控股企业，有的是全资子公司。因此，对于天翼电子商务来说，一方面实现了金融行业资源和经验的引入，另一方面则无须担心国有资本控制力降低。

◎ **案例 12　国家电网能源互联网业务创新混改——国网江苏能源**

国网江苏综合能源服务有限公司（以下简称"国网江苏能源"）成立于2011 年，原来是国网江苏省电力有限公司（以下简称"国网江苏电力"）的全资子公司，注册资本 5.55 亿元。

国网江苏能源已布局"能源生产、能源消费、能源交易及能源平台经济"四大业务板块，致力于助力全社会综合能效水平不断提升；同时，全力构建清洁低碳、安全高效的现代能源综合服务体系。

国网江苏能源以"万物互联＋智慧能源"为解决方案，构建能源互联互通立交桥，大力布局区域能源物联网。

国网江苏能源也是首批被纳入国资委"双百行动"试点改革的企业之一，通过引入战略投资者，开展混合所有制改革，进一步完善公司法人治理结构。

2019 年 10 月 16 日，国网江苏能源 40％股权项目在北京产权交易所公开挂牌，征集战略投资者。

2019 年 12 月，国网江苏能源混改项目落地（见图 2－15），成功引入中天科技集团有限公司（以下简称"中天科技"）、深圳市吉源综合能源技术服务有限公司（以下简称"深圳吉源能源"）、江苏方天电力技术有限公司（以下简称"江苏方天电力"）3 家战略投资者，国网江苏能源的注册资本从5.55 亿元增加至 6.13 亿元。

另外，此次新增股东中还包括大全集团有限公司、国网节能服务有限公司、清控泛能（江苏）科技发展有限公司三家。

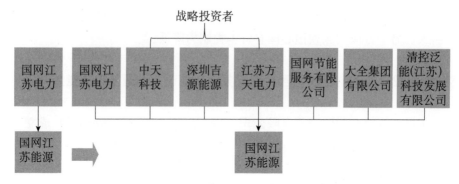

图 2 - 15   国网江苏能源混改前后股权结构图

国网江苏能源引入的 3 家战略投资者，能够在产业、技术、资本等方面形成优势互补，提高公司的投融资、技术研发、规划设计能力，提升公司核心竞争力。

首先，选择具有较强产业协同的中天科技，为公司引入较强的技术实力、市场资源、人力资源。中天科技起源于 1992 年，产业涉及信息通信、智能电网、海洋装备、新能源、新材料、精工装备等六大领域。中天科技拥有 89 家子公司，产品出口 147 个国家和地区，已经跻身于中国电子信息100 强、中国企业 500 强。

其次，选择在新能源领域投融资能力较强的深圳吉源能源，提升公司投融资能力。深圳吉源能源成立于 2019 年，主要经营能源技术研发及技术转让、合同能源管理服务等业务。通过股权穿透分析，我们发现这家企业的股东可以追溯到新三板公司浙江创投和浙江浙商证券资产管理有限公司。

最后，选择在能源领域设计研发能力较强的江苏方天电力，提升公司技术研发、规划设计实力。江苏方天电力成立于 2005 年，从江苏省电力试验研究院有限公司中分立成立，主要从事电网侧业务和电源侧业务。

国网江苏能源此次混改，在新能源领域与战略投资者协同开拓市场，能够促进各方优势互补，实现合作共赢。

混改与辅业退出战略

"辅助业务，嫁接混合"，这是我们对国企内部处于辅助服务地位的下属市场化业务给出的混改建议。一方面，在国有资本布局的新阶段，强调突出主业，精干主业，同时也推动实现辅业的退出，实现资本的有效流动和再配置；另一方面，国有企业下属的辅助性业务，在本企业内部，发展成长的天花板十分明显，如果能够与外部市场和产业进行对接，完全有可能发展成新的产业龙头。所以，一些国企在认真思考将混改与企业辅业退出战略相结合，并积极实践。

◎ 案例 13　宝钢气体业务混改国资退出控股地位

上海宝钢气体有限公司（以下简称"宝钢气体"）于 2010 年 8 月由中国宝武集团下属宝钢金属有限公司（以下简称"宝钢金属"）100％全资发起成立，注册资本 118 085.24 万元，是中国宝武工业气体业务的主要平台。

宝钢气体拥有核心技术体系，并具备为客户提供设计、运管、维护、应用技术支持、咨询等能力，能够为客户提供一整套解决方案。公司拥有空分、氢气、合成气、清洁能源、包装气五大战略业务，具备完整的技术与研发、销售与物流、整体建设与项目运营的专业能力，拥有并运行国内大规模的空分群与量级领先的单体空分。

混改前，宝钢气体是宝钢金属全资子公司，而宝钢金属为中国宝武集团全资子公司。

2018 年 8 月，宝钢金属通过上海联合产权交易所对外公开转让宝钢气体 51％的控股权，宝钢气体 51％的股权最终以 41.66 亿元的价格成交，相比挂牌价高出 22.1 亿元。混改后，宝钢气体的控股股东太盟投资集团持股 51％，宝钢金属持股 49％（见图 2-16）。

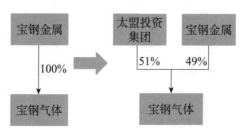

图 2-16 宝钢气体混改前后股权结构图

中国宝武集团放弃宝钢气体的控股权，转为参股，主要有以下两个原因。

首先，践行国家相关政策。宝钢气体并非中国宝武集团的核心主业。作为国家第一批国有资本投资公司试点，中国宝武集团实现了非核心业务的"战略性有序进退"，走出了一条通过产业培育、价值注入、资本运作实现国有资本保值增值的创新之路，体现出中国宝武集团主动开展产业资本有序退出的能力。

其次，践行集团发展战略方针。宝钢、武钢两大央企钢铁集团合并后，新集团制定了新的发展战略方针，专注主业，剥离辅业。气体板块由于并非集团主业，集团选择保留参股权，让渡控股权。同时，国际大型气体公司不断进入国内市场，市场开拓和企业管理成本上升，想要与国际气体上市公司比肩，需要继续投入较大成本，不符合集团战略。而虽然放弃宝钢气体股权方面的绝对控制，但鉴于宝钢气体的主要客户方为中国宝武集团，中国宝武集团通过产业链约束，并未真正丧失话语权。

宝钢气体成立十年来，从名不见经传到全世界排名第六，盈利能力和发展前景都十分好。但面对激烈的竞争，宝钢气体在未来仍需要大量投入。作为中国宝武集团的非核心业务，获得来自集团内部的资源配置有限，产业发展需要引入有实力的投资者。既然已经认定宝钢气体属于非核心业务，终将会退出，不如选择在宝钢气体发展的鼎盛时期出让其控制权，以获取资本的最大增值。

同时，中国气体行业未来将持续增长，且宝钢气体经营状况良好。国有资本持股 49% 的选择，一方面能够让有实力的非国有投资者获取企业的控制权，为企业的发展投入足够的精力和资本；另一方面，宝钢金属在让出宝钢气体控股权后，还能作为积极的参股股东继续参与公司的成长发展，争取实现长期享有高额而稳定的投资回报。

混改与老国企重生战略

一些国有企业是伴随中华人民共和国成立而建立和发展起来的，这些企业有历史的优势和文化的沉淀，同时背负着更多的改革包袱和问题。长期以来，老国企的市场化改革一直是国企改革的重要组成部分，到混改的阶段，这个历史的任务仍未完成。令人欣喜的是，部分企业看到了利用混改机遇加速推进老国企改造改组的空间，也在积极行动。

◎ 案例 14　中国盐业国家队"中盐股份"改制与混改

中国盐业集团有限公司（原名中国盐业总公司，以下简称"中盐集团"）创立于 1950 年，现为国务院国资委监管的国有大型企业。中盐集团主要承担两大任务：一是履行中央企业职责，实现国有资产保值增值；二是作为全国食盐生产经营主体，确保国家合格碘盐供应。

中盐股份是中盐集团按照整体改制上市的方式于 2013 年联合七家省级盐业公司发起成立的。作为中盐集团的重要组成部分，中盐股份具有举足轻重的地位。2017 年和 2018 年 6 月，中盐股份的资产总计分别是 121.88 亿元和 123.71 亿元，2017 年和 2018 年 1—6 月营业收入分别为 61.43 亿元和 26.46 亿元，净利润分别达到 3.63 亿元和 2.98 亿元。

中国的盐业行业管理体制改革，在近些年得到了政府部门重视并被快速推动。改革核心主题就是取消盐业经营的专营权，大力推动传统盐业企业的改造和重组。

中盐股份的诞生，中盐股份的混改，都是在这样的大背景下发生的历史性事件，它们不是一个企业的简单股权多元化，或者上市发行股票的行为，而是整个中国盐业体制市场化改革的缩影，也是最关键的篇章。

2017 年，盐业体制改革正式实施。随后，中盐股份被列为国家第二批混合所有制改革试点。

作为中盐集团的重要组成部分，2018 年中盐股份混改被列为国家盐业体制改革重点工作任务之一。

为实现盐改目标和中盐股份混改目标，中盐集团对中盐股份进行资产重组，将食盐核心业务和优良资产全部纳入中盐股份平台；同时，分离其盐化工业务，将中盐股份打造成为盐业务专业化运营平台。

2018 年 9 月，中盐集团采用完全市场化方式，在北京产权交易所公开披露中盐股份增资引战项目，公开征集投资者。

2018 年 11 月 2 日，中盐股份增资项目在北京产权交易所正式挂牌。中盐股份原股东所持股份数不低于总股本的 60.1%，新增 13 家股东所持股份数不超过总股本的 39.9%，单一投资者最终所持股份数不高于总股本的 15%。

2019 年 9 月，中盐股份混改项目落地，按照"价值观契合、战略有协同、实力有保障"的标准成功引入 13 家战略投资者，总投资额约 30.61 亿元，合计持股比例约为 31.57%。

混改后，中盐集团持有中盐股份 63.28%的股权，仍具有绝对控股权（见图 2-17）。

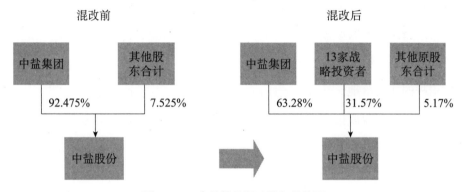

图 2-17　中盐股份混改股权结构图

中盐集团战略明晰，集团总体定位得当。中盐集团将中盐股份定位为世界一流的盐业企业，同时将优质资产和盈利能力较强的盐业批发业务注入中盐股份，同时集团保留利润水平一般的盐化工业务。

虽然，以推动重组上市为目标的国有企业改革，更多以集团整体上市为方向，但是考虑到中盐集团的产权、业务、体制改革仍停留在从计划经济转型的初期阶段，中盐集团选择这种集中优势业务和资产，将最具竞争力的业务集中起来打造一家上市公司的基本设想，符合业务发展阶段的设想，也更容易推动改革。

中盐集团具有明确的业务发展战略，拓展模式清晰。中盐集团作为国家盐业企业，与很多省份的国有盐业公司在同一行业、同一市场形成了实质的竞争关系，这一分而治之的行业格局能够适应计划经营下的行业管理要求，但是各省切分的市场结构却对市场化目标下的中盐集团发展构成了挑战。

本次中盐股份的盐改和混改进程，令人印象较深的一点是，中盐集团能够充分和各个省份的盐业公司联合起来，通过业务合作、股权合作等形式，打通产业网络和市场网络。

通过各种方式的结合，中盐集团正在全国努力捋顺纷繁的盐业经营组织格局。正是因为中盐股份的资产重组、产业拓展、行业整合、模式优化等等战略思考得当，投资者对这家企业的发展增强了信心，推动了本次混改引战的成功落地。

此外，中盐股份实行了可持续发展的最优股权结构。健康持久的股权结构，是一家混改企业长期"家庭幸福"的基石；有天生缺陷的股权结构，是混改企业随时陷入争端的导火线。

混改后，中盐股份的股权结构体现出"一股领先＋相对分散"两大混改最优股权结构的特点，虽然没有直接落实激励股份的设计，但是中盐股份也说明将在未来合适时机尽快在各个层面推动中长期激励的落地。

中盐股份此次混改进一步完善产业链，与投资者共同推动创新和研发，实现产业升级。中盐股份此次混改引入的 13 家战略投资者，都是实力雄厚的大型企业，能够与中盐股份优势互补，产生协同效应。这 13 家战略投资者可以划分为三种类型：

战略性财务投资者：如中国国新控股有限责任公司、兴业银行股份有限公司、建信信托有限责任公司等，它们将为中盐股份不断推动产品创新、技术创新、市场创新、商业模式创新和服务创新提供资金支持。

行业内战略投资者：混改为中盐股份引入同行业优秀企业，通过竞合的方式，实现行业内优势企业的强强联合。行业内战略投资者如广西盐业集团有限公司。

跨行业投资者：混改引入跨行业投资者，为中盐股份进行市场创新、商业模式创新和服务创新提供助力。跨行业投资者如广东温氏投资有限公司、石羊农业控股集团股份有限公司等。

◎ 案例 15　北京老字号庆丰包子铺改制与混改

北京庆丰餐饮管理有限公司起源于 1956 年西长安街的第一家庆丰包子铺，庆丰包子铺是当年西城区饮食公司下属的餐饮店，也是一家具有独立法人资格的全民所有制企业。与此同时，西城区一些其他的副食企业也开始经营庆丰包子，核心是一家名为北京福绥源商贸有限责任公司的企业。2004 年北京华天饮食集团公司成立，共同管理庆丰包子铺和北京福绥源商贸有限责任公司。

庆丰包子铺的混改模式是"公开增资扩股＋非公开增资扩股＋员工持股"。混改前，北京庆丰餐饮管理有限公司是北京华天饮食集团公司的全资子公司，也是一家国有独资企业。

2018 年，北京庆丰餐饮管理有限公司实施混合所有制改革，通过公开挂牌增资方式引入 1 家非公有资本投资方上海复星高科技（集团）有限公司，通过非公开增资的方式引入 1 家国有资本投资方北京金融街资本运营中心，同时以员工持股平台的方式实施员工持股计划。北京庆丰餐饮管理有限公司通过本次增资共募集资金 9 200 余万元。混改完成后，北京庆丰餐饮管理有限公司的母公司北京华天饮食集团公司仍为绝对控股方，持股 81.58％，上海复星高科技（集团）有限公司持股 7％，北京金融街资本运营中心持股 10％，员工持股平台持股 1.42％（见图 2-18）。

庆丰包子铺作为老字号企业，存在着许多阻碍混改的障碍。首先是业

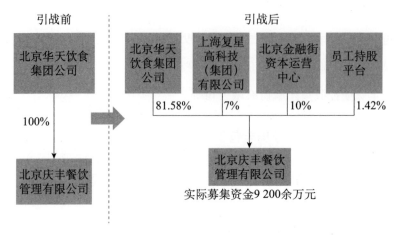

图 2-18   庆丰包子铺混改前后股权结构图

务与资产整合问题，北京华天饮食集团公司旗下庆丰包子铺和北京福绥源
商贸有限责任公司两家企业都在经营庆丰包子。北京华天饮食集团公司通
过增资、改制、国资划转、更名这四个步骤，将两家企业改组形成了新的
母子公司，进而构建了一个完整的"庆丰包子铺"。母公司为北京福绥源商
贸有限责任公司更名形成的北京庆丰餐饮管理有限公司，子公司为北京庆
丰包子铺转制形成的北京庆丰包子铺有限公司。此次混改的主体为母公司
北京庆丰餐饮管理有限公司，经过资产评估和增资引战最后两步，庆丰包
子铺顺利完成了混改。庆丰包子铺的六步法混改整合方案值得类似企业借
鉴，因为这项设计同时实现了三个战略目标：十年来第一次全部整合了庆
丰包子铺的业务资源和品牌资产；实现了传统国有企业一次性改制和混改
的同时完成；奠定了引入战略投资者并持续扩张的体制和机制基础。

庆丰包子铺通过公开挂牌增资引入非国有资本上海复星高科技（集团）
有限公司，通过非公开挂牌引入国有资本北京金融街资本运营中心，进一
步完善了公司法人治理结构，同时建立了更为有效的激励机制，为进入资

本市场打下良好的基础。

　　庆丰包子铺同步实施员工持股计划，让员工共享企业发展成果，激发企业发展的动力和活力。

　　庆丰包子铺既是老字号混改，又是与企业改制相结合的混改，创新型的混改模式为庆丰包子铺混改成功落地提供强大助力。

　　另外，北京庆丰餐饮管理有限公司此次混改的股权结构设计保持了国有资本的绝对控股地位。国有控股股东持股 81.58%，新引入民企持股 7%，新引入国企持股 10%，员工持股平台持股 1.42%。混改对北京庆丰餐饮管理有限公司来说有两大益处。首先，新引入的合作伙伴上海复星高科技（集团）有限公司拥有较好的资本运作及企业管理经验，这些正是北京庆丰餐饮管理有限公司未来发展所需要的。其次，员工持股计划涉及庆丰包子铺中层以上及被董事会认定的骨干及技术人员共 44 名员工，这样的激励机制能够激发企业发展的动力和活力。

　　总的来说，实施混改并推行员工持股计划对老字号企业来说是一种尝试和突破。老字号，尤其是餐饮老字号，在近年来的发展中普遍面临着缺钱又缺人的困境，市场扩张举步维艰。庆丰包子铺为类似老字号积累了改革经验，为那些处于完全竞争领域却还保持着旧体制的国企提供了转型思路。

◎ 案例 16　钟表行业老字号海鸥表业集团混改

　　海鸥表业集团成立于 2002 年 4 月，注册资本 2.6 亿元，是以海鸥表业（天津手表厂）为核心，由 23 个钟、手表及精密器件生产厂家等组成的行业性集团，是国内大型精密机械手表机芯制造基地。"海鸥"于 2002 年、2005 年两届被评为"中国名牌"，2005 年 8 月被认定为"中国驰名商标"，2006

年 12 月被评为"中华老字号"。

截至 2017 年底，海鸥表业集团营业收入为 46 262.53 万元，净利润为 －279.20 万元，净资产为 40 135.93 万元。截至 2018 年 9 月 30 日，其营业收入为 28 605.21 万元，净利润为 －3 583.29 万元，净资产为 36 021.26 万元，资产负债率为 67.44%。

海鸥表业集团拥有 64 年的发展历史，已经拥有一定的品牌和技术优势，未来的战略发展目标是：向"中国速度"和"全球高度"迈进。

海鸥表业集团以此次混改为契机，推动新一轮改革创新，加快建立现代企业制度，突破困扰"老字号"发展的主要瓶颈；同时，持续发挥老品牌的品牌价值，让老品牌焕发新生机。

2018 年 10 月 30 日，海鸥表业集团混改项目在天津产权交易中心正式挂牌，拟募集资金总额不低于 59 800 万元（含增资扩股拟募集资金不低于 35 000 万元和股权转让底价 24 800 万元），对应持股比例为 65%。此举标志着海鸥表业集团层面将通过"增资扩股＋股权转让"的方式进行混改。

2019 年 11 月 20 日，海鸥表业集团混改项目落地，成功引入上海汉辰表业集团。

混改完成后，原控股股东津联中鸥有限公司持股比例由 90% 变更至 23.39%，原第二大股东天津亿达投资有限公司持股比例由 10% 变更至 11.61%。新入战略投资者上海汉辰表业集团持有海鸥表业集团 65% 的股权，成为海鸥表业集团第一大股东兼实际控制人，拥有绝对控股权（见图 2-19）。

此外，混改后，海鸥表业集团的"老字号"招牌不变。"海鸥"作为中国驰名商标和中华老字号，在我国是知名度非常高的自主民族品牌。混改后，"海鸥"老字号的保留，能够持续发挥品牌优势以及壮大品牌效应，同时能够更加有效地利用老字号品牌价值，为混改后的企业创造更多的价值。

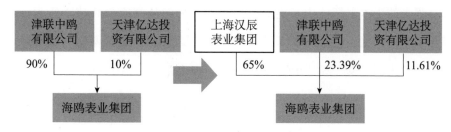

图 2-19　海鸥表业集团混改股权结构图

海鸥表业集团具有清晰明确的发展目标和方向，致力于在手表行业引领行业发展方向，跻身于世界一流企业。此次混改，以品牌价值为资本，引入外部投资者，为企业发展注入增量资金，支持未来整体发展，同时为技术改造及研发、品牌和渠道建设等引入资金，提升综合竞争力。可见，海鸥表业集团此次混改，能够进一步解决束缚企业发展的体制机制制约、资金短缺、人才短缺、创新不足等问题，让"老字号"焕发新活力。

从企业自身发展的角度来看，海鸥表业集团为了解决更深层次的体制机制制约问题，更大程度激发企业发展活力，进而保障"海鸥"这一老品牌能够焕发出新生机，践行了"宜参则参"的原则。国有资本将企业控股权交由民营资本，对海鸥表业集团而言意味着将拥有更加灵活的体制机制。

从企业所在地区的角度来看，天津是我国当前国企混改的先锋，其中国企混改的一大特点便是"国有资本放弃控股权甚至全部退出"。因而，海鸥表业集团此次混改符合天津市国资委对国企混改的发展要求。

从投资者选择的角度来看，海鸥表业集团与上海汉辰表业集团具有战略协同、产业优势互补效应，能够在管理、技术、产品等方面实现协同创新，为混改后的海鸥表业集团快速发展奠定基础。上海汉辰表业集团是豫园股份的全资子公司，而豫园股份是复星集团控股的上市公司。因而，海鸥表业集团是复星集团的一员，不仅拥有高效的管理能力、科学的决策能力、强大的资本市场能力，更拥有在表业领域的品牌实力和技术实力，能够给"海鸥"这一老品牌带来品牌资源整合、产品联合、渠道对接等，为海鸥的"中国速度"和"全球高度"奠定基础。

混改与央地联合战略

很久以来，中央企业集团和地方国企集团作为支撑中国国有经济的两大支柱，分别在不同的层面和区域发挥作用。由于国有资本的管理主体不同，央企与地方国企的合作并没有成为主流。本轮混改，在政策的支持和现实的需求推动下，一些地方国企的改革积极主动引进和吸收央企背景资本开展合作，中央企业在股权多元化的过程中也积极邀请地方国资进入，形成了央地联合的新局面，并且促成了一些典型的股权多元化项目。

◎ 案例 17 航空运输领域首家试水混改的央企集团——南航集团

中国南方航空集团有限公司（以下简称"南航集团"）既是航空运输领域首家试水股权多元化的航空集团，更开创了"央地联动"混改新模式，具有典型的借鉴意义。

南航集团成立于 2002 年 10 月 11 日，是以中国南方航空公司为主体，联合新疆航空公司、中国北方航空公司组建而成的大型国有航空运输集团，是国务院国资委直接管理的三大骨干航空集团之一。

2017 年 11 月，中国南方航空集团公司由全民所有制企业改制为国有独资公司，改制后的名称为"中国南方航空集团有限公司"。改制后，中国南方航空集团有限公司注册资本为人民币 117 亿元。改制前的中国南方航空集团公司的全部债权债务由改制后的中国南方航空集团有限公司承继。

南航集团贯彻落实中共中央和国务院关于深化国有企业改革的有关要求，有效增加南航集团的资本金，从而使得集团各板块高质量发展；深入推进粤港澳大湾区探索航空资本合作模式，使南航集团可借助大湾区内的地方资源优势实现高质量发展。

南航集团自 2016 年启动混改以来，历经 2 年时间，终于迈出了混改的第一步。

2016 年，南航集团响应中央经济工作会议号召，加入混改行列。

2017 年 3 月，美国航空以 15.53 亿港元认购南航集团控股子公司南方航空 H 股股票，取得南方航空 2.68％的股权。

2017 年 11 月 16 日，中国南方航空集团公司由全民所有制企业改制为国有独资公司，改制后的名称为“中国南方航空集团有限公司”。

2018 年 9 月，春秋航空以自有资金 8.46 亿元认购南方航空非公开发行的 A 股股票，占南方航空发行完成后 A 股股本的 1.63％。

2018 年 12 月 6 日，南航集团拟进行股权多元化改革。

2019 年 7 月，南航集团正式实施股权多元化改革。广东省、广州市、深圳市通过其确定的投资主体以现金方式各向南航集团增资 100 亿元，合计增资 300 亿元（见图 2-20）。

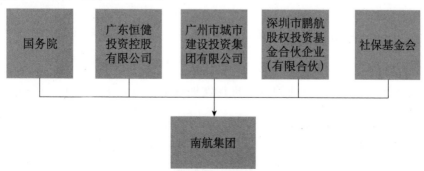

图 2-20　南航集团混改后股权结构图

南航集团作为首例央企集团层面央地股权多元化的典型，有助于其他央企集团纵深推进混改。南航集团此次改革采用的是增资扩股模式，引入300 亿元地方国有资本。第一，南航集团进一步优化股权结构，完善公司法人治理结构和市场化经营机制。第二，南航集团引入资金主要用于发展企业航空运输主业，拓展国际航线网络；同时，在国家大力建设粤港澳大湾区的背景下，推动广州、深圳市场一体化发展，促进广东省内航空运输均衡发展，更好地服务于粤港澳大湾区建设，助力"一带一路"快速发展。第三，通过大量资金的注入，进一步降低南航集团的资产负债率，为企业发展提供强有力的资金保障。

从改革模式来看，南航集团在股权多元化改革后，从国有独资变为国有全资的企业集团。虽然国有资本仍 100% 控股，但是股东数量增多，在一定程度上解决了国有资本"一股独大"的问题，有效提升了国有股东内部制衡度，进一步完善了公司法人治理结构。

另外，我们再看南航集团引入的战略投资者类型。南航集团作为一家有着较大影响力的央企，此次股权多元化引入广东地方国有企业，充分体现了央地双向混合的改革思路，也给地方国企参与央企混改提供了借鉴。

◎ 案例 18　天津药研院混改引入招商局集团

天津药研院始建于 1959 年，由国家药品监督管理局天津药物研究院转制而成，原是国家设立的医药行业综合性科研机构，随着我国医药行业的发展变迁，已从一家单纯的科研机构发展成集研发、生产制造、产品经营于一体的国家级高新技术企业。

天津药研院是天津医药集团下属公司天津金浩医药有限公司的全资子公司，主要从事创新药、通用名药、新制剂、中药、生物药等各类新品研制，特别注重新技术的工程化和产业化，满足药品注册要求。

2018 年 6 月，天津药研院通过公开挂牌的方式进行股权转让和增资扩股，拟引入一家战略投资者，引入资金约 14 亿元。投资者持有天津药研院 65％的股权，原股东将保留 35％的股权。

2018 年 8 月，天津药研院混改成功落地，引入战略投资者天津招商天合医药科技发展合伙企业。

混改前，天津药研院是天津金浩医药有限公司的全资子公司。混改引入战略投资者天津招商天合医药科技发展合伙企业，引入资金 14 亿元。

混改后，战略投资者通过增资扩股取得天津药研院增资后 46.5％的股权，通过受让取得天津金浩医药有限公司持有的天津药研院增资后 18.5％的股权，合计持有天津药研院 65％的股权，原股东天津金浩医药有限公司持有 35％的股权（见图 2－21）。

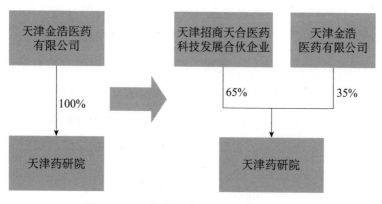

图 2－21　天津药研院混改前后股权结构图

天津药研院此次混改，以增资扩股为主，以股权转让为辅。可见，天津药研院以引入发展资金、战略资源为主，以解决企业发展资金和发展资源问题。此外，天津药研院此次混改也注重股权结构的优化。本次混改将国有资本由绝对控股变为参股，进一步解决国有资本"一股独大"的问题，也进一步完善公司法人治理结构。

从股权结构来看，虽然天津金浩医药有限公司放弃了控股权，仅持股 35%，但是引入的战略投资者具有国资背景。合伙企业由若干家改革基金和招商局子公司组成，招商局为中央企业，而改革基金具有国资背景，这样一来既能保持国有资本的控制力，又能使天津药研院引入市场化机制，激发活力。

从投资者类型来看，天津药研院不但引入了具有国资背景的企业，而且引入了改革基金。在国企混改实践中，我们发现自新一轮国企混改启动以来，以基金形式参与混改的方式逐渐增多，比如中国联通、中国电信翼支付、中盐股份等。我们认为，以基金形式参与混改有望成为主要方式。

在天津药研院混改前，招商局集团就与天津市政府签署全面战略合作框架协议，在医药领域积极参与天津相关企业的混合所有制改革，并在天津打造招商局集团医药产业板块的总部基地、研发中心和制造中心，共同激发天津医药产业蕴含的巨大潜能。同时，招商局集团具备资金、技术、人才方面的强大优势，符合天津药研院引资、引技、引才的要求，有利于双方优势互补，实现产业协同创新，共同推动产业升级与发展。

混改与军民融合战略

发展军民融合，是国家重要的战略指南之一。从历史上看，中国十大军工企业集团，每一家都是世界级的大公司，业务遍及大江南北，除了核心军品，还有大量民用技术和产业。此外，还有大量作为产业链支持的周边企业，这些企业都是发展军民融合的产业基础。过去几年来，一些企业正在利用混改的政策，将股权整合作为推动军民融合的抓手。

◎ 案例 19　西飞民机军民融合混改之路

西飞民机成立于 2015 年 4 月 10 日，注册资本为 19 亿元，公司类型为其他有限责任公司。公司积极践行"航空报国"使命，坚持"创民族品牌，争世界一流"，致力于成为世界一流的涡桨支线飞机产品与服务的提供商，进一步发展成为民用货机、通用飞机和公务飞机产品与服务的提供商，以及军民融合发展的平台。

2018 年 11 月，西飞民机增资项目在上海联合产权交易所挂牌公告。西飞民机现股东中航飞机股份有限公司、陕西航空产业发展集团有限公司拟参与本次对西飞民机的增资，同时拟引入中国航空工业集团有限公司和西安飞机工业（集团）有限责任公司作为增资方；增资不足部分，根据《企业国有资产交易监督管理办法》，通过依法设立的产权交易机构公开征集外部增资方。

2018 年 12 月 20 日，西飞民机增资扩股完成，引入的外部投资者为西安工业投资集团有限公司。

西飞民机本次增资扩股引入金额 67.22 亿元，其中现金 50 亿元，实物资产 17.22 亿元。其中，实物资产增资方面，现股东中航飞机股份有限公司以新舟 60/600 实物资产增资 9.22 亿元，西安飞机工业（集团）有限责任公司以新舟 700 实物资产增资 8 亿元。货币增资方面，现股东陕西航空产业发展集团有限公司增资 10 亿元，中国航空工业集团有限公司增资 10 亿元，西安飞机工业（集团）有限责任公司增资 10 亿元，通过依法设立的产权交易机构公开征集的外部增资方西安工业投资集团有限公司增资 20 亿元。

西飞民机此次混改，以 2018 年 5 月 31 日为评估基准日，净资产评估值为 193 626.17 万元。

增资后，第一大股东由中航飞机股份有限公司变为西安工业投资集团有限公司，持股比例为 23.10%（见图 2-22）。

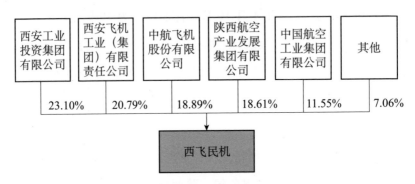

图 2-22　西飞民机混改后股权结构图

航空工业是我国战略性高新技术产业，民用飞机产业发展是贯彻落实我国军民融合战略的重要举措，也是我国的战略核心产业之一。因此，在混改中需要保持国有资本的控制力。

西飞民机此次增资扩股引入的战略投资者均具有国资背景，尤其是新进第一大股东西安工业投资集团有限公司，是西安市政府授权的国有资产经营管理机构。战略投资者入主西飞民机，能够给其带来足够的发展资金，同时能够推动民机领域的产业结构调整和转型升级。

西飞民机此次混改，采用了"实物增资＋货币增资"的方式。其中，中航飞机股份有限公司实物增资部分包括机器设备、电子设备、库存材料等，增资后的股东对这些实物拥有使用权。

另外，西飞民机混改采用的是成本法估值，主要原因是本次增资评估涉及的存货类及设备类资产无法独立产生收益，不适用收益法；无法收集到可比的交易案例，不适用市场法。

最后，西飞民机此次混改，助力央地合作，也助力产业协同创新与发展。西飞民机是落实中央军工企业航空工业发展战略而组建的，属于中央企业。此次混改，是陕西地方国企与军工央企共同参股合作，实现了国家央地合作的战略目标，同时有利于军工技术融入地方发展，促进地方产业经济发展。

◎ 案例 20　航空航天领域军民融合混改——航天科工火箭技术公司

航天科工火箭技术公司成立于 2016 年，由中国航天科工集团和中国航天三江集团控股，是中国首家通过商业模式开展研发和应用的专业化火箭公司，致力于为国内外客户提供商业航天发射服务，未来业务范围还将拓展到卫星应用、飞船发射、深空探测等领域。

航天科工火箭技术公司的火箭研发、制造属于高风险高投入的项目，公司成立一年之后，即面临资本商业化的发展需求。在军民融合的大环境下，通过混改引入资本成为公司发展的主要途径。

航天科工火箭技术公司通过增资扩股的方式引入了 8 家社会投资机构，包括金研资本、浙民投、国富资本等社会资本，募集资金总额 12 亿元。

混改前，中国航天三江集团持股 97%，湖北三江航天江河化工持股 1.5%，湖北航天技术研究院总体设计所持股 1.5%。

混改后，中国航天三江集团及其一致行动人持股 71.43%，其中中国航天三江集团仍为第一大股东，持股 69.29%。8 家战略投资者合计持股 28.57%，其中第二大股东为湖北长江航天产业投资基金合伙企业，持股 8.57%（见图 2 - 23）。

航天科工火箭技术公司以提供商业航天发射服务为主业，关系到国家安全与战略发展，属于非充分竞争领域的商业类国企。在混改中，首要目

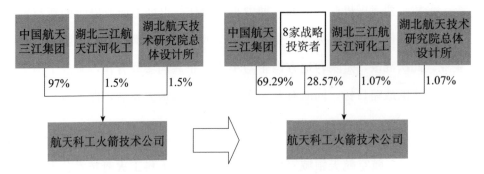

图 2 - 23　航天科工火箭技术公司混改前后股权结构图

标是保持国有资本的控制力。

航天科工火箭技术公司具有国内领先的技术水平，是国内仅有的三家拥有火箭研制和发射能力的单位之一。火箭发射具有高技术和高风险的特点，因而在公司发展过程中需要投入大量资本与技术。航天科工火箭技术公司依靠中国航天科工集团，拥有国内顶尖的技术资源，但在资本方面相对缺乏。因而在国家军民融合战略背景下，通过混改引入大量资本，抢抓商业航天市场发展机遇成为航天科工火箭技术公司发展的主要手段。

从股权结构设计的角度来看，对需要服务于国家战略的科技型企业，政府占据主导权是不容置疑的。但是，科技型企业是人才资本和技术要素双驱动的企业，并且人才资本的驱动力要远高于技术要素的驱动力。我们建议国有科技型企业在混改时政府主导、人才要素并重，在没有产业投资者存在的情况下，鼓励企业直接改制为"国有资本＋核心层持股"的两元结构，这样既能更好地发挥国有资本的功能，又能更好地加大企业发展的驱动力。

航天科工火箭技术公司引入的 8 家投资者，其中 7 家属于国有资本或者是含有国有成分的社会资本，唯一一家纯民营资本是浙民投的大股东正泰集团。与互联网这类完全商业化的领域相比，我国商业资本对航天领域的混改兴趣比较有限，这与航天领域的行业地位有关。可以看出，军工行业内的充分竞争类国有科技型企业也成为国企混改的主要成员之一。从引入投资者类型来看，军工领域的混改往往以引入财务投资者为主，且多为国有资本。

第 3 章 >>

国企混改模式选择型案例

明确国企混改战略之后，需要科学制定国企混改方案，首先需要明确的是国有企业应该选择哪种混改模式，从而更加符合企业特点和所属行业特征。

对于国有企业而言，不同的混改模式能够实现资本扩张、更大程度激发企业活力、产业链条突破、重组退出、完善法人治理、资产证券化等单个目标或某些目标组合。所以，我们认为国企混改模式选择也是混改能否成功的重要因素之一。什么样的混改模式便适合什么样的企业或者行业。

既然是模式，那就会有通行的做法，也会有相应的使用范围。国企集团林林总总，行业千差万别，找到这样的模式并不容易，固化成标准更是难上加难。好在我们可以通过对实践的梳理和积累，不断形成对各种混改行动的深刻认识，进而丰富和完善这些并不成熟的"混改模式"。

根据中国企业近年的实战打法，我们总结出以下七种混改模式的案例，供不同国企参考借鉴，共同提高。

- 集团顶层混改模式
- 集团业务分拆混改模式
- 上市公司混改模式
- 新设公司混改模式
- 重资产企业混改模式
- 委托经营与混改结合模式
- 国有资本投资公司下属产业混改模式

集团顶层混改模式

在《国企混改实战 100 问》中，我们就"主业突出、顶层混合"进行了详细说明，这是指如果混改国企是一家核心主业十分突出、资产的功能属性特别集中的企业，这个时候选择在公司整体层面实现股权多元化，要优于选择下属企业或者部分业务，因为这样可以最大程度发挥公司业务的整体价值，同时避免同业竞争和关联交易，也能获得投资人的最大认可。

集团顶层混改模式已经被诸多国企所采用，我们之前提及的南航集团股权多元化就属于这样的典型案例。除此之外，我们再给朋友们推荐天津建材集团案例。

◎ 案例 21　天津建材集团混改引入金隅集团

国有企业多数已经成长为集团性公司，目前无论是中央企业集团还是地方国企集团，在一级本部多数仍是全资企业，所以混改和股权多元化是有必要也有空间的。近年来，天津地区 13 家企业集团完成了集团层面混改，而天津市建筑材料集团（控股）有限公司（以下简称"天津建材集团"）则是第一家，具有划时代意义。这次混改，引入了北京市属国有企业金隅集团，实现业务打通、同业整合，推动了京津一体化发展在水泥行业的落地。

天津建材集团的前身是天津市建筑材料工业管理局，成立于 1958 年，于 2001 年改制为天津市建筑材料集团（控股）有限公司。

天津建材集团开展建筑材料研发及生产、建材及相关产品贸易与物流、房地产开发与经营三大主业，是多元化经营业态共同发展的综合性大型国有资本控股公司。集团注册资本 20.1 亿元，总体经营规模达到 63.2 亿元，总资产 91.8 亿元，净资产 40.6 亿元。全集团拥有国有及国有控股企业 55 家，国有参股企业 61 家，在岗职工 5 228 名。

2017 年，天津建材集团通过在天津产权交易中心公开挂牌的方式进行增资扩股。

2018 年 5 月，历时 1 年多，天津建材集团混改落地，成功引入了北京金隅集团股份有限公司（以下简称"金隅集团"）。金隅集团以 40.18 亿元受让 55% 的股权，天津建材集团净资产由 34 亿元增加到 73.06 亿元。

混改前，天津建材集团为天津津诚国有资本投资运营有限公司（以下简称"津诚资本"）的全资子公司，是国有全资企业。混改后，津诚资本放弃了绝对控股权，持股比例由 100% 降为 45%；金隅集团持股 55%，成为控股股东（见图 3-1）。

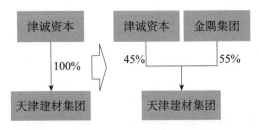

图 3-1　天津建材集团混改前后股权结构图

天津建材集团是天津第一家试水集团混改的企业，其考虑到集团的长远发展，选择了在集团层面进行混改，而放弃了对下属子公司分别进行混改。

数据显示，虽然目前很多地方混合所有制国企比例较高，但混合所有制企业大多集中在二、三级及以下企业，集团层面一般保持国有独资。天津建材集团推动集团层面混改具有一定的突破性，符合天津国企混改的政策要求和发展特点。

混改后，金隅集团持股 55％，成为控股股东；津诚资本持股 45％，成为参股股东。津诚资本由 100％持股转为参股股东，发生了较大变化。天津建材集团股权结构的制衡度大幅提升，由国有全资变为两大股东相互制衡。同时，天津建材集团国有资本"一股独大"的问题得到解决，进而更加优化了企业的法人治理结构。

混改后，津诚资本虽然变成了参股股东，但国有资本并没有失去对企业的控制力。金隅集团虽为上市企业，但还是国有企业，是国有控股的混合所有制企业。作为天津建材集团的第一大股东，考虑到天津建材集团的稳定发展，由津诚资本继续控制发展更有利于企业成长，从而确保共同实现国有资本的保值增值目标。

此外，混改前，天津建材集团旗下企业以资源性、高能耗企业为主，面临着转型的严峻考验。这些企业需要研发环保型新产品，淘汰落后产能；需要打通上下游产业链，推动可持续稳定发展。集团所处行业的特点决定其不仅需要大量的长期资金投入，还需要成熟的行业经验和管理经验的注入。

天津建材集团此次混改是在集团层面开展的，那么战略投资者的选择就格外重要。金隅集团作为上市公司，资本实力雄厚，能够为天津建材集团注入大量资本。同时，金隅集团与天津建材集团战略协同性好、业务契合度高，又实现了与冀东水泥的资产重组，行业影响力进一步增强，完全有条件在后续的经营发展方面实现互利共赢。

◎ 案例 22　天津市旅游（控股）集团整体混改

天津市旅游（控股）集团有限公司（以下简称"旅游集团"）成立于 2002 年，是市国资委直属的国有大型旅游企业集团，是市政府授权的资产运营和投资管理机构，历经 15 年的改革发展，成为天津市旅游行业龙头集团，并打造了一批城市标志性项目和享誉海内外的"天津名片"式旅游品牌，形成了酒店、旅游、商贸、景区景点、养老地产、金融资本、服务配套等业务板块，构建了旅游、商贸、养老三个支柱产业，是综合型现代服务业集团。

旅游集团定位为天津旅游产业创新改革引领者，做强旅游、商贸、养老等优势主业，大力推进规模化、品牌化、网络化、国际化经营，加快拓展大健康和旅游地产产业，加快传统旅游板块创新转型，向高端、高质化发展。目前，该集团拥有 22 家下属单位，其中酒店板块 10 家，商贸板块 7 家，服务配套板块 4 家，养老地产板块 1 家。

2014 年以来，集团营业收入、利润总额、净利润呈下降趋势，2017 年出现亏损。

2017 年 6 月，旅游集团拟以"产权转让＋增资扩股"方式，引进 2 家合作伙伴，这 2 家合作伙伴各持股 30%，以期将集团整体改制为国有相对控股的混合所有制企业，混改后推进集团整体上市（见图 3-2）。

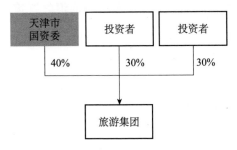

图 3-2 旅游集团混改拟采用的股权结构图

2018 年 11 月 26 日，旅游集团混改实施框架协议成功签约：中青旅、旅游集团、津诚资本、国兴资本在天津签署《天津市旅游（控股）集团有限公司混合所有制改革实施框架协议》。

混改完成后，旅游集团将整合天津市旅游资源，投资景区景点，发展旅游地产，同时发展大健康产业，加速商业模式创新，加速构建"旅游＋互联网"运营平台。

混改后，旅游集团董事会将由 7 人组成，国有股东、中青旅、其他投资者各推荐 2 人，职工董事 1 人。设董事长 1 名，由国有股东推荐的董事担任；设副董事长 1 名，由中青旅推荐的董事担任；董事长为公司法定代表人。监事会由 5 人组成，其中国有股东、中青旅、其他投资者各推荐 1 人，职工监事 2 人；监事会主席由全体监事选举产生。公司总经理、副总经理、总会计师（财务总监）、总经济师、总工程师等组成公司高管层，由公司董事会根据企业经营需要进行市场化选聘，并由董事会聘任。

集团业务分拆混改模式

如果一家国有企业集团具有多种不同的业务类型，面对相对独立的市场，那么在混改的时候采用"多元业务，分而混之"策略是可行且必要的。在企业混改实践中，国企集团对下属不同业务分别进行混改，已经成为业内的共识。我们举几个案例，仅供参考。

◎ 案例 23　中粮集团下属金融业务中粮资本混改

中粮资本是中粮集团旗下运营管理金融业务的专业化公司，整合了期货、信托、寿险、银行、产业基金、保险经纪等金融业务，以中粮产业链为依托，完善金融服务链。

中粮资本混改分为两个阶段：

第一阶段，通过股权转让和增资引进首农食品集团等七家多种所有制经济主体作为战略投资人，由其持股 35.49％。

第二阶段，中原特钢经无偿划转股份成为中粮集团控股上市公司后，进行重大资产重组，实现中粮资本整体"借壳上市"。至此，中原特钢成为国内资本市场上首家以农业金融为特色的央企金融控股平台。

本次重大资产重组标的总额超过 211 亿元。中原特钢以其拥有的全部资产及负债置换中粮集团持有的中粮资本 7.84％ 的股权；同时，中原特钢非公开发行股份购买战略投资人和中粮集团所持中粮资本剩余 92.16％ 的股权。完成重组后，中粮资本成为中原特钢的全资子公司（图 3－3），中粮集团控股中原特钢，首农食品集团等成为中原特钢参股股东。

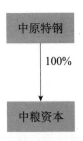

图 3－3　中粮资本混改后股权结构图

中粮资本第一阶段引进战略投资人的方式为中粮集团转让部分股权和为中粮资本增资。中粮集团及中粮资本根据《企业国有资产交易监督管理办法》，进行股权转让及增资的公开挂牌。首农食品集团在董事会审议通过之后，参与竞争性谈判等流程，并按当时的投资监督管理规定（现已更新）向北京市国资委报告该投资事项。

本次重大资产重组前，中国兵器装备集团有限公司将所持中原特钢 67.42％ 的股份无偿划转至中粮集团。《上市公司收购管理办法》规定：协议收购上市公司股份超过 30％ 的部分应以要约方式进行，但特定情形下可申请豁免。因划转后国务院国资委作为上市公司的实际控制人地位未发生变更，证监会最终批复核准豁免无偿划转所涉要约收购义务。

战略投资人的法律风险管理的一个重要方面是定价机制设计。置出、置入资产及发行股份购买的中粮资本股权的交易价格均在评估值基础上协商确定。交易各方根据《上市公司重大资产重组管理办法》选定非公开发行股份的发行价，并特别设置调价机制。此后，中原特钢董事会根据资本市场情况决议同意相应调低股份发行价，依法保障各方权益。

中粮资本此次混改的特点有以下几方面：

第一，中粮资本重视推动公司上市的混改模式。本次重大资产重组完成后，中原特钢置出原有亏损业务，置入中粮资本 100％股权，实质性提高了上市公司质量。推动实施上市的混改模式，可以在公司上市后通过资本市场进一步引入投资主体，强化混改成效。

第二，保证混改与公司治理完善的紧密结合。股权多元化并非混改的最终目标，关键在于"引资的同时引智"，完善公司治理结构，推动混改企业发展。中粮集团注重选择管理完善、优势互补的合作对象，为完善公司治理奠定基础。中粮资本在混改中持续健全公司治理结构，制定新版章程，改选董事会、监事会，战略投资人参与委派董事、监事。

第三，以上市为目标的混改，可以分阶段、分步骤进行。从中粮资本的混改历程来看，首先，利用"存量＋增量"的模式来降低股权集中度，优化股权结构，引入战略资源，为后续上市奠定基础。但是，此次混改，国有资本仍保持相对控股权，以减小后期上市后对国有资本的稀释力度。其次，整合重组后借壳上市既是对混改的进一步深化，又是混改上市的方式之一。

◎ 案例 24　东方航空物流产业混改——东航物流

东航物流是中国东方航空集团有限公司（以下简称"东航集团"）旗下的现代综合物流服务企业，总部位于上海。东航物流旗下拥有中国货运航空、东航快递、东航运输等子公司及境内外近 200 个站点和分支机构，员工达 6 000 余人。

东航集团 2016 年业绩创六年来新高，但与之相对应的是货运业务惨淡。东航股份作为资产良好的上市公司，相较于高业绩、高盈利的客运业务，货运板块成为其"拖后腿"一般的存在，本次混改正是要将这部分不良资产剥离出来，以混改的方式助其改变与发展。

东航集团根据东航物流的实际情况制定了"三步走"的混改策略。第一步就是股权转让。东航物流是东航股份的全资子公司，属于上市资产却持续亏损。从战略角度出发，东航集团在 2016 年专门成立了东航产业投资公司，从东航股份手中收购了东航物流 100％ 的股权，将东航物流变为 100％ 的集团资产。通过股权转让，将东航物流从东航股份的体系中脱离出来，专注于经营航空物流产业。第二步是推动混改，引入外部投资者。第三步是改制上市。目前，东航物流已走完前两步，未来有望进一步降低国有股比例，从 45％ 下降到 1/3，实现混改上市。

混改前，东航物流是上市公司东航股份 100％ 控股的子公司，是上市资产。

经过 2016 年的股权转让、2017 年的增资扩股，东航物流成功引入联想控股、普洛斯投资、德邦物流、绿地金融四家战略投资者，并实施员工持股计划。混改完成后，东航集团放弃绝对控股地位并持股 45％，联想控股、普洛斯投资、德邦物流、绿地金融分别持股 25％、10％、5％、5％，核心员工持股 10%（见图 3 - 4）。

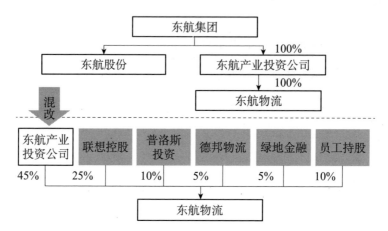

图 3 - 4　东航物流混改前后股权结构图

　　针对东航物流混改，我们认为民航企业首次混改还处于探索阶段。东航集团是国家首批混合所有制改革试点之一，也是当时民航企业中唯一的试点，其混改使命就是探索国有企业混合所有制改革路径，形成可复制的成功经验，为进一步扩大混改范围提供借鉴。而东航集团规模较大，混改实施的复杂性和风险性较高，因此选择了企业规模适中的东航物流首先开展混改，为集团日后的混改提供了宝贵经验。

　　从东航物流的员工持股计划来看，国有相对控股且员工持股比例高。由于东航物流混改时间较早，国有企业进行混改和实施员工持股的企业可借鉴经验不多，所以东航物流的股权结构设计在当时是非常具有突破性的。放弃对东航物流的绝对控股权，将国有股份的比例降低到 45%。这一选择是比较稳妥的突破，既大幅降低股权集中度，又保持了第一大股东的位置。

　　从股权结构设计来看，东航物流拥有"一股领先＋高度分散＋员工持股"的最优股权结构。东航物流混改后，股权结构也呈现出"一股领先＋高度分散＋员工持股"的现象，即东航集团的股权降为 45%，不低于其他

任意一家战略投资者，远高于第二大股东联想控股（持股比例 25%），同步
实施了员工持股，实现了员工激励目的。

从公司治理层面来看，东航物流在实现了制衡的同时，也兼顾多方利
益。混改完成后，东航物流的股权集中度进一步降低，股权制衡度大幅提
升，同时实现了三个结合，即保持了国有资本的相对控制力、实现资本的
保值增值、员工激励三个目标的结合。

上市公司混改模式

很多国企集团已经在股权多元化的改革领域持续推进了近 20 年，目前
或多或少都有部分资产和业务实现了上市，成为上市公司。对于这些上市
公司来说，如何进一步推动混改呢？如何把资本市场的活力和机制空间运
用到本轮改革过程中？各家企业都在不断探索。我们举几个案例以供参考。

◎ 案例 25　格力电器国有股权转让深化市场改革

格力电器成立于 1991 年，1996 年 11 月在深交所挂牌上市，深耕于家
用空调、中央空调、空气能热水器、生活电器等暖通、家电领域，以及智
能装备、精密模具、工业制品、精密铸件、手机等领域。长期以来，格力
电器都专注于空调产品的研发、生产、销售和服务，包括家用空调、中央
空调等产品。混改之后，格力电器也将持续推进多元化战略，为未来持续
稳定发展提供有力支撑。

混改前，控股股东珠海格力集团有限公司（以下简称"格力集团"）持
股 18.22%，格力集团是珠海市国资委 100% 全资企业。

格力电器属于完全竞争型商业类国有上市企业，格力电器的混改具有

哪些重要意义呢?

首先,符合国家政策导向。从数量来看,当前上市公司的混改相对非上市公司混改而言较少。在当前混改全面推进的过程中,对于充分竞争行业的国有企业,无论是上市公司还是非上市公司,推进与深化混改都符合国家政策导向。相关政策明确提出支持主业处于充分竞争行业和领域的商业类国有企业进行混合所有制改革。格力电器属于完全竞争型商业类国有上市企业,在激烈的行业竞争下,通过开展混合所有制改革,进一步完善市场化经营机制、健全法人治理结构、健全激励约束机制等来持续激发企业活力。

其次,实现珠海国资由"管资产"到"管资本"的重大转变。格力集团持有格力电器 18.22% 的股份,按照混改方案将出让 15% 的股权,混改后剩余 3.22% 的股权。格力集团放弃了对格力电器的实际控制权,让民营资本来控股,在上市公司混改范围内属于破冰之举,也增强了民营资本参与国企改革的信心。

最后,将成为市场化定价处置国有资产的典范。本次格力电器混改股权转让价格不低于提示性公告日(2019 年 4 月 9 日)前 30 个交易日的每日加权平均价格的算术平均值,最终转让价格以公开征集并经国有资产监督管理部门批复的结果为准。本次转让完成后,公司控股股东和实际控制人将发生变更。可见,若格力电器此次混改成功,将有望推动国有资产进入市场化定价的新阶段。

格力电器混改引发了广泛的社会效应,受到众多投资者的青睐。

自 2019 年 4 月 8 日公开宣布混改以来,格力电器混改吸引了包括博裕资本、百度、高瓴资本、厚朴基金在内的 25 家机构的目光。

2019 年 9 月 3 日,格力电器《关于控股股东拟协议转让公司部分股份公开征集受让方的进展公告》显示，控股股东格力集团已经从 25 家意向投资机构中征集到高瓴资本、厚朴基金 2 名意向投资人。

2019 年 12 月 2 日，格力集团与珠海明骏正式签署《股权转让协议》，转让持有的格力电器 9.02 亿股 A 股流通股，最终转让总金额为 416.62 亿元。同时，董明珠持股超过九成的格力管理层实体跻身珠海明骏 GP 股东行列，占股超过 40%。

混改前，格力集团持有格力电器 18.22% 的股份，混改以 46.17 元/股的价格转让其持有的 15% 的股权，转让总金额为 416.62 亿元。混改后，格力集团持股 3.22%，高瓴资本旗下珠海明骏持股 15%（见图 3-5）。

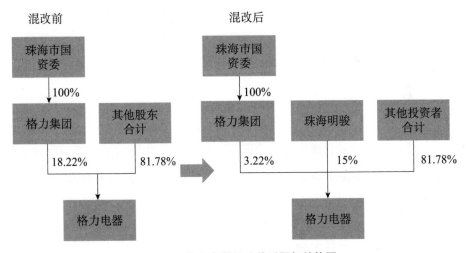

图 3-5 格力电器混改前后股权结构图

为实现企业战略发展目标，格力电器无实际控制人。格力集团放弃了对格力电器的实际控制权，在上市公司混改范围内属于破冰之举。混改完成后，格力电器成为无实际控股股东和实际控制人的企业，不仅避免了大股东"一言堂"现象的出现，也增强了民营资本参与国企改革的信心，能够保障格力电器稳定发展与长治久安。

格力电器明确表示，新进投资者必须得给格力电器带来有效的战略资源，在科技创新、关键核心技术领域具有突出优势，显然不能"拖格力电器后腿"。

从投资领域可以看出，高瓴资本不但具有较强的资本投资能力，而且在高新技术、互联网等领域具有丰富的资源，其投资的企业有百度、腾讯、京东、携程、优步、爱彼迎、美的、中通快递、格力电器等大批国内外优秀企业。

格力电器此次混改，引入资金超过 400 亿元。在国企混改中，虽然格力电器不是引入外部资金总额最高的那一家，但高瓴资本却是国企混改单个投资者中出资额最高的一家。

公开资料显示，目前高瓴资本已经在中国投资大约 500 家企业，投资金额约 600 亿美元，可见其资本实力不容小觑。高瓴资本实际控制的珠海明骏就获得了格力电器的青睐。

另外，高瓴资本拥有国际水平的管理能力，可为企业高质量发展保驾护航。就对投资者的管理能力要求而言，格力电器的要求不低于中国联通、云南白药、南航集团等企业。高瓴资本在 2015 年就全面引进并本土化美国梅奥医疗集团的管理经验和培训体系。

◎ 案例 26   东北制药定向增发推动混改

国有上市公司如何搞好混改的下半程？国有经济在竞争性领域内分布十分广泛，国有企业要在这个领域内发挥更积极的作用，就需要和市场有更多更广泛的接轨，那么，通过进一步的股权多元化，可以在顶层结构上推动国有经济在竞争性领域的更高效资本布局。东北制药集团股份有限公司（以下简称"东北制药"）的混改案例则给我们提供了上市公司下半程混改的实施路径。

东北制药始建于 1946 年，曾援建全国 19 省市的 52 家医药企业，被誉为我国民族制药工业的摇篮。公司目前主要生产化学原料药、医药中间体和制剂产品，并兼营医药商业、医药工程、生物医药等业务，现有员工8 500 余人，总资产约 120 亿元。

东北制药是沈阳市唯一混合所有制改革试点，拟通过混改引入战略投资者，以及实施"股权激励计划"，实现管理层和核心骨干员工持股。

2018 年，东北制药通过上市公司定增项目，引入战略投资者辽宁方大集团。4 月至 7 月，东北制药内部股权结构持续发生变化。辽宁方大集团通过购买非公开发行股份、集中竞价交易等方式四次变更持股比例。最终，辽宁方大集团成为东北制药第一大股东及实际控制人。而辽宁方大集团是民营资本北京方大国际实业投资有限公司的控股子公司，最终东北制药的实际控制人变为民营企业。

混改前，股东东北制药集团有限责任公司、沈阳盛京金控投资集团有限公司都属于沈阳市国资委控股企业，国有资本为东北制药实际控制人；混改后，辽宁方大集团成为最大股东，民营资本成为东北制药实际控制人。即辽宁方大集团实业有限公司持股 26.62%，东北制药集团有限责任公司持股 17.54%，中国华融资产管理股份有限公司持股 6.03%，沈阳盛京金控投资集团有限公司持股 3.48%（见图 3-6）。

从东北制药的混改模式来看，上市公司定增，即上市公司非公开发行股票，对投资者的数量有限制，而且个人投资直接参与的也非常少，投资门槛较高。但是，上市公司定增可以采用折价发行方式，具有一定的锁定期，能够确保投资人不随意退出。

另外，医药领域混改，主要是激发企业活力。在国有企业混改过程中，

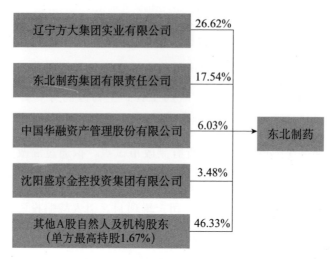

图 3-6   东北制药混改后股权结构图

涌现出一批生物医药领域混改成功案例，其中包括云南白药、哈药股份、东北制药等。成功案例为生物医药领域混改乃至整个国企混改提供了良好的经验借鉴。

混改后企业内部决策及管理体系能否随之改变至关重要。生物医药领域混改导致经营业绩提高的成功案例，多基于引入社会资本后提高了企业经营效率、激发了企业活力。

混改后，东北制药获得了辽宁方大集团充沛的资金支持和灵活的体制机制，为后续公司经营管理制度变革打好了基础。此后，东北制药实施了公司董事会、监事会换届改选，并实现了公司高管身份由市管企业领导干部向市场化职业经理人的转变。借助于辽宁方大集团灵活的体制机制，公司的各项工作很快转向全面围绕效益和全方位降本增效，因此 2018 年公司业绩大幅度提升。

混改完成后，东北制药也获得了混改红利。相比混改之前的 2016 年、

2017 年度公司的净利润 0.24 亿元和 1.19 亿元，混改后的 2018 年度公司净利润突破 1.8 亿元。

◎ 案例 27　招商蛇口整体上市、增资引战和员工持股

"混改是起点，上市是阶段性终点"，"阶段性终点"完成后，仍需要根据自身情况继续推动改革。那么，对于非上市公司来说，如何去完成这一整套的操作呢？以下我们借助招商局集团有限公司（以下简称"招商局"）混改案例来进行全面分析。

招商局是中央直接管理的国有重要骨干企业，被列为香港四大中资企业之一。改革开放 40 多年间，招商局以"敢为天下先"的勇气，成为中国改革开放和发展市场经济的先行者。

在资本结构方面，招商局所属实体公司中，近 70% 的企业为混合所有制企业，招商局控股和占大股的上市公司总资产占集团合并总资产的九成；在选人用人方面，招商局目前二级子公司总经理大都实行全球公开招聘，完全按任期制进行契约化管理。

招商局蛇口工业区控股股份有限公司（以下简称"招商蛇口"）是招商局旗下城市综合开发运营板块的旗舰企业，也是集团核心资产整合平台及重要的业务协同平台。

招商蛇口混改模式是招商局下属企业混改的典范，共经历了三步混改之路：

混改第一步——整体上市。

招商蛇口通过发行 A 股股份以换股吸收合并的方式吸收合并招商地产。换股吸收合并完成后，招商蛇口承继及承接招商地产的全部资产、负债、业务及其他一切权利与义务，招商地产终止上市并注销法人资格，招商蛇

口的股票在深交所主板上市流通（见图 3 - 7）。

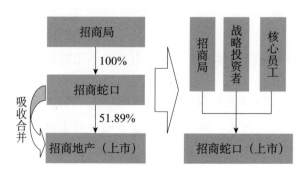

图 3 - 7 招商蛇口混改前后股权结构图

混改第二步——增资引战。

招商蛇口采用锁价方式定增募资不超过 150 亿元，引入包括国开金融、鼎晖百孚、华侨城等战略投资者。

混改第三步——员工持股。

推行员工持股计划，不超过 2 585 名的核心骨干人员总计出资不超过 10 亿元参与配套定增募资。

招商蛇口这次混改被称为"重大无先例"混改，同时解决了 B 股换 A 股、配套定增募资 150 亿元和员工持股计划三大问题，既是国企改革方案出炉后的第一单，也是首个地产央企混改样本。

从混改模式来看，招商局的上市模式无先例。A 股此前惯有的国企模式是大集团先上市，然后分拆旗下子公司分别上市，便于拓宽融资渠道。而招商蛇口选择先让子公司上市，然后母公司吸收合并子公司重新上市。这一模式后来成为其他国企改革标的的借鉴。

招商蛇口开创了"B 转 A"新模式。在招商蛇口之前公布 B 股转 A 股方案的公司均为纯 B 股公司，招商蛇口此举开创了既有 A 股也有 B 股的上市公司"B 转 A"新模式。

此外，招商蛇口的混改方案综合性强。招商蛇口此次混改方案包括三个部分，分别是整体上市、增资引战和员工持股。在过去国企吸并的经验中，有单独的 A 股或 B 股案例，有配套融资的案例，也有员工持股的案例，但是像招商蛇口如此综合的案例绝无仅有。

新设公司混改模式

混合所有制企业，一方面可以通过对存量国有企业的股权结构改造来实现，另一方面可以通过增量资本的方式，设立新的合资企业来实现。新设的方法，更加简单、便捷，获得了很多国有企业的青睐。

◎ 案例 28　陕西有色集团新设混改发展新能源产业

很多国有企业希望可以把新兴业务、种子业务的发展，与混改机制结合起来，通过新设公司的形式开展改革工作。新设公司混改需要把握哪些基本环节？如何顺利混改成功？2018 年，以新设公司模式成功混改的陕西有色金属控股集团有限责任公司（以下简称"陕西有色集团"）能够帮助我们找到答案。

陕西有色集团前身是中国有色金属工业西安公司、陕西省有色金属工业管理局，经过多年发展，已成为以国有资产运营及产权管理和有色金属资源开发为一体的大型企业集团，已形成包括地质勘查、矿山采选、冶炼加工、勘察设计、加工制造、内外贸易等在内的比较完整的工业综合体系。

陕西有色集团拥有权属单位 35 家，其中金钼集团钼生产加工能力位居世界前三、亚洲第一；控股公司金钼股份是国内首家钼行业 A 股上市企业；控股公司宝钛股份是陕西有色金属工业和中国钛工业第一个上市企业。

陕西有色集团 2017 年实现营业收入 1 275 亿元，利润 10.3 亿元，资产总额达到 1 292.5 亿元。

2018 年 10 月，陕西有色新能源发展有限公司在西安创立，由三家企业共同出资组建，其中，陕西有色集团控股子公司陕西有色光电科技有限公司持股 58％、陕西巨光投资控股集团有限公司持股 34％、青岛特锐德电气股份有限公司持股 8％（见图 3 - 8）。

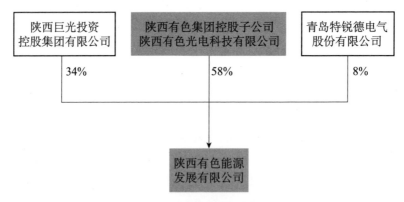

图 3 - 8　陕西有色集团混改后股权结构图

陕西有色集团此次混改通过新设公司的形式进行，与陕西煤业化工新型能源公司混改模式一样。陕西有色集团也希望通过这种混改模式来加速混改落地，规避进场交易限制条件等。

陕西有色集团以新设公司混改，重点在于引入具有产业协同的战略投资者。其中，陕西巨光投资控股集团有限公司一直专注于光伏产业和光伏发电等应用领域，已成为国内首批具备光伏组件集成供应和光伏发电整体解决方案资质并拥有运营平台的供应商。而青岛特锐德电气股份有限公司是一家中德合资的股份制企业，主要从事变配电产品的研发、生产及销售，并专注于箱式电力设备方向，是国家级高新技术企业、国家企业技术中心、中国电力产品技术标准的参与者和制定者。

陕西有色新能源发展有限公司的主要业务立足光伏发电，涵盖电储能等新能源领域，这是陕西有色集团布局光伏下游产业、打造硅材料及光伏全产业链的重要举措。陕西巨光投资控股集团有限公司能够为混改企业提供光伏运营资源，青岛特锐德电气股份有限公司能够为混改提供光伏设备资源，两家战略投资者的加入为企业注入了多项资源，更注入了光伏领域的成熟经验，有助于企业在新能源领域的长远发展。

此次混改保持了国有资本绝对控股权，主要原因如下：

首先，新能源领域具有广阔的发展前景，新设公司对于陕西有色集团来说既是业务领域战略布局，又是未来潜在的利润增长点，必须保证对其绝对的控制力，实现绝对控股。

其次，两家战略投资者对新设公司未来的发展具有不同的影响力。陕西巨光投资控股集团有限公司能够为企业提供光伏组件及整体解决方案，青岛特锐德电气股份有限公司能够为企业提供配电设备。前者对新设公司的运营与发展起着更重要的作用，而后者更多的是作为重要供应商。因此，陕西有色集团在进行股权结构设计时考虑让陕西巨光投资控股集团有限公司持有新设公司 34% 的股权，而青岛特锐德电气股份有限公司持有 8% 的股权。

◎ 案例 29　山西文旅集团新设公司布局新领域

在很多国有企业集团的发展过程中，有很多新的业务机会，或者做过一定孵化的业务种子，只要有市场的氧气，只要有激励的沃土，就有可能蓬勃生长。因此，通过新设公司的形式混改逐渐成为众多国企混改的首选方式。然而，新设公司混改还需要考虑哪些问题呢？下文选择山西省文化旅游投资控股集团有限公司（以下简称"山西文旅集团"）的混改案例，来说明国有企业在应用这种方法时，还需注意战略规划、关联交易、出资和持股比例四个环节的问题。

山西文旅集团是山西省人民政府批准成立的大型国有骨干企业，总部设在山西转型综改示范区。公司成立于 2017 年 8 月，注册资本 500 000 万元。

山西文旅集团积极落实山西省委省政府的要求，加快把山西省得天独厚的文化旅游资源优势转化为具有竞争力的产业优势、发展优势，积极培育优质资产上市，把文化旅游产业发展成山西省战略性支柱产业，带动山西省经济转型发展实现战略性突破，力争成为具有创新力、引领力、竞争力的全省文化旅游龙头企业，进入全国旅游 20 强，成为山西文化旅游产业发展的旗舰、国内外文化旅游市场的劲旅。

山西文旅集团以改革创新为动力，以提质增效为根本，以"13366"重点工作为发展战略，以整合省级优质资源为基础，围绕文化旅游产业，主要从事酒店管理、景区开发运营、智慧旅游、文化创意、旅游地产、投融资等业务板块的投资运营。

2018 年 12 月，山西文旅集团引入山西第九关旅游资源开发有限公司（以下简称"第九关旅游"），成立山西娘子关旅游发展有限公司（以下简称"娘子关旅游"）。其中，山西文旅集团长城旅游发展有限公司（以下简称"长城旅游"）持股 70%，第九关旅游持股 30%（见图 3-9）。

娘子关景区具有"中国最具投资价值景区"称号，拥有得天独厚的资源优势和广阔的发展前景，成为山西文旅集团文旅产业的头号工程。山西文旅集团通过新设公司的模式进行混改，成立娘子关旅游，是贯彻落实山西省委省政府举全省之力锻造长城板块重大部署的具体行动，是落实"将娘子关景区打造成为国内一流世界知名旅游目的地"的务实举措。

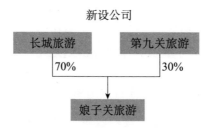

新设公司

图 3 - 9　娘子关旅游混改股权结构图

　　娘子关旅游的设立，是山西文旅集团助力山西省打造文旅战略性支柱产业的发力点。在山西国企改革加速推进过程中，山西文旅集团也以绝对的诚意，积极引进第九关旅游，实现国民共进。

　　从股权结构设计来看，山西文旅集团保持了对娘子关旅游的绝对控股地位。主要原因在于，娘子关旅游未来将成为山西文旅集团的支柱产业、核心业务、新的利润增长点。但是，山西文旅集团也根据娘子关旅游未来发展战略，给予了第九关旅游30％的股权，为的是引入灵活的体制机制，激发混改企业的发展活力。

　　从新设公司的典型来看，我们认为以新设公司的形式进行混改已经成为当前国企混改的主流方式之一。新设公司的优势已经显而易见，但是在采用这种混改方式的时候，还要顾及这种方式的不足之处，如容易产生同业竞争和内部关联交易。

　　从投资者类型来看，第九关旅游成立于2018年10月，主要从事旅游资源开发、游览景区管理、影视基地经营等，控股股东为平定县娘子关文化旅游开发有限公司。此次山西文旅集团与第九关旅游强强联合，利用国企资源和民企活力，共同打造混改先锋。在这里，要谨慎处理混改企业"混"之后的发展问题，如上述我们提到的混改企业与股东之间的关联交易、同业竞争问题。

重资产企业混改模式

国企混改的成功率，是和行业特点与资产特点相关的。普遍的观点是，轻资产企业更容易混改，因为净资产较少，更方便吸引投资者；相反，重资产企业的混改难度可能会高一些。但是，居于国民经济主干行业的企业，并非那些轻资产企业，多数则是资产驱动性较突出的企业，在此情况下，能不能推动资产规模较大、回报周期较长的企业混改，成为大家关心的一个问题。我们整理了一些案例，以供参考。

◎ 案例 30　2019 年央企混改募资最大项目——国家电投青海黄河公司

国家电投集团青海黄河公司上游水电开发有限责任公司（以下简称"国家电投青海黄河公司"）成立于 2008 年 5 月，注册资本 127 451 万元，主要经营电站的开发与建设，电站的生产与经营，硅产品和太阳能发电设备的生产与销售，铝锭、铝合金及铝型材的生产与销售等业务。截至 2019 年 7 月 31 日，公司营业收入为 762 663.31 万元，净资产为 2 919 876.36 万元，资产负债率为 65.08%。

国家电投青海黄河公司此次混改主要是引入资源用于发展主业，支持与清洁能源相关的产业投资项目，发展产业升级及转型项目，同时补充流动资金以及偿还贷款等。

国家电投青海黄河公司混改前也经历了资产重组，为混改奠定了基础。2019 年 9 月之前，国家电投青海黄河公司进行资产重组，第二大股东电投黄河（嘉兴）能源投资合伙企业（有限合伙）进行减资。减资完成后，国家电投集团黄河上游水电开发有限责任公司（以下简称"国家电投黄河公司")持有国家电投青海黄河公司全部股权,同时把部分资产通过内部重组划入国家电投青海黄河公司。

2019 年 9 月 6 日,国家电投青海黄河公司增资项目在北京产权交易所公开挂牌,拟募集资金不低于 200 亿元,拟征集投资方数量不低于 2 个、不超过 10 个。

2019 年 12 月 10 日,混改项目成功落地,共引入 8 家战略投资者,成交金额为 242 亿元,对应持股比例为 34.97%。

混改完成后,国家电投黄河公司持股比例由 100% 变更至 65.03%,它仍为国家电投青海黄河公司第一大股东兼实际控制人。新进 8 家战略投资者合计持股 34.97%。其中,第二大股东中国人寿保险股份有限公司(以下简称"中国人寿")持股比例达到 13.006%(见图 3-10)。

电力行业是我国重要的基础设施领域,此领域的商业类企业的首要目标是保持国有资本的控制力,在此前提下逐步解决国资"一股独大"的问题。仅从实际控制人来看,国家电投黄河公司的绝对控股权没有改变,而且,国家电投黄河公司的持股比例远远高于第二大股东中国人寿,形成了"一股领先+高度分散"的股权结构。

从国有资本的角度来看,新进 8 家战略投资者都属于国有成分,进一步保障了国有资本的控制力。但是,在解决国有资本"一股独大"的问题上,仍需要进一步加大力度。

另外,国家电投青海黄河公司引入的投资者主要有三种类型。第一种是财务投资者,包括中国人寿、工商银行、农业银行、中信等,能够为企业发展提供充足的资金支持。第二种是战略投资者,包括浙江昱能能源、云南能投资本,具有较强的综合实力,同时与国家电投青海黄河公司具有业务互补性及协同性,发展战略和经营理念契合度较高,能够提供一定的

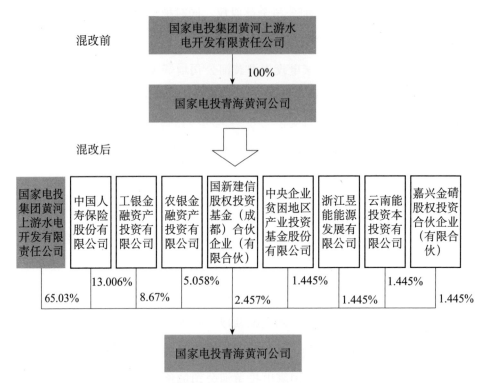

图 3-10 国家电投青海黄河公司混改前后股权结构图

资金、战略、渠道支持。第三种是基金，包括国新建信股权投资基金，主要为中央企业及地方国有企业降杠杆、减负债提供支持；中央企业贫困地区产业投资基金，主要投资于贫困地区资源开发利用、产业园区建设、新型城镇化发展等，聚合中央企业优势，广泛吸引社会资本，通过灵活多样的投资方式，增强贫困地区的造血功能和内生动力。

◎ 案例 31 奇瑞汽车混改波折之路

本案例，我们将重点从混改顶层设计、混改架构设计等方面深入研究奇瑞汽车，为即将进行混改的国有企业，尤其是经历长时间混改而尚未完成的国有企业提供混改经验。

奇瑞汽车股份有限公司（以下简称"奇瑞股份"）成立于 1997 年 1 月 8 日。公司成立 20 多年来，逐步建立起完整的技术和产品研发体系，产品出口海外 80 余个国家和地区。截至 2017 年底，公司累计销量已超过 600 万辆，成为第一个乘用车销量突破 600 万辆的中国乘用车品牌汽车企业，其中，累计出口超过 125 万辆，自 2004—2017 年已连续 14 年保持中国乘用车出口第一位。

公司在芜湖、大连、鄂尔多斯、常熟等地以及在巴西、伊朗、委内瑞拉、俄罗斯等国共建有 14 个生产基地；截至 2017 年底，公司员工 16 700 余人，拥有专业研发人员超过 5 000 人，其中包括毕业于国内外高校的博士、硕士等高层次人才 1 200 多人。

奇瑞汽车曾经是中国汽车品牌的领先企业，但由于国内汽车行业的激烈竞争态势，以及互联网造车新势力的崛起，奇瑞汽车行业地位受到了严峻的挑战。自 2011 年以来，奇瑞汽车销量持续下滑，市场竞争力持续减弱。2018 年，奇瑞汽车为走出发展中的困境，积极推动混改，但历经四次挂牌延期，最终无果而终。2019 年 9 月，奇瑞汽车再次挂牌启动混改。混改战略目标是坚持战略转型 2.0 发展路径，依托技术 2.0、品质 2.0、国际化 2.0，以消费者体验为核心，通过整合创新，为实现到 2020 年成为具有国际竞争力的世界级汽车企业目标而努力。

2018 年 9 月 17 日，奇瑞汽车在长江产权交易所发布挂牌公告：奇瑞控股集团有限公司（以下简称"奇瑞控股"）、奇瑞股份拟同时通过增资扩股方式引入投资方，由投资方以现金出资认购奇瑞控股 19.62 亿元新增注册资本、认购奇瑞股份 101 293.163 3 万股新增股份。截至 2018 年 12 月 20 日，奇瑞汽车仍未募集到意向投资者，便在长江产权交易所摘牌。2019 年 9 月，奇瑞汽车再次在长江产权交易所发布挂牌公告，启动混改。2019 年 11 月，奇瑞汽车混改历经一年多时间，终于尘埃落定，引入青岛五道口新能源汽车产业基金企业（有限合伙）（以下简称"青岛五道口"）。

此次混改，奇瑞汽车以"奇瑞控股＋奇瑞股份"双层引入同一战略投资者为要求吸引战略投资者，分层增资扩股。

（1）集团层面混改。

2019 年再次启动混改时，在集团层面混改设计股比及引入资金方面，与 2018 年首次公开披露相比，股权比例降低了 0.45％，引战资金减少了 7.98 亿元。2019 年 11 月，奇瑞控股引入产业基金青岛五道口，以其 30.99％的股份战略引资 75.86 亿元，建立多元股权结构，优化企业自主发展环境（见图 3－11）。

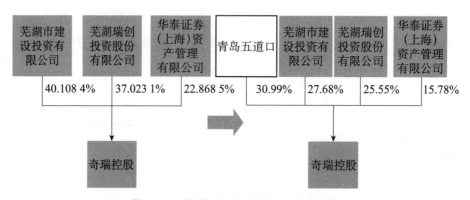

图 3－11　集团层面混改前后股权结构图

（2）子公司层面混改。

奇瑞股份层面，与 2018 年首次公开披露相比，这次涉及股权比例降低了 0.001 5％，引战资金减少了 10.95 亿元。2019 年，奇瑞股份引入同一战略投资者青岛五道口，以其 18.518 5％的股份战略引资 68.63 亿元，主要用于偿还借款及推动业务发展（见图 3－12）。

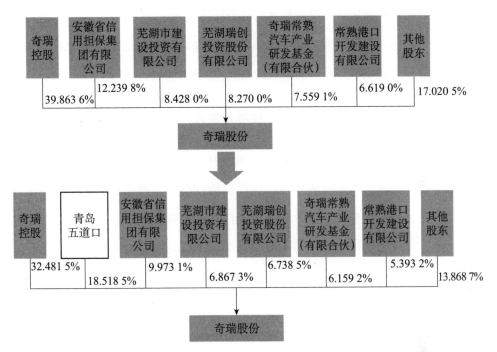

图 3 - 12　子公司层面混改前后股权结构图

从奇瑞汽车的混改历程来看，我们可以看到其混改之路的艰难。对外部投资者而言，选择国企混改投资项目本质上是：短期看回报、长期看潜力、其间有决策影响力。奇瑞汽车混改历时较长、过程艰难，很大程度上是由于公司战略前景无亮点，投资者看不清发展潜力。

根据公告，奇瑞汽车提出引战目标主要有两点：一是以偿债为主，奇瑞控股偿还对奇瑞股份的负债、奇瑞股份偿还对金融机构的借款；二是落实公司"2025"整体规划，即在新产品、新技术、新能源、智能互联产品、品牌建设、高端国际市场等方面进行布局，规划落地。从其对战略投资者的要求看，同一企业、非外资、非同业，基本将主要互补型的战略投资者拒之门外，并未体现通过引进战略投资者实现能力提升的基本预期，而且要求只能是唯一新进者,对投资者的资金压力较大。

因而,引入产业发展基金对奇瑞汽车而言是更好的选择。产业发展基金既能够带给奇瑞汽车足够的发展资金和产业资源,又符合其混改战略。

◎ **案例 32　工程施工企业泰达建设增量混改**

泰达建设成立于 1984 年,是以房地产开发为主业的大型国有企业集团,并具有物业管理、基础设施建设、装修装饰、会展运营等综合能力,旗下拥有十几家控股、参股公司,原来是天津泰达投资控股有限公司(以下简称"泰达控股")旗下的全资子公司。

2018 年度,公司资产总额 176.63 亿元,负债总额 145.99 亿元,营业收入 11.27 亿元,净利润亏损 2 亿元。

2019 年 5 月 9 日,泰达建设增资项目于天津产权交易中心正式公开挂牌,拟通过增资扩股和股权转让的方式引入 2 家战略投资者,拟增资募集不低于 11.17 亿元,股权转让募集不低于 11.13 亿元。

2019 年 10 月 10 日,泰达建设混改落地,引入天津津联海胜混改股权投资基金合伙企业(有限合伙)(以下简称"津联海胜")和天津中科泰富投资合伙企业(有限合伙)(以下简称"中科泰富")2 名战略投资者。

混改完成后,泰达建设由国有独资企业变为国有参股企业。其中,津联海胜持股 40%,中科泰富持股 30%(见图 3-13)。

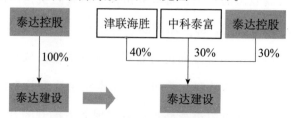

图 3-13　泰达建设混改前后股权结构图

泰达建设处于充分竞争领域，尤其是房地产过热时期刚刚结束，行业将趋于萎缩。结合国家聚焦主业的战略方针，泰达建设的混改既符合行业发展趋势，也满足集团整体发展诉求。

泰达建设混改项目自 2019 年 5 月挂牌开始，混改过程并不是很顺遂，延期挂牌至 10 月才成功落地。一方面，泰达建设自身在 2018 年出现亏损，自身经营能力和盈利水平的问题，致使投资者对泰达建设未来发展的不确定性存在担忧。另一方面，泰达建设处于房地产行业，当前房地产行业在逐步走向下行之路，未来发展的不确定性较大。而近两年，国企混改领域的企业大多数属于房地产、制造业等这些前期过度发展的行业，这类混改企业非常多，投资者有更多更好的选择。因此，泰达建设混改寻找到合适投资者的时间较长。

泰达建设通过增量方式为企业未来发展引入资金，即用增资资金补充企业欠缺的资金和满足项目开发建设需求的资金。而通过存量混改模式，国有资本可以收回对应投资，达到国有资本保值增值的目的。

泰达建设作为混改领先地区天津的主要混改项目之一，理应践行天津地区国企混改原则，为天津地区国企混改添砖加瓦。天津地区国有资本，也要向关系国家安全、国计民生、具前瞻性的战略性新兴产业集中。此过程中，充分竞争领域的国有资本势必要做好"宜控则控、宜参则参"，乃至"宜退则退"工作。泰达建设此次混改，国有资本由全资降为参股便很好地体现了这一混改趋势。

从混改引入的投资者来看，津联海胜和中科泰富都有国资背景。津联海胜的股东之一天津金海胜创业投资管理有限公司的法定代表人是王振忠，而王振忠历任天津市经济体制改革委员会干部、君安证券天津业务部总经理、渤海证券副总裁、中国节能投资公司总经理助理兼资本运营部主任、中国节能投资公司董事长。中科泰富是由国有独资企业天津渤海国有资产经营管理有限公司控股，是一家典型的国有控股的投资公司（见图 3 - 14）。

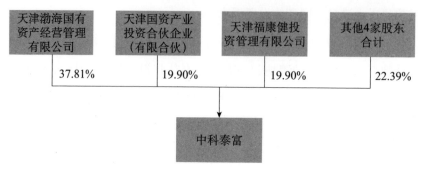

图 3 - 14   中科泰富股权结构图

两家具有国资背景的战略投资者的引入，虽然能够助力泰达建设实现"混"，成为国有参股的混合所有制企业，但是"混"之后的"改"道阻且长，仍需要加大力度进一步深化。

委托经营与混改结合模式

我们继续承接上文，开始对重资产、亏损性国企混改的讨论。有没有这样一种类型的企业，可以将资产和股权合作，与其他经营方式相结合，从而避免由于资本规模过大而使混改受到阻碍呢？现实中，我们发现部分企业将委托经营等方式与混改相结合，从一个方面解决了这个问题。下文将举例说明。

◎ 案例 33   委托经营下的国有体制民营机制改革——兖矿国际焦化

混合所有制改革进程中，一直是智力密集型等轻资产企业混改推动较快，而很多资本驱动、资产较重的企业的混改则是业界人士关注却苦于找不到好的解决方法的问题。下文选取的混改案例山东兖矿国际焦化有限公司（以下简称"兖矿国际焦化"），既是一家重资产企业，也是一家混改前才摆脱亏损的企业，利用委托经营模式实现了"国有体制＋民营机制"的完美结合。

兖矿国际焦化是兖矿集团与世界 500 强企业巴西 CVRD 公司、日本伊藤忠商事株式会社共同出资 22.84 亿元组建的。国际焦化项目是国家大型煤化工及能源综合利用项目，利用德国凯撒斯图尔焦化厂现有的设备建设了年产 200 万吨的焦炭装置。

受产品市场、经营等多方面影响，兖矿国际焦化从 2006 年开始生产到 2016 年一直处于亏损状态。2017 年，随着炼焦市场利好发展，兖矿国际焦化第一次扭亏为盈。

2018 年，兖矿国际焦化开启了"国有体制＋民营机制"的新征程。2018 年下半年，为寻找战略合作者，助力兖矿国际焦化实现突破式发展，兖矿集团与永锋集团共同对兖矿国际焦化实施股权重组，双方各持股 50％（见图 3 - 15），国有性质不变，授权永锋集团组建团队负责经营管理。

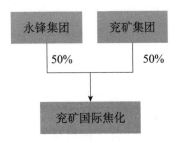

图 3 - 15　兖矿国际焦化股权结构图

兖矿国际焦化混改模式是委托经营。兖矿集团把 50％的股权形成的经营管理权委托给永锋集团；永锋集团组成一个经营团队，给兖矿集团一个业绩承诺，保证在 3 年之内不让一名职工下岗，让兖矿国际焦化实现盈利，并还清其欠兖矿集团的内部欠款。

永锋集团与兖矿国际焦化是产业链上下游的关系。永锋集团发挥补短板的作用，促进双方合作共赢。

首先，供应链企业入股补短板。供应链企业参与股权合作会有"1＋1＞2"的成效。通过这种形式的合作，供应链上下游双方可以依据对方的情况合理调节产能、调配运输、科学采购，从而使得供应链上的企业总体收益最大化，自身获得更大的收益，而不是单单基于本身企业最大化收益目标安排采购与生产。现在企业的竞争也是供应链的竞争，混改中允许供应链民营企业大比重入股，也是制造企业股权合作的形式之一。

其次，全部股权委托经营，助力企业快速发展。通过混改，兖矿集团和永锋集团对兖矿国际焦化各持股 50％，然而兖矿集团在限定的条件下把全部的经营权交给了永锋集团，这种案例在国企混改中较为少见，但是在企业盈利情况极为不佳、管理机制变革无法推动的情况下，这种模式也有其现实意义，但这需要国企经营者具备极大的决心以及对合作的民营资本充分理解和信赖。

最后，国有体制、民营机制的相互融合发展。兖矿国际焦化案例中的国有体制最大的体现是"党委发挥功效并由国资负责"以及全部员工"不降薪、不解聘"，民营机制最大的体现是"董事长、总经理全部民资指派"。

◎ 案例 34　山东华润"委托经营＋国资退出"

亏损企业如何混改？如何治愈亏损顽疾？山东华润万家生活超市有限公司（以下简称"山东华润"）便是从一家亏损的国有企业通过混改摆脱了亏损。山东华润的"委托经营＋100％国资退出"能够为更多的想混改而不敢混改或者无法混改的亏损的国有企业提供有效的混改"药方"。

山东华润成立于 2010 年 8 月 26 日，注册资本 10.3 亿元，是天津华润万家生活超市有限公司（以下简称"天津华润"）全资子公司。

2016 年以来，华润万家山东地区门店不断收缩。本次股权转让之前，山东华润已将旗下 7 家店面（济南 2 家、青岛 3 家、淄博 1 家、烟台 1 家）资产委托给了家家悦经营管理。

截至 2019 年 6 月 30 日，公司总资产 7 679.85 万元，净资产－61 242.63 万元；2019 年 1—6 月实现营业收入 24 012.17 万元，净利润－911.16 万元。

2019 年 3 月 6 日，家家悦与天津华润、山东华润签署《资产管理协议》，约定天津华润将山东华润旗下正在经营的 7 家门店及山东华润为支持该 7 家门店的日常经营业务相关必要的管理权整体委托家家悦经营管理。托管期为 10 年。

2019 年 8 月 1 日，天津华润在上海联合产权交易所公开挂牌转让其持有的山东华润 100％的股权，转让底价为 3 120 万元，挂牌截止日期为 2019 年 8 月 28 日。

2019 年 8 月 27 日，家家悦召开第三届董事会第七次会议，审议通过了《关于拟参与竞买山东华润万家生活超市有限公司 100％股权的议案》。

2019 年 9 月 20 日，家家悦与天津华润签订《产权交易合同》。

2019 年 9 月 23 日，上海联合产权交易所发布山东华润 100％股权转让项目成交公告。

山东华润此次混改，采用的是 100％股权公开转让模式，评估值 1 210.59 万元，转让底价 3 120 万元，交易价格 3 120 万元。

交易完成后，家家悦将持有山东华润 100％的股权，成为其实际控制人（见图 3 - 16）。

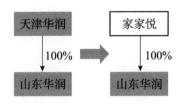

图 3 - 16　山东华润混改前后股权结构图

　　我们结合天津一商集团、天津水产集团的案例来看，在充分竞争领域，国有资本全部退出将成为新常态。山东华润与重庆重型汽车集团专用汽车一样，主业处于充分竞争领域，混改模式采用的也是公开股权转让模式，但不同的是，山东华润混改的股权转让是 100%，即国有资本全部退出。这一模式和天津一商集团、天津水产集团一样，是 100% 引入民营资本的又一案例。

　　近年来，山东混改速度与力度不断加大，从完善混改政策、批量推出混改项目来看，山东地区正在加快国企混改由"混"向"改"的转变。同时，山东践行国企混改"宜参则参"的原则，在国企混改的股权结构设计上有了新的突破，也就是我们谈到的山东华润混改案例。此次国有资本全部退出山东华润，为山东营造良好的营商环境，为民营企业发展提供更大助力。

　　目前来看，竞争行业国企混改适合采用国资全部退出这种模式，而且未来国资全部退出将成为竞争行业国企混改常态。

　　另外，采用国有资本全部退出模式时，外部投资者的选择也较为谨慎。山东华润选择家家悦也可谓非常谨慎。首先，家家悦是一家以超市连锁为主业的上市公司，是一家拥有全供应链、多业态的综合性零售渠道商，与山东华润能够形成产业优势协同互补。其次，家家悦早在混改之前便已经托管了山东华润旗下 7 家店面，对山东华润的经营管理非常熟悉。

国有资本投资公司下属产业混改模式

政策规定，国有资本投资公司和国有资本运营公司，代表国家履行出资人的职能，自身是国有独资企业，同时，鼓励其下属市场化经营业务积极推动混改，实现机制激活。在过去两年时间里，中央和地方的"两类公司"已经开始通过混改践行这一历史使命。

◎ 案例 35 "两类公司"二级企业混改——国投高新

"两类公司"的最理想股权结构包括两个层面：在顶层保持国有独资公司的形式，同时在二级企业层面充分实现股权多元化，推动市场化机制的建立和完善。中国国投高新产业投资有限公司（以下简称"国投高新"）作为首批国有资本投资公司改革试点单位国家开发投资集团有限公司（以下简称"国投集团"）的全资子公司进行混改，也是践行国企混改的重要举措。

国投高新成立于 1989 年 4 月，注册资本 249 529.92 万元，是国投集团着力打造的前瞻性战略性新兴产业投资平台，主要从事控股直投业务和股权基金投资管理业务，是管理国家级政府引导基金支数最多的股权基金投资管理机构。

2018 年，国投高新营业收入为 932 921.96 万元，净利润为 169 022.53 万元，净资产为 1 807 456.04 万元。截至 2019 年 7 月 31 日，国投高新营业收入为 579 957.35 万元，净利润为 76 709.69 万元，净资产为 1 848 467.76 万元，资产负债率为 33.59％。

国投高新混改是国投集团混改战略的重要举措之一。国投集团是央企中唯——家投资控股公司，是国家首批国有资本投资公司改革试点单位。

近年来，国投集团混改步伐加快，国投电力板块资产整体上市，国投资本作为央企金控平台也即将整体上市。

国投高新此次股权多元化，是构建多元化治理结构，为进一步探索优化体制机制改革、推进混合所有制改革、推动企业持续高质量发展奠定基础。

2018 年 8 月，国投高新入选国企改革"双百企业"名单。

2019 年 9 月 6 日，国投集团董事会批复通过了《国投高新股权多元化实施方案》。

2019 年 9 月 9 日，国投高新增资项目在北京产权交易所公开挂牌，增资不影响国投集团控股地位。

2019 年 11 月 8 日，国投高新混改项目实现摘牌，合计引资 54.67 亿元。

2019 年 12 月 6 日，国投高新混改项目举行签约仪式。

本次增资扩股，国投高新引入深圳华侨城资本投资管理有限公司（以下简称"华侨城资本"）、工银金融资产投资有限公司（以下简称"工银投资"）、农银金融资产投资有限公司（以下简称"农银投资"）、国新双百壹号（杭州）股权投资合伙企业（有限合伙）（以下简称"国改双百基金"）4 家投资者，引入资金总额为 54.67 亿元。

增资完成后，国投集团仍是国投高新的控股股东（见图 3-17）。

国投高新是国投集团战略性新兴产业平台，作为未来集团发展新动能，需要对其保持控股地位。国投集团持有的国投高新股份进一步减少，实现了由全资到控股的转变，在一定程度上降低了股权集中度，构建了多元化的治理结构。国投高新作为国投集团未来发展的新动能，能够有效推动集团产业升级，为集团带来更多的利益。因而，国投集团选择保持控股地位，

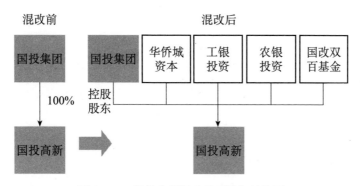

图 3 - 17　国投高新混改前后股权结构图

在国投高新实现体制机制优化的基础上，保持国投高新未来发展战略和方向不变。

国投高新引入了战略协同和资金实力并存的战略投资者，进一步提升了企业的综合实力，为"引进来"非公有资本奠定基础，也为"走出去"提升了核心竞争力。国投高新此次引入了国改双百基金，该基金为投资民营企业实现混改、助推国企混改提供有力支撑。

第 4 章 >>

国企混改股权结构设计型案例

　　国企混改过程中，股权结构设计不仅是当期问题，更是影响企业未来战略发展的关键问题，是决定混改能否有效落地的重要步骤。

　　对于国有企业而言，混改过程中什么样的股权结构是最优的？即混改时怎样设计最优的股权结构以有效避免对未来造成潜在风险是必须思考的问题。一旦"结婚"时陷入股权结构陷阱中或者最终混改失败、各股东"离婚"，都将导致国有科技型企业的财产权、内部管理的崩溃。因而，国企混改伊始的股权结构设计显得尤为重要。

　　因此，针对国有企业的特点，什么样的股权结构能够在保持国有资本控制力、实现资本保值增值的同时，又能够兼顾国有资本、民营资本、员工等多方的利益，同样是国有企业在混改过程中需要关注的问题。

　　《国企混改实战 100 问》中，我们分别就国企控股、参股等多种形式下的股权结构优化问题展开了讨论。在本章中，我们从以下几方面进行一些案例的介绍：

- 国企控股混改多家投资者股权结构
- 国企控股混改单一投资者股权结构
- 国企股权多元化股权结构
- 国企参股混改股权结构
- 分步到位混改股权结构
- 国资退出股权结构

国企控股混改多家投资者股权结构

国企控股混改目前有很多实践案例。"一股领先＋相对分散＋激励股份"的股权结构设计方式，能够促使保持国有资本控制力、国有资产保值增值、国企活力激发等三个目标同时达成。如果实行激励股份的条件暂时不具备，那么建议保持前两个特点。在以下混改案例中，后一特点也体现了出来。

◎ 案例 36　机械行业混改典型——哈尔滨电站设备成套设计研究所

国有资本控股下，如何践行"一股领先＋相对分散＋激励股份"的最优模式？此处我们选择哈尔滨电站设备成套设计研究所有限公司（以下简称"哈成套所"）混改案例来分析处于成长期的国有企业的混改股权结构。

哈成套所成立于 1978 年 9 月，曾为国家原机械工业部直属一类研究所，1999 年转制加入中国机械工业集团有限公司，2017 年成为国机集团科学技术研究院有限公司全资子公司。

经过四十多年的建设和不断深化改革，哈成套所已发展成为集"科研、设计、工程"为一体并能提供全价值链一站式电站领域专业化服务的国家级高新技术企业。

实施员工持股前，哈成套所是国机集团科学技术研究院有限公司的全资子公司。

2018 年，哈成套所在上海联合产权交易所挂牌引进杭州锅炉集团股份有限公司和黑龙江省大正投资集团有限责任公司两家战略投资者，并通过员工持股平台哈尔滨成联企业管理合伙企业（有限合伙）实施员工持股。最终，国机集团科学技术研究院持股 64.82％，员工持股平台持股 20.18％，杭州锅炉集团持股 10%，黑龙江省大正投资集团持股 5%（见图 4-1）。

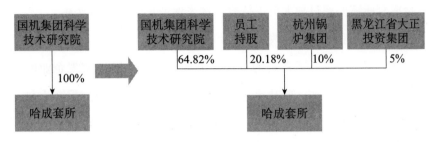

图 4-1　哈成套所混改前后股权结构图

　　哈成套所把对企业未来发展影响大、与业绩关联度高、可替代性低的核心骨干纳入持股范围，持股员工 118 人，占整个哈成套所职工总数的 39.33%，他们合计持有哈成套所 20.18% 的股份。

　　员工按照战略投资人购股价格认购股权，即购股价格为 3.416 元/单位注册资本。最终，员工共计支付购股款 3 860.434 万元，对应哈成套所新增注册资本 1 130 万元。

　　哈成套所员工通过两级有限合伙企业平台间接持有公司 20.18% 的股权。一级持股平台为哈尔滨成联企业管理合伙企业（有限合伙），二级持股平台为哈尔滨成彬企业管理合伙企业（有限合伙）等 3 家有限合伙企业。

　　哈成套所此次实施员工持股后的员工持股比例高达 20.18%，这背后有两个原因。首先，人力资源对企业发展影响大。哈成套所属于转制科研院所，现有 300 多名中高级技术人员，人才是该公司的核心资产，也是其核心竞争力的来源。但是，作为一家老牌国企，面对民营经济灵活的体制机制和创新创业大潮，哈成套所人才流失尤其是核心团队流失日趋严重，企业发展陷入瓶颈。因此，在政策范围内加大员工持股比例有利于留住核心科研人员，提升现有员工积极性，最终激发企业活力。其次，企业规模较小。哈成套所属于转制科研院所，企业规模不大，员工通过出资 3 860.434 万元就持有了企业 20.18% 的股份。企业体量小，员工持股的单位收益相对不高，哈成套所需要通过加大员工持股比例来保证足够的激励效果。

另外，哈成套所通过混改引入杭州锅炉集团和黑龙江省大正投资集团，能够实现装备、资本、运营资源等多种资源的嫁接，可以实现企业间全方位、多领域的协同合作。哈成套所是国机集团技术板块中的重要力量，承担着科研、工程咨询、技术服务、技术储备和火力发电项目管理等重要任务。而杭州锅炉集团在余热锅炉、清洁能源技术、项目承包、资本运营等方面拥有较强的实力。通过这次混改，双方能够充分发挥各自的优势，抓住未来共同发展的契合点，在新的市场环境下培育新的发展动力，谋划新的发展思路。

◎ 案例 37　山西燃气集团重组和混改

山西燃气集团有限公司（以下简称"山西燃气集团"）本属于山西晋城无烟煤矿业集团有限责任公司（以下简称"晋煤集团"）旗下天然气业务板块，主要从事煤层气、页岩气、砂岩气勘探技术开发，燃气集输技术开发，燃气利用和煤气共采技术咨询与服务，燃气装备制造等业务，初期组建注册资本 1 000 万元。

2018 年 3 月 20 日，山西燃气集团揭牌；2019 年 2 月 19 日，晋煤集团向山西燃气集团增资，山西燃气集团终于完成了重要的混改组建步骤。整个重组过程涉及四大国企燃气资产，共引入了同煤集团、华润燃气、香港中华煤气等 9 家战略投资者。

第一步，整合重组。

晋煤集团以旗下燃气板块资产向山西燃气集团增资，包括所持山西铭石煤层气利用、晋城天煜新能源、山西能源煤层气、易安蓝焰煤与煤层气共采技术、山西晋城煤层气天然气集输、山西晨光物流、山西易高煤层气、山西蓝焰控股、赵庄煤业等9家公司的部分或全部股权，向山西燃气集团增资。

太原煤炭气化集团以旗下燃气资产，包括所持太原煤炭气化（集团）晋中燃气、太原市煤气安装工程、太原天然气、太原市液化石油气、山西华腾能源、太原煤炭气化（集团）临汾燃气、太原煤气化燃气集团、山西燃气用具检测、左权燃气等9家公司的部分或全部股权，向山西燃气集团增资。

另外，山西能源交投以所持山西能源产业集团全部股权、山煤投资集团将旗下所持部分企业股权向山西燃气集团增资。

第二步，同步引入战略投资者。

山西燃气集团同步引入同煤集团、阳煤集团、西山煤电、潞安集团、国开金融、中国信达等9家战略投资者增资入股。

混改完成后，晋煤集团持股64.23%，拥有绝对控股权。第二大股东煤炭气化持股15.04%，其余股东持股比例均小于10%（见图4-2）。

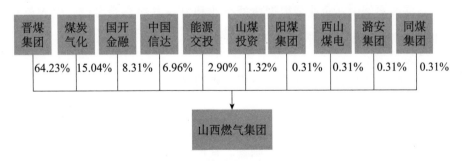

图4-2 山西燃气集团混改后股权结构图

山西燃气集团此次"整合重组＋增资扩股"有助企业打造"山西燃气"品牌，通过业务统筹、资源整合、产业协同创新，可逐步构建煤层气（燃气）产业"上、中、下"游全产业链。同步引入战略投资者，能够为山西燃气集团未来发展提供丰富的资金、市场等战略资源支持，有助于山西燃气集团增强业务实力，打造自身品牌。

山西燃气集团此次混改，在提升综合竞争力的基础上，可以精耕当地，集团化运作，快速形成山西省支柱产业。新组建的山西燃气集团，主要资本来源于山西地方能源企业，加之山西本身的燃气资源和能源产业优势，有助于促进当地燃气产业快速发展。

另外，"一股领先＋高度分散"的股权结构，助力企业快速成长。山西燃气集团成立之初，不具备实施股权激励的条件，因而采取了"一股领先＋高度分散"的股权模式，能够有效避免子公司治理层面的风险。在后期条件允许的情况下，择机实施股权激励，充分激发员工活力，最终形成"一股领先＋高度分散＋股权激励"的最优股权模式。

国企控股混改单一投资者股权结构

在混改案例中，企业会根据所处行业和自身发展综合考虑，引入单一外部投资者，形成"国资＋民资"的两元结构。

◎ 案例 38　兰石物业引入单一投资者混改

兰州兰石物业服务有限公司（以下简称"兰石物业"）的混改案例，进一步验证了国企如何践行"宜参则参、宜控则控"原则。兰石物业在混改后依然希望可以保持国有资本有效控制，又希望借助于社会资本力量实现内部机制的激活，同时引入外部市场的资源和能力，继续提升企业的经营绩效。

兰石物业成立于 2005 年 2 月，注册资本 1 000 万元，混改前是兰州兰石集团有限公司（以下简称"兰石集团"）全资子公司。公司主要经营物业管理、物业公共设施设备维修管理、机电设备维修管理、电梯维修等业务。兰石物业是全国物业协会会员单位、兰州市物业协会副会长单位。

2018 年，兰石物业营业收入 6 192.23 万元，净利润 852.63 万元，净资产 2 044.25 万元，资产负债率 56.90%。截至 2019 年 7 月 31 日，月度报表显示，兰石物业营业收入 517.41 万元，净利润 14.80 元，净资产 2 085.55 万元。

兰石物业围绕兰石集团"一主多辅"产业格局，发挥房地产产业链重要组成部分的优势，按照"立足于兰石、迈向市场，立足于创新、转型提升，立足于发展、兴业增效"的原则，通过混改将自己打造成甘肃省高端复合型综合服务企业的典范和引领者。

兰石物业希望通过混改促进公司在决策、运营、管理等方面的深层次改革和调整，建立科学规范的决策运营机制，并树立价值创造经营理念，以资源为依托，引入具有专业运营实力的物业管理公司。

混改完成后，原控股股东兰石集团持股比例由 100% 降至 51%，新入战略投资者雅生活服务持有兰石物业 49% 的股权。兰石集团仍为兰石物业第一大股东兼实际控制人，拥有绝对控股权（见图 4-3）。

兰石物业以内部市场为主，集团绝对控股。兰石物业虽然属于兰石集团的辅业，但是服务对象一直是兰石集团。混改后，公司发展战略仍是立足于兰石集团而开展。这意味着，混改后的兰石物业以内部市场为主、外部市场为辅。因此，兰石集团拥有绝对的控股权，能够对兰石物业未来的发展方向、业务战略等拥有决策权，使兰石物业服务于兰石集团的宗旨不变。

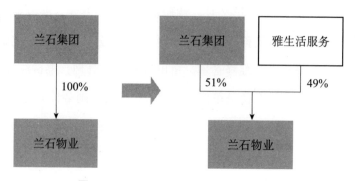

图 4-3　兰石物业混改前后股权结构图

　　另外，在充分竞争领域，民营资本获得较高的股权。兰石物业处于充分竞争领域，作为兰石集团辅业的一部分，在保证企业服务内部市场的目标下，需要努力开拓外部市场，实现国有资本的保值与增值。兰石集团为最大程度实现兰石物业体制机制的灵活性，充分激发企业活力，给予了民营资本雅生活服务较高的持股比例。雅生活服务持股比例为 49%，在兰石物业未来发展的决策、管理、运行等方面具有较高的话语权。兰石物业在一定程度上见证了科学规范的决策运营机制。

　　通过混改，兰石物业实现了资源优势互补、产业协同发展。雅生活服务是港交所上市公司，业务涵盖物业服务、资产管理、社区商业、公共服务四大板块，是国家首批拥有一级物业管理资质的企业。雅生活服务能够为兰石物业带来丰富的资金、市场等资源支持，与兰石物业形成产业优势互补。

◎ 案例 39　大庆油田水泥引入单一投资者

　　大庆油田水泥有限责任公司（以下简称"大庆油田水泥"）成立于 1999 年 8 月，注册资本 12 998 万元。公司主要经营道路普通货物运输，装卸、搬运，仓储服务（危险化学品除外），新材料技术推广服务，水泥制造等业务。

截至 2017 年底，公司营业收入为 25 043.45 万元，净利润为 334.81 万元，净资产为 19 096.42 万元。截至 2018 年 6 月 30 日，财务报表显示，公司营业收入为 5 196.87 万元，净利润为－887.41 万元，净资产为 18 125.3 万元，资产负债率为 25.07%。

2018 年 8 月 21 日，大庆油田水泥增资项目在北京产权交易所公开挂牌。标的企业拟募集资金金额择优确定，拟募集资金对应持股比例 45%。

2019 年 7 月 29 日，大庆油田水泥增资项目在北京产权交易所成交，引入单一投资者牡丹江北方水泥有限公司（以下简称"牡丹江北方水泥"）。

混改完成后，大庆油田昆仑集团有限公司（以下简称"大庆油田昆仑集团"）持股比例由 100% 降至 55%，新入投资者牡丹江北方水泥持股比例为 45%（见图 4-4）。大庆油田昆仑集团仍为大庆油田水泥第一大股东兼实际控制人。

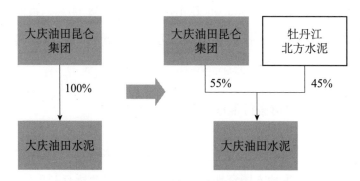

图 4-4 大庆油田水泥混改前后股权结构图

大庆油田水泥处于充分竞争领域，在现有国有资本体制机制下，面对日益激烈的行业竞争环境，难以提升综合竞争力，实现突破式发展。为支持企业业务发展，提升研发实力，通过混改的方式引入民营资本，为企业提供资金、市场、技术支持，在有效激发企业活力以及员工活力的情况下，能够有效帮助企业快速发展。

在充分竞争领域，国有资本混改参控无绝对，根据企业发展需求可以选择宜参还是宜控。大庆油田昆仑集团选择保持控股地位，能够进一步保证国有资本的保值增值，为大庆油田水泥未来发展提供重要的国有企业背景和资源支持。

大庆油田水泥此次混改引入牡丹江北方水泥，双方共同推动企业转型升级。牡丹江北方水泥成立于 2008 年 3 月，注册资本 18 000 万元。公司主营业务包括水泥、特种水泥及相关产品、半成品的生产、销售、研发，水泥、特种水泥及相关产品、半成品的出口销售等。牡丹江北方水泥与大庆油田水泥属于同行业竞争者，二者通过混改实现竞合，能够进一步实现产业协同。

另外，从混改定价角度来看，大庆油田水泥此次混改，转让 45% 的股权所对应的交易价格为 15 333.96 万元，溢价率为 88.00%。虽然大庆油田水泥盈利水平不佳，但是投资者比较认可其企业价值，并看好其未来发展前景。

◎ 案例 40　天津农商银行混改

天津农商银行的前身是有着 60 多年历史的天津农村信用社，成立于2010 年 6 月，是一家地方国资拥有实际控制力的混合所有制现代商业银行。一直以来，天津农商银行秉承"立足社区，服务三农，支持中小企业发展"的服务宗旨，着力推进各项业务全面发展，综合实力不断增强。在中国银监会（现为银保监会）监管评级中，天津农商银行连续三年被评为二级行。

2017 年，全行总资产 2 991 亿元，存款规模 2 099 亿元，贷款规模
1 350 亿元。截至 2018 年 9 月，财务报表显示，营业收入 593 010 万元，营
业利润 246 756.6 万元，利润总额 246 950 万元。

天津农商银行下辖经营机构 429 家，包括分行 2 家、中心支行 9 家，是
天津市网点数量最多的金融机构。天津农商银行已设立农村金融服务站
1 000 多家、金融便民点 1 000 多家，形成了"多层次、立体化、全方位"
的金融服务网络。

天津农商银行现有员工 5 800 余人，博士后科研工作站 1 个，形成了
"用企业发展吸引人、用业务实践培养人、用经营业绩考核人"的管理机制。

目前，天津农商银行积极推进"转型＋创新"双轨发展战略，把为实
体经济服务作为出发点和落脚点，深化改革创新，不断提高发展质量和
效益。

此次混改，天津农商银行预期有助于在规模和效益上实现新突破，并
择机推进上市进程。本次增资所募资金，将用于补充该行核心一级资本。
同时，此次引入投资者属于新增股份，不涉及老股转让，并不会对增资扩
股产生影响。

2018 年 6 月 29 日，天津农商银行增资扩股项目在天津产权交易中心挂
牌，该行拟引入不超过 4 家战略投资者，将注册资本由当时的 75 亿元增至
100 亿元左右，募资用于补充核心一级资本。2018 年 12 月 7 日，天津农商
银行混改项目成功签约。

天津农商银行拟通过增资扩股，引入四川交投产融控股有限公司（以
下简称"四川交投产融控股"）1 家战略投资者，增资 7.49 亿股。天津港等
原股东同步合计增资 1.16 亿股。

混改完成后，天津农商银行注册资本由 75 亿元增至 83.65 亿元，天津

国有股权占比 36.67%*，四川交投产融控股持股 8.32%，其他原股东合计
持股 55.01%（见图 4 - 5）。

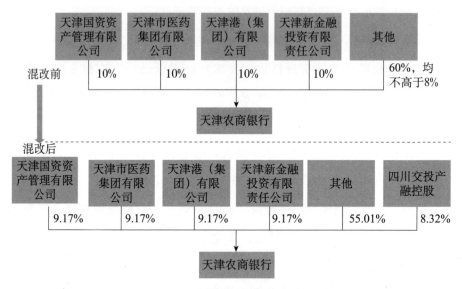

图 4 - 5 天津农商银行混改前后股权结构图

天津农商银行混改成为 2018 年天津市市管企业第 5 个成功实施混改的
项目，也是天津市首家实现新一轮混改的银行项目。混改完成后，天津农
商银行的股权结构高度分散，但并非我们所说的"一股领先＋高度分散"。
混改后的天津农商银行，各个股东的持股比例均不超过 10%，而且前四大
股东持股比例相同。

可以看出，任何一家股东都无法实际控制混改后的天津农商银行。但
是，天津国资资产管理有限公司、天津市医药集团有限公司、天津港（集
团）有限公司、天津新金融投资有限责任公司均为国有资本，成为一致行
动人，能够保证国有资本的相对控制力。

————————————

＊ 与图 4 - 5 略有差异，为四舍五入所致。

此次混改，实现了产业协同发展，能够共同推动地区经济发展。四川交投产融控股联手天津农商银行为两地国企跨区域深度合作奠定基础。四川交投产融控股的发展方向与天津"一基地三区"的战略定位高度契合，能够在金融创新、新模式、交通金融等领域深度合作，实现双赢；天津农商银行引入四川交投产融控股不但有利于提高银行资本实力，优化风险分担机制，而且能够有效改善公司治理。

国企股权多元化股权结构

本轮改革中，一部分具有行业特殊性和自身要求的国有企业，选择引入其他市场化的国有资本作为投资者，进一步推动股权多元化的进程。在此模式下，股权结构的所有权性质并没有发生变化，但是由于出资人主体不同，也有市场化的制约条件，股权多元化企业可以实现一部分改革目标。

◎ 案例41 山东高速引入中国石油混改"四川投资"

山东高速四川投资开发有限公司（以下简称"四川投资"）成立于2016年4月，注册资本1 000万元，是山东高速集团旗下四川产业发展有限公司（以下简称"四川发展公司"）的全资子公司，公司主要经营项目投资等业务。

截至2019年8月31日，公司营业收入为3 987.51万元，净利润为－95.79万元，净资产为3 955.12万元，资产负债率为49.14%，偿债能力良好。

2019年9月26日，山东高速集团批准四川投资通过股权转让方式实施混合所有制改革。

2019 年 9 月 30 日，四川投资 49％的国有股权转让项目在山东产权交易中心正式挂牌。

2019 年 11 月 8 日，四川发展公司与中国石油天然气股份有限公司（以下简称"中石油天然气公司"）签署四川投资产权交易合同，标志着四川投资混合所有制改革任务圆满完成。

混改完成后，四川发展公司持股比例由 100％降至 51％，四川发展公司仍为第一大股东兼实际控制人，新进投资者中石油天然气公司持有股权 49％（见图 4-6）。

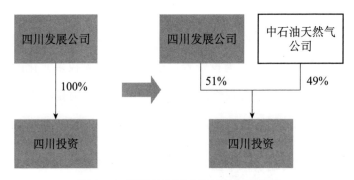

图 4-6   四川投资混改前后股权结构图

对于山东高速集团而言，四川发展公司是其金融资产投资与管理板块的一部分。为响应集团突出主业，大力实行混合所有制改革的发展战略，四川发展公司开启混改之路。而四川投资的混改便是四川发展公司响应集团发展理念的重要举措之一。

对于四川发展公司而言，四川投资是其核心主业之一。因此，四川发展公司虽然希望通过混改激活四川投资的体制机制，引入战略资源助力企业快速发展，但是，仍要保持对四川投资的控制力，保证核心业务的决策权、经营管理权，才能维护核心业务，提升企业综合实力。

四川投资引入了实力雄厚、综合竞争力较强的中石油天然气公司，不仅引入了大量资金助力企业发展，同时引入了丰富的油气产业资源，为企业布局油气业务板块、助力集团主业发展打下了基础。

四川投资此次混改，引入国有企业中石油天然气公司，是一种"国有"与"国有"之间的"混改"，严格意义上说是一种股权多元化改革。但是，从四川投资的角度而言，此次改革实现了股权多元化，在一定程度上改变了国有股东"一股独大"的局面，也进一步提升了股权制衡度。所以，四川投资此次混改，在构建多元化的法人治理结构方面，为后期深化混改奠定了基础。另外，四川投资现有股权全部归属国有资本，也保证了国有资本的控制力及影响力。

◎ 案例 42　转制科研院所航天设计院股权多元化

此处选择航天建筑设计研究院有限公司（以下简称"航天设计院"）的混改案例，既能帮助研究转制科研院所的混改实施路径，也能帮助了解国有股权多元化的具体操作步骤。

航天设计院是中国航天建设集团所属从事工程服务业务板块的新平台，也是中国航天科工集团下属三级法人单位，注册资本 2 亿元，总部位于北京。航天设计院设有设计分院、勘察分院、事业部、全资子公司、控股公司等 30 余家下属单位，业务包括策划咨询、设计及工程总承包、工程信息化、装备设计及集成等。

截至 2018 年 6 月 30 日，航天设计院营业收入 128 237.12 万元，净利润 5 405.19 万元，资产总额 231 426.95 万元，净资产总额 52 356.33 万元。

航天设计院此次通过混改，寻找具备战略、技术、资金协同性的战略投资者，进一步完善航天设计院的公司法人治理结构，为航天设计院实现

IPO 目标奠定基础。

2018 年 8 月，航天设计院增资扩股项目在北京产权交易所公开挂牌，拟募集资金数额待定，拟募集资金对应持股比例为 24.53%。增资后，航天设计院原股东持股比例为 75.47%～80%，新股东合计持股比例为 20%～24.53%。

2018 年 11 月，航天设计院增资扩股项目成功落地，最终共引进 5 家战略投资者，募集资金共 4.322 5 亿元。

混改前，航天设计院是中国航天建设集团的全资子公司，也是国有独资企业。混改后，引入中国国有资本风险投资基金股份有限公司、工银金融资产投资有限公司、中车同方（天津）股权投资基金合伙企业（有限合伙）、中交房地产集团有限公司、中设设计集团投资管理有限公司等 5 家战略投资者。中国航天建设集团持股 75.471 7%，5 家战略投资共持股 24.528 3%（见图 4 - 7）。

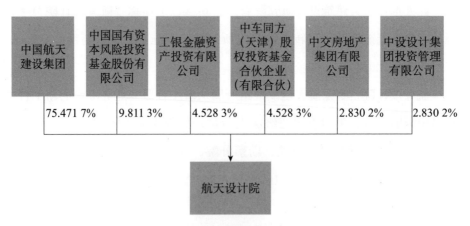

图 4 - 7　航天设计院混改后股权结构图

航天设计院混改仍是采用增资扩股模式进行。我们认为，国有科技型企业混改对国有资本的增值与保值要求较为严格。

从混改股权结构设计来看，一方面保持国有资本绝对控股地位，另一方面引入的战略投资者大部分有国资背景。可以说，国有资本在航天设计院所占股比较高，这基于航天设计院所处的行业背景而定的。

中国航天科工集团属于国防军工类企业，所属行业关系到国家安全与战略发展，根据相关政策，此类企业应实行国有独资或绝对控股。然而航天设计院主要从事策划咨询、设计及工程总承包等业务，属于中国航天科工集团旗下市场化程度较高的企业。因此，中国航天科工集团选择航天设计院进行混改，但依旧要保持国有资本的控制力。

另外，航天设计院此次混改，引入了战略、资金、技术协同的投资者，进一步完善航天设计院的公司法人治理结构，为航天设计院实现IPO目标奠定了基础。

首先，航天设计院通过此次混改募集资金超过4亿元，新注入的资本有益于企业的战略布局。同时，引入的战略投资者虽为国有企业，但在资本运作和管理等方面具备成熟的经验，能够为航天设计院未来的发展助力。除此之外，混改后的航天设计院股权集中度有所下降，对完善公司法人治理结构有正向作用。

其次，航天设计院此次混改是为其上市做准备。航天设计院此次混改在股权结构和配套机制方面都有所优化，为其实现IPO目标奠定了良好基础。

国企参股混改股权结构

"宜参则参，宜控则控"，在充分竞争的领域，国有资本宜从全资或者绝对控股状态，降低到参股状态，变成参股股东。在此情况下，如何进行股权结构的设计？请参考如下案例。

◎ 案例 43　贵州药材混改中的"绿地模式"

如果在放弃控股权后，国企股东依然希望在混改企业中发挥资源价值，而混改企业中的民企股东也希望继续借助国资的资源优势和稳定优势来推动混改企业发展，那么混改股权结构该如何安排呢？下文用贵州省药材有限责任公司（以下简称"贵州药材"）通过混改引入绿地控股成为民企控股混改公司的案例，来总结体现双方协同推动混改企业的大健康产业发展经验。

混改前，贵州药材是国有控股公司，其前身为贵州省药材公司，始建于 1956 年，直属贵州省黔晟国资公司管理。公司主营中药材、中药饮片、中成药、化学药制剂、抗生素、生化药品、医疗用毒性药品、医疗器械、保健品等，为贵州省中药材的龙头企业。

贵州药材与战略投资者聚焦"大健康"整合资源，完善产业链链条，致力于发展成为集科技、研发、育苗、流通为一体的现代医药企业。

贵州药材通过股权转让与增资扩股模式引入绿地控股，并通过"两步走"计划实现混改目标。

第一步：绿地控股以股权收购方式获取贵州药材 60％的股权，以增资扩股方式获取贵州药材 10％的股权。

第二步（尚未开始）：绿地控股将复制"绿地混改"模式，将绿地控股持有的部分股权转让给贵州药材管理团队及核心员工，实现由绿地控股、贵州黔晟、管理团队及核心员工共同持股的三元结构（见图 4-8）。

通过此次混改重组，贵州药材引入绿地控股，聚焦"大健康"整合资源，有机结合中医中药、旅游度假等特色产业，共同打造贵州省中药材行业新的投资、管理平台和龙头企业，努力实现上市目标。

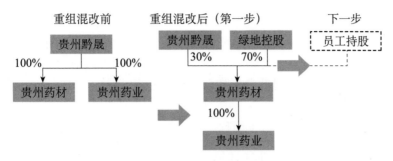

图 4 - 8　贵州药材混改前后股权结构图

首先，我们从投资者选择的角度来分析贵州药材混改。我们在书中其他章节分析了国药集团、云南植物药业等医药领域混改的案例。国药集团选择的战略投资者是拥有较强投资能力、管理能力的民营企业复星集团，重点在于引入资本实力和管理实力；云南植物药业引入的是可实现战略协同和产业协同的贵州百灵，重点引入产业资源。贵州药材此次混改引入的是以房地产开发为主的绿地控股，有意和战略投资者协同布局新领域。

贵州药材此次引入的战略投资者为绿地控股，助力绿地集团的绿地康养产业在大健康关键资源领域实现了布局，完善大健康产业链。而贵州药材依托绿地平台，计划打造绿地独有的中医药健康服务品牌 IP，成为绿地特色康养产业之一。因此，绿地参与上航国旅的混改也是对自身产业的布局。

另外，绿地控股本身就是完成混合所有制改革的企业，贵州黔晟放弃对贵州药材的控股权，但绿地控股获得了控股权，绿地控股也一定会更好地利用贵州药材的相关资源，实现国有资产的保值增值。

其次，从混改模式来看，贵州药材混改采取了"存量＋增量"模式。贵州药材也处于充分竞争领域，因而混改过程中的模式选择也具有一定的创新特色，与中粮资本第一阶段混改模式相同，采用了"存量＋增量"混改模式。贵州药材混改，以股权转让为主导，增资扩股作为股权转让的条件并行挂牌，既能够使股权结构更加灵活，又为企业发展注入增量资金。

◎ 案例 44 哈药集团混改为无实际控制人公司

哈药集团有限公司（以下简称"哈药集团"）是于 2005 年通过增资扩股改制而成的国有控股的中外合资企业，集团主营涵盖抗生素、非处方药和保健品、传统与现代中药、生物医药、动物疫苗及医药商业六大业务板块。集团旗下拥有哈药集团股份有限公司（一家融医药制造、贸易、科研于一体的大型企业集团，以下简称"哈药股份"）和人民同泰医药股份有限公司（以下简称"人民同泰"）两家在上海证券交易所上市的公司。截至 2019 年 6 月 30 日，哈药集团持有哈药股份 46.49% 的股权，哈药股份持有人民同泰 74.82% 的股权。

哈药集团的混改可追溯到 2005 年。公司从 2005 年引入外资，到目前管理层的市场化，已历经多年。本轮改革可认为是公司的第二轮混改，原因之一便是哈药股份主营收入连续五年下滑，2019 年一季度甚至出现亏损。

2017 年 9 月 12 日，哈药集团及其控股的上市公司哈药股份、哈尔滨工投集团及其旗下的上市公司*ST 哈空成为哈尔滨市国资委出资企业首批（60 户）混改试点企业。

2017 年 9 月 27 日，哈药股份公告称，将在控股股东哈药集团层面进行股权变更，以推进哈药集团继续开展混合所有制改革。

2017 年 12 月 27 日，中信资本天津拟通过其控制的中信资本医药，对哈药集团进行增资；增资完成后，中信资本天津之实控人中信资本控股旗下的中信冰岛与华平冰岛、中信资本医药合计持有哈药集团 60.86% 的股权，哈尔滨市国资委持有的哈药集团股权下降为 32.02%；中信资本控股将成为哈药集团的间接控股股东，进而成为哈药股份和人民同泰的实控人。

2018 年 6 月 2 日，本次哈药集团增资扩股事项终止。

2018 年 11 月 13 日，在哈尔滨市国资委的推动下，哈药集团重启混改。

2019 年 3 月 1 日起，公司积极优化治理结构，严格遵守"三分开、两独立"的要求，进一步落实董事会领导下的总经理负责制，并按照市场化方式，选聘职业经理人，组建了新的经营管理团队。

新经营管理团队积极开拓营销战略合作。仅 2019 年 6 月至 9 月期间，公司先后与国药控股股份有限公司、湖南益丰大药房连锁有限公司、漱玉平民大药房连锁有限公司、111 集团、九州通医药集团股份有限公司签署战略合作协议，全面布局国内市场、扩展覆盖，并通过实施"打造大单品，带动产品集合"营销策略，不断扩大市场份额。

2019 年 8 月 11 日，哈药集团最终确定以增资方式引入重庆哈珀与黑马祺航两名投资者，两者分别以现金约 8.05 亿元、4.03 亿元对哈药集团进行增资。

哈药集团此次增资扩股，极大地提升了企业的市场竞争力和资金实力。此次混改有助于哈药集团向完全市场化经营主体转变，也有利于进一步完善公司法人治理及市场化的经营管理机制，进而提升企业活力、经营效率以及市场竞争力。

混改完成后，哈药集团股权结构变为哈尔滨市国资委持股 38.25％，中信冰岛、华平冰岛、中信资本医药分别持股 19.125％、18.7％、0.425％，哈尔滨国企重组管理顾问有限公司持股 8.5％，重庆哈珀持股 10％，黑马祺航持股 5％（见图 4-9）。

混改完成后，哈药集团董事会成员由原来的 5 名董事增加至 6 名董事。其中，哈尔滨市国资委委派 2 名董事，中信冰岛、华平冰岛、哈尔滨国企重

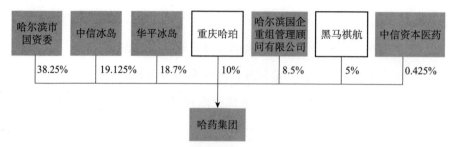

图 4-9　哈药集团混改后股权结构图

组管理顾问有限公司、重庆哈珀分别委派 1 名董事。哈药集团董事长经公司过半数的董事选举产生，且由董事长担任公司法定代表人。

与此同时，哈药集团由国有控股变为国有参股，不存在"可控制半数以上股权或半数以上董事会席位"的股东。因此，哈药集团变更为一家无实际控制人的中外合资经营企业。

分步到位混改股权结构

所谓"分步到位"，是指进行改革的国有企业，混改股权结构不是一次性重组到位，而是通过有计划的方法和安排，分期实现。这种做法，可以充分贴合企业的成长轨迹，也可保护国有资本的权益，对于成长性好的国企来说，是一个可选择的路径。

◎ 案例 45　鲁北集团"两步走"混改路线图

山东鲁北企业集团总公司（以下简称"鲁北集团"）是国有控股大型化工企业集团，拥有 5 000 名员工、200 亿元资产，横跨化工、建材、电力、轻工、有色金属等行业，年销售收入 120 亿元，位列中国化工企业 500 强、中国化学肥料制造百强企业、山东海洋化工行业十强企业，是国内较大的磷铵、硫酸、水泥联合生产企业之一。

混改前，鲁北高新区持有鲁北集团 100％的股份，属于国有独资企业。

2016 年 7 月，鲁北集团进行了首次混合所有制改革，通过增资扩股的方式引入战略投资者杭州锦江集团有限公司，企业性质变为国有控股的有限责任公司。首次混改后，鲁北高新区持股 55.5％，锦江集团持股 44.5％。

2018 年，鲁北集团进行了第二次混改，通过增资扩股的方式引入战略投资者汇泰控股集团股份有限公司。第二次混改后，鲁北高新区持有鲁北集团 44.4％的股权，锦江集团持有 35.6％的股权，汇泰集团增资 4.93 亿元，持股比例为 20％，成为鲁北集团第二大股东（见图 4－10）。

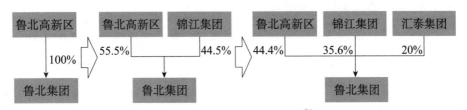

图 4－10　鲁北集团混改前后股权结构图

鲁北集团两次混改，为企业高质量发展持续提供助力。国有企业发展混合所有制经济，推动集团层面混改，历来是焦点，也是难点。一方面，集团层面往往都遗留了各种历史问题，无论是引入外部投资者，还是推进整体上市，都存在一定的难度；另一方面，集团层面规模大，战略意义重大，混改复杂度和风险性较高。

鲁北集团推动集团层面混改分两次进行：第一次混改先引入一家战略投资者，在股权结构上依然保持国有绝对控股地位；时隔几年再进行第二次混改，引入第二家战略投资者，鲁北高新区由绝对控股转为持股 44.4％的第一大股东。鲁北集团选择两次混改，以循序渐进的方式探索集团层面的混改路径，缓慢释放混改效应，在有效规避风险的同时保障改革效果，是国有企业集团层面混改的典型模式之一。

鲁北集团选择在集团层面进行混改，且进行两次混改，背后有两个原因。

首先，所处行业属完全竞争领域。鲁北集团本身是化工企业，处于完全竞争领域，相关政策明确提出支持主业处于充分竞争行业和领域的商业类国有企业进行混合所有制改革。同时，由于处于完全竞争领域，国有企业的体制和经营模式在市场环境中面临较大挑战，确实需要引入非国有资本。一方面，引入非国有资本可进一步壮大鲁北集团资本实力，加快推进项目建设；另一方面，引入市场化机制和管理理念，可以提高企业决策执行效率，提升鲁北集团内生活力。

其次，首次混改效果明显。首次混改后，鲁北集团进行了资产托管和增资扩股等大动作，战略投资者锦江集团对鲁北集团下属子公司鲁北海生生物的铝产业生产装置进行了托管，对下属子公司山东金海钛业资源科技进行了增资扩股。同时，鲁北集团盈利能力持续向好，2017 年的营业收入、利润均达到历史最高水平。鲁北集团企业信誉度明显提升，融资环境也得到了进一步改善，企业融资成本降低。因此，鲁北集团看到了混改给企业在盈利水平、融资环境、人才储备和战略发展等方面带来的益处，增强了其推动二次混改的信心，以期获得更好的效果。

鲁北高新区由全资到绝对控股，再到相对控股，鲁北集团持续激发企业发展动能。

首次混改后，鲁北高新区持股 55.5%，锦江集团持股 44.5%。这样的股权结构设计，一方面保证了鲁北高新区的绝对控股地位，另一方面大大提升了股权制衡度，较高的持股比例给予战略投资者足够的话语权，确保能够引入市场化机制。

第二次混改后，鲁北高新区持有鲁北集团 44.4％的股权，锦江集团持有 35.6％的股权，汇泰集团持有 20％的股权，股权结构进一步得到优化。第一，国有资本放弃绝对控股权，两家战略投资者的持股比例之和超过了国有资本。民营企业对国有资本的制衡效果进一步提升。第二，战略投资者数量的增加能够为鲁北集团带来更多资源，进一步形成协同与互补效应。第三，国有资本虽然没有控股，但依然是第一大股东，是鲁北集团的实际控制人。由于鲁北集团是在集团层面进行混改，对战略控制力的要求更为重要，因此国有资本的持股比例不宜过低，至少需要保持在 34％的水平。

国资退出股权结构

本轮改革的多个文件指出，对于充分竞争领域的国有企业，充分践行"宜参则参"，不设国有股权的限制。在实践中，对于这样的国有企业来说，如何实现这项政策原则呢？2018－2019 年天津市属部分国企开展的 100％国资股权退出做了充分的注解。

◎ 案例 46　天津水产集团 100％国有股权转让

2018 年国资 100％退出的首个案例在天津诞生。下文选择天津市水产集团有限公司（以下简称"水产集团"）的案例，进一步分析什么样的国企在什么情况下可以实行 100％国资全部退出。

水产集团是经天津市委市政府批准设立的国有大型企业集团，目前拥有全资、控股、参股企业 42 户。公司经营涉及水产品、畜禽、果蔬等冷藏加工、物流配送、远洋捕捞、货物仓储、投资担保、国际贸易、房产租赁和物业管理、出租车运营等，年营业总收入 50 亿元，是国家和市级农业产业化重点龙头企业、天津市水产行业协会会长单位。

截至 2018 年 3 月 31 日，水产集团总资产 14.57 亿元，营业收入 0.055 亿元，净利润－0.021 亿元。

2018 年 4 月，水产集团股权转让项目在天津产权交易中心正式挂牌。

2018 年 12 月，水产集团混改项目正式落地，牵手巨石控股有限公司（以下简称"巨石集团"），成为 2018 年以来天津市管企业第 6 个成功实施混改的项目。

天津津联投资控股有限公司（以下简称"津联控股"）将所持水产集团 100％的股权转让，具有 100％国有股权转让、100％引入民营资本的特点。混改前，水产集团是津联控股下属全资子公司。混改引入 1 个战略投资者巨石集团持股 100％，国有资本全部退出（见图 4－11）。在天津国企混改史上，这种国有资本全部退出、由民营资本全部接力的混改模式尚属首次。

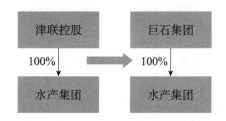

图 4－11 水产集团混改前后股权结构图

新时代国企改革背景下，国企改革 22 号文件和 54 号文件均明确了充分竞争行业和领域国企混改国有股不设限，即充分竞争行业和领域国企在混改过程中，国有资本可以全部退出。

2013 年，时任国务院国资委副主任黄淑和表示不需国有控股的国企国资可全部退出，即"不需要国有资本控制可以由社会资本控股的国有企业，可采取国有参股形式或可以全部退出"。

2019 年 9 月，国务院国资委党委委员、副主任翁杰明表示，一般性的竞争行业国企混改要加大国有资本退出力度，即"一般性的竞争行业要加大退出力度。涉及这方面的退出是当前的重要任务，要有序地退或者转为一般性的财务投资"。

目前来看，竞争行业国企混改适合采用国资全部退出这种模式。

水产集团属于天津市冷链物流行业的主角之一，处于充分竞争领域。此次国有资本全部退出，既符合"充分竞争领域国企混改不设国有股权比例下限"的改革要求，又遵循了天津市"宜控则控、宜参则参、宜退则退"的原则，成为国企混改的典型之一。

此外，国有资本退出，也是为了企业更好地发展。巨石集团是一家以产业投资为主体的民营控股公司。公司秉承"产业聚焦、金融支撑"的发展理念，以"价值发现、专业运营"为价值主线，布局并深耕农业、航空、医疗三大产业板块。

巨石农业以水产集团为核心打造天津菜篮子集团，力争形成以"冷链、贸易、自主品牌"为主的现代化、智能化农业产业控股集团。

巨石集团在 2019 年依然继续积极参与天津市国企混改，并谋求在天津医药板块以及在天津的集央企、国资、民营于一体的混合所有制投资平台公司的投资布局，全面助力天津地区的经济发展。

◎ 案例 47　天津一商集团国有资本全部退出

天津一商集团有限公司（以下简称"一商集团"）成立于 1996 年，是天津国有大型商贸流通企业，处于充分竞争领域。集团及所属企业共 128 户，其中二级直属企业 7 户，二级非直属企业 27 户，三级及以下企业 93 户。一商集团拥有批发贸易、百货零售、汽车服务、现代物流、商务服务五大业务板块。

2018 年 4 月 2 日，一商集团在天津产权交易中心挂牌。此次混改以股权转让的方式引入两个战略投资者，它们分别持有 55％和 10％的股权，天津国资保留 35％的股权，转让底价共计 26.92 亿元。

2018 年 9 月 20 日，一商集团在天津产权交易中心第二次分别挂牌 55％和 10％的股权转让信息，转让底价共计 28.66 亿元。

2019 年 9 月 16 日，一商集团 100％股权转让项目在天津产权交易中心挂牌，转让底价 25.08 亿元。

2019 年 11 月 22 日，一商集团混改项目落地，辽宁方大集团实业有限公司（以下简称"方大集团"）以 22.69 亿元受让一商集团全部股权。

混改完成后，天津津诚资本完全退出一商集团，方大集团成为一商集团唯一股东（见图 4-12）。

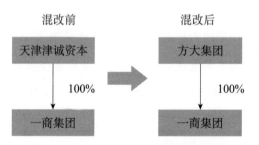

图 4-12   一商集团混改前后股权结构图

2017 年以来，一商集团积极响应天津市国企改革号召，开始积极推动集团层面整体混改工作。历时近两年，一商集团展现出屡败屡战的英勇，锲而不舍地持续推动整体混改。

一商集团作为天津市国字号商业标志性企业，在天津拥有丰富的背景资源。但体制机制不灵活、企业活力不足、区域限制等问题，制约着传统国企—商集团的发展，因而一商集团出现资产负债率偏高、净资产收益率偏低、行业竞争力不强等短板制约。从财务数据中可以看出，一商集团目前处于营业收入较高但净利润较低、总资产较高但净资产较低的状态，因而通过混改引入市场化的体制机制、市场资源、资金支持，能够进一步激发集团的发展动力和经营活力，协助集团走出天津，帮助集团加快转型升级，进一步提升企业价值。

当然，一商集团混改之后，拥有的实力将更上一层楼，拥有的市场资源将更加广泛。混改后的一商集团有能力和资源布局新产业，如大健康产业、汽车交易与后服务市场、养老地产等，加速实现向现代百货零售转型升级的目标以及推动轻资产产业上市的目标。

一商集团战略发展方向明确，围绕其核心业务板块明确了未来五大发展方向。目前，五大业务板块均已形成一定的规模和独特的发展模式，为未来实现五大板块独立上市奠定了基础（见图 4 - 13）。

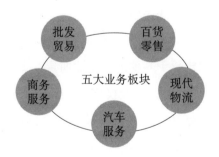

图 4 - 13　一商集团业务板块

当前，一商集团发展较快的业务板块是百货零售。集团以打造现代新零售为目标，加速智慧卖场建设和线上线下渠道融合。

一商集团此次纳入混改范围的企业有 51 户，除集团本身外，其全资、控股、参股的下属单位 50 户。从集团所拥有企业数量以及纳入混改范围的企业数量来看，一商集团与天津建材集团、天津水产集团、天津建工集团等已经完成混改的集团相比较而言算是佼佼者。如此庞大的混改范围，使得一商集团在混改前做足了准备。

早在 2017 年，一商集团为了启动混改，便开始进行整合重组，排除了集团整体混改的所有障碍。

此次混改过程中，一商集团将未被纳入混改范围的全资、控股、参股下属单位 77 户中的 46 户出清，31 户无偿划转给天津津诚资本所属其他企业。

另外，为了实现 100% 国有股权转让，实现国资全部退出，天津市国资委将其持有的 35% 的股权注入天津津诚资本，以期能够顺利实现混改。

与天津市已经完成以及正在进行混改的产业集团相比，一商集团在股权设计方面更具有吸引力。在引入资金总额方面，就排除集团自身因素而言，单个投资者投入资金量相对适中。能够满足一商集团要求的战略投资者，一次出资 25.08 亿元是完全没有问题的。

国企混改过程中，员工安置涉及员工核心利益，是混改的重点和难点之一。然而，一商集团相较于其他混改企业而言，更加注重员工安置问题。一商集团混改采取的是 100% 国有股权转让，因而原有股东天津津诚资本对混改后企业的公司治理结构、治理机制等问题不再具有话语权，所以这些不是其重点关注的问题。相比之下，一商集团在混改伊始，便着重进行员工安置方案的设计与规划；同时，将混改目的、意义宣贯到每一位员工，使员工理解企业与员工是利益共同体，混改后引入战略协同的投资者能够让集团做强做大，使集团与员工实现双赢。

2017 年 7 月，一商集团员工安置方案先于其混改方案出台，受到全员支持。此后，每次启动混改，员工安置方案能否被投资者接受，都是一商集团较为重视的问题。

此次混改，一商集团按照平稳操作，分类处置，公开、公平、公正原则，对在职职工、企业退休人员和原机关退休人员及其遗属、离休干部及已故离休干部配偶、六十年代精简退职人员、工伤致残人员、因公死亡人员供养亲属等六类人员进行分类安置。

第 5 章 >>

国企混改投资者选择型案例

推动混合所有制经济发展，推动国有企业股权多元化和股份制发展的改革共识，正在本轮国企改革的浪潮中不断凝聚各个方面的参与主体。从具体表现看，便是中央和地方的国有企业集团都在积极促进更多的下属企业开展改革，同时，多种多样的市场化投资机构和国企上下游相关的企业，也投入更大精力来积极研究和参与企业混改投资项目。

国有企业引进投资者开展混改，就像闺女找新郎一样，需要找到的如意郎君是情投意合、能长相厮守的人生伴侣，而不是三天恩爱、闪婚闪离的萍水鸳鸯。

什么样的投资者是国有企业心目中的"白马王子"？国有企业千差万别，怎么样才能找到自己的"如意郎君"？在寻找投资者的过程中有哪些关键注意事项？在《国企混改实战 100 问》中，我们进行了分析，这里通过一些案例来说明混改投资者的类型和特点。

- 产业链上下游投资者引进
- 市场化国有资本引进
- 基金和金融资本引进
- 外国投资者引进

产业链上下游投资者引进

在混改实践项目中，有相当大的比例引进了本企业产业链上游或者下

游的企业，以及产业必需的其他参与者。从企业混改战略来说，这种结果
也充分说明了通过混改打通产业链的目标。

◎ 案例 48　重庆医药健康产业公司混改引入中国医药

重庆医药健康产业公司（以下简称"健康产业公司"）成立于 2018 年
12 月，注册资本 100 000 万元，是重庆化医控股（集团）公司（以下简称
"化医集团"）全资子公司。2019 年初，化医集团将医药商业、医药工业、
医养健康三大板块的优质资产注入了健康产业公司。

健康产业公司旗下有 4 家子公司，包括重庆和平制药、重庆千业健康 2
家全资子公司，重庆科瑞制药、重药控股 2 家控股子公司。截至 2019 年 7
月 31 日，公司营业收入 0 万元，净利润−441.19 万元，总资产 448 778.17
万元，总负债 101.95 万元，净资产 448 676.22 万元。

2019 年，为践行化医集团混改战略，推动医疗健康产业发展改革，健
康产业公司启动混改。

2019 年 9 月 1 日，重药控股发布公告称，化医集团拟对健康产业公司
进行混合所有制改革。

2019 年 9 月 2 日，化医集团通过重庆联合产权交易所公开征集一名战
略投资者，拟转让健康产业公司 49% 的股权，转让底价为 410 000 万元。披
露信息显示，受让方需居中国 500 强企业前 200 位。

2019 年 10 月 22 日，重药控股公告，健康产业公司股权转让最终受让
方已确定，为中国通用及其控股子公司中国医药组成的联合体。

混改完成后，原控股股东化医集团持股比例由 100% 降至 51%，新引入
的战略投资者持股比例为 49%（见图 5-1）。公司控股股东仍为化医集团，
实际控制人仍为重庆市国资委。

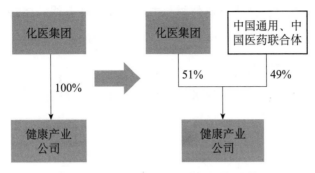

图 5-1　健康产业公司混改前后股权结构图

化医集团作为重庆市属国有企业，需要大力推进重庆国企混改的进程。在 2019 年 7 月，化医集团表示，为响应重庆国企混改的号召，全面深化国企混改，旗下所属 10 户二级企业及其子企业诚招战略合作伙伴，大力推动股权多元化改革和混合所有制改革。在具体合作中，基于企业自身发展现状，在协商一致的条件下，遵循国有资本"宜控则控、宜参则参"的原则，通过产权转让、增资扩股或者二者结合的方式实现企业的股权重组以及混合所有制改革，提升企业可持续发展能力。

健康产业公司作为化医集团的二级企业，又处于充分竞争领域，开展混合所有制改革也是化医集团实现混改战略的重要举措。充分竞争领域的商业类国有企业混改，在股权结构设计方面可参可控可退。而健康产业公司汇聚了化医集团的三大核心业务板块，是化医集团的核心业务所在，也是化医集团可持续发展的主要支柱。因此，化医集团仍保持对混改后的健康产业公司的绝对控制权。

从混改引入投资人来看，健康产业公司引入了具有国资背景且产业协同互补的投资者中国通用及其控股子公司中国医药。中国通用的主营业务为投资、资产经营、进出口业务等，中国医药主要批发中成药、中药材以及销售医疗器械等。健康产业公司与中国医药在业务线、战略方面具有高度契合性，双方能够在健康医养、工业品种剂型的生产销售等方面积极合作，实现全方位协同发展。

中国医药此次战略入股健康产业公司，可借助健康产业公司在重庆市医药商业市场的渠道，迅速拓展重庆医药市场，有利于提升中国医药的行业地位和市场影响力，实现医药业务发展的协同效应，以及技术和产品共享。

从混改定价来看，健康产业公司 49% 股权的成交价格为 410 000 万元，成交价格溢价率为 86.49%。溢价转让股权，彰显出投资者对健康产业公司内在价值的认可和对未来发展前景的良好预期。

◎ 案例 49　河南经协智慧出行混改

国企混改选择的投资者要和企业有比较强的协同效应，比如说，能够给国有企业提供某个方面的市场，或者在某些专项产业能力上可以帮助企业扩展和升级。河南经协智慧出行网络科技有限公司（以下简称"河南经协智慧出行"）在投资者选择方面便实现了"1+1＞2"的产业优势效应。

河南经协智慧出行成立于 2017 年，注册资本 6 001 万元，目前已成为河南省官方出租车电召平台唯一投资与运营方，已完成郑州、洛阳、濮阳、三门峡、许昌等五地市的业务布局。

河南经协智慧出行设有郑州呼叫中心、深圳研发中心，具有安全技术防范工程三级资质和增值电信业务经营许可证。

2017 年，河南省经协供应链有限公司（以下简称"河南经协供应链"）与河南九九出行网络科技有限公司（以下简称"河南九九出行"）合作成立河南经协智慧出行，两股东分别持股 51% 和 49%（见图 5-2）。

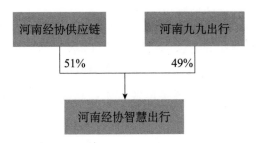

图 5 - 2　河南经协智慧出行混改后股权结构图

我们先来看一看这两家企业是做什么的。河南经协供应链成立于 2016 年，主要经营供应链管理、仓储服务、电子商务、新能源汽车销售等，唯一股东是全民所有制企业河南省经济技术协作集团公司。河南九九出行成立于 2000 年，企业定位是智慧出行服务公司，具备多项领先的专业技术和权威的资质认证，唯一股东是从事网络科技、通信科技专业领域内技术开发等业务的上海烜侠网络科技有限公司。

首先，两家合作具有一定的可行性。从需求来看，城市化的不断加深、城乡一体化的不断发展、一体化交通的推行、物流成本的降低压力等都对智慧交通产生了强烈的需求。从技术来看，5G 技术和人工智能已经为智慧交通发展打下技术基础。随着打破制度方面的障碍，智慧交通呼之欲出。

其次，从河南经协智慧出行自身发展来说，引入智慧出行领域实力较强的企业能够助力企业快速发展。河南经协智慧出行是"互联网＋交通"转型升级的成果，目的是加快推进城市智能交通系统的发展，完善增强城市交通的管控能力，进一步实现生态城市、智慧城市的发展目标。

河南经协供应链此次混改，为的是布局智慧交通新领域。未来，智慧交通新领域将成为河南经协供应链新的利润增长点和产业支柱，因而该公司不会放弃在该新领域的控制权。

此外，智慧交通领域是关乎民生需求的领域，从社会效益的角度考虑，国有资本应该保持绝对控股权。但是，从混改的最终目标来说，要最大化激发微观主体的活力，应该给予民营资本较高的持股比例，因而国资、民资比例为 51∶49。

◎ 案例 50　绿地控股投资河南公路工程局混改

河南省公路工程局集团有限公司（以下简称"河南公路工程局"）的案例是寻找产业链上下游投资的典型案例。

河南公路工程局为河南交投集团全资子公司，是主要从事交通基础设施建设及施工的国有独资企业，业务范围涵盖国内外公路、桥梁和交通安全设施建设及施工等，注册资金为 10 亿元，年施工产值达 80 亿元，2017年实现主营业务收入约 53 亿元，净利润超 2 亿元。

混改前，河南公路工程局是河南交投集团全资子公司。2019 年 1 月，绿地控股旗下绿地城投集团以约 8 亿元价格成功受让河南公路工程局 70%股权。

混改后，绿地城投集团持股 70%，河南交投集团持股 30%。下一步，绿地将积极推动河南公路工程局管理层及员工持股工作，最终实现绿地城投集团持股 51%、河南交投集团持股 30%、河南公路工程局管理层及员工持股 19%的股权结构（见图 5-3）。

河南交投集团持股比例由 100%降到 30%，实现了由全资到参股的转变。河南交投集团主业为高速公路项目建设和运营管理，而河南公路工程局主要从事交通基础设施建设与施工。虽然属于母公司的主业，但河南交投集团大部分控股子公司从事类似业务，同业竞争比较严重。因此，为了

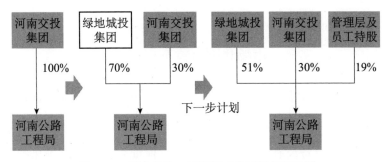

图 5 - 3　河南公路工程局混改前后股权结构图

在一定程度上减轻同业竞争，集团选择对其进行混改，并选择了参股。

另外，河南公路工程局引入具有国资背景的股东，能够实现优势互补，主要体现在以下两个方面。

第一，战略投资者也是具有国资背景的企业。此次河南公路工程局引入的战略投资者是绿地控股的子公司绿地城投集团，而绿地控股本来就是由国有企业混合所有制改革而来的。因此，绿地控股一定会充分利用集团内部资源和管理经验推动河南公路工程局进一步发展，实现国有资产保值增值。

第二，引入战略投资者互惠互利。对于河南公路工程局来说，混改后能够充分发挥绿地集团改革先行先试的经验和成熟的体制机制优势，以及绿地城投集团等现有大基建平台在品牌和产业生态上的优势，为河南公路工程局注入品牌、资本、产业资源等，优化管理体系及商业模式，使其走上完全市场化的现代企业发展之路。

对于绿地集团来说，能够结合河南公路工程局在技术、管理和区域上的深厚积累，深耕河南当地，大力拓展外省，在持续将公路项目做强做大的基础之上拓展多元业态、探索新型项目模式。

市场化国有资本引进

国企改革中引入非公资本推进混改和引入市场化国有资本进行股权多元化是同时进行的。出于对一些特殊行业或者企业自身的综合考虑，混改企业也希望找到具备公有制背景，同时可以保证企业机制市场化的资本来助力。在这个方面，已经有一些成功的案例。

◎ 案例 51　南方电网新能源领域混改引入国资基金

南方电网综合能源有限公司（以下简称"南网能源"）成立于 2010 年 12 月，注册资本 200 000 万元。南网能源主营"3＋N"业务，即"节能服务、新能源、分布式能源与能源综合利用"3 大业务，以及"售电、电动汽车、碳交易、互联网＋能源服务"等 N 个新型业务。

2017 年底，公司营业收入为 115 514.98 万元，净利润为 16 167.7 万元，净资产为 144 092.48 万元；截至 2019 年 3 月 31 日，公司营业收入为 38 219.67 万元，净利润为 4 194.87 万元，净资产为 300 618.54 万元，资产负债率为 62.71％。

2018 年，南网能源入选国务院国资委国企改革"双百企业"名单。

2019 年，南网能源入选国家第四批混改试点企业名单。

2019 年 4 月 30 日，南网能源增资项目在北京产权交易所公开挂牌。标的企业拟征集投资方数量不低于 2 个、不超过 5 个，拟募集资金金额待定，拟募集资金对应持股比例为 34％。

2019 年 7 月 25 日，南网能源增资项目在北京产权交易所成交，引入 4 家战略投资者：绿色能源混改股权投资基金（广州）合伙企业（有限合伙）

（以下简称"绿色能源混改基金"）、广东省广业绿色基金管理有限公司（以下简称"广业绿色基金"）、特变电工股份有限公司（以下简称"特变电工"）、广州智光电气股份有限公司（以下简称"智光电气"）。募集资金总额 15.248 亿元，其中，绿色能源混改基金 9.203 亿元、广业绿色基金 2.224 亿元、特变电工 2.224 亿元、智光电气 1.597 亿元。

交易完成后，原控股股东中国南方电网有限责任公司（以下简称"南方电网"）持股比例由 76.5％降至 50.49％，新入投资者绿色能源混改基金、广业绿色基金、特变电工和智光电气分别持有股权 20.52％、4.96％、4.96％和 3.56％（见图 5-4）。南方电网仍为南网能源第一大股东兼实际控制人。

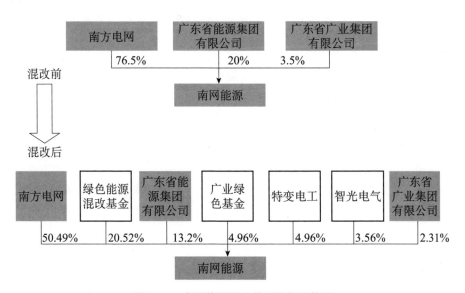

图 5-4　南网能源混改前后股权结构图

南网能源是南方电网履行中央企业社会责任，联合代表广东省人民政府出资的广东省粤电集团有限公司、广东省广业资产经营有限公司共同成立的开展节能减排业务的专业化公司，是南方电网在战略性新兴产业的新布局，也是南方电网新的利润增长点。因此，混改完成后，南方电网仍保持对南网能源的绝对控制权。

南网能源此次混改，披露的净资产总额为 300 618.54 万元，成交价格为 15.248 亿元，成交价格溢价率为 49.19%，实现了国有资本的保值增值。与其他案例相比，这个比例不是最高，也不是最低，是根据南网能源自身价值而确定的。

从南网能源的投资者类型来看，此次混改倾向于选择具有资金实力的基金，如绿色能源混改基金和广业绿色基金，这是因为这类基金一方面可以助力混改项目快速落地，实现真正的混改目标，另一方面能够给企业带来一定的资本支持，帮助企业快速发展。

此外，南网能源也选择了具有产业协同效应的战略投资者特变电工和智光电气。从产业发展角度看，为企业引入优势产业资源和战略资源，助力企业混改后也能够健康、可持续发展。

◎ 案例 52　中广核风电项目引入国资基金

大安中广核风力发电有限公司（以下简称"大安中广核"）成立于 2009 年 4 月，主要经营风力发电项目开发、建设、运营、维护，以及风力发电咨询和服务。

大安中广核是中国广核集团有限公司控股子公司中广核风电有限公司的全资子公司。中国广核集团有限公司是我国唯一以核电为主业、由国务院国有资产监督管理委员会监管的中央企业，成立于 1994 年 9 月。

大安中广核近年来盈利能力良好。截至 2019 年 5 月 31 日，公司营业收入 12 233.08 万元，净利润 4 769.85 万元，净资产 55 806.81 万元，资产负债率 63.05%。

为践行重要行业和关键领域混改，2019 年中广核风电有限公司推动大安中广核进行混改。

2019 年 7 月 1 日，大安中广核增资项目在北京产权交易所公开挂牌。标的企业拟募集资金金额不低于 20 000 万元，拟募集资金对应持股比例不超过 28％。

2019 年 8 月 30 日，北京产权交易所发布大安中广核增资项目成交公告，引入的战略投资者为贫困地区产业发展基金有限公司（以下简称"贫困地区产业发展基金"）。混改后中广核风电有限公司持股比例由 100％降至72.04％，战略投资者持股比例为 27.96％（见图 5-5）。

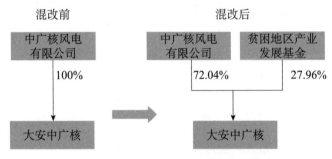

图 5-5　大安中广核混改前后股权结构图

在国企"聚焦主业"发展的趋势下，大安中广核的混改不仅能够进一步释放中广核风电有限公司的部分资源和能力，也能够引入其他资源，助力企业更好地发展。

大安中广核作为中广核风电有限公司的重要业务领域，对中广核风电有限公司的发展起到了支撑作用。因此，即使大安中广核进行混改，中广核风电有限公司仍保留对其绝对控制权。

大安中广核此次混改成交价格为 20 000 万元，公开披露的净资产为55 806.81 万元，成交价格溢价率为 28.18％。可见，大安中广核对自身的价值评估相对科学合理，能够正确认识到企业自身的优势与价值，溢价混改以吸引资源较为丰富的战略投资者，为企业注入更多的发展资源。

此次混改，大安中广核引入的是贫困地区产业发展基金，有利于大安中广核弥补区位劣势，为企业发展注入更多的产业资金，实现更快更好的发展。该基金是我国首支具有政府背景、市场化运作、独立运营、自负盈亏的贫困地区产业发展基金，也是我国创新扶贫开发和财政投入模式的一次重要探索。

◎ 案例 53　北京工业设计研究院引入中关村发展集团

北京市工业设计研究院有限公司（以下简称"北京工业设计研究院"）成立于 1961 年，2016 年改制成为国有控股的多元有限公司。目前，北京工业设计研究院主要经营工程设计、工程咨询、工程项目管理、压力管道设计、对外承包工程、人防工程施工图设计审查、代理进出口等业务。

2018 年底，公司营业收入为 119 787.2 万元，净利润为 4 213.42 万元，净资产为 44 986.26 万元，资产负债率为 68.92%。

北京工业设计研究院的混改于 2019 年 5 月启动，历经 2 个多月混改落地。

2019 年 5 月 15 日，北京工业设计研究院增资项目在北京产权交易所公开挂牌。标的企业拟募集资金金额不低于 34 100 万元，拟募集资金对应持股比例为 38.75%。

2019 年 7 月 31 日，北京产权交易所发布北京工业设计研究院增资项目成交公告，引入单一投资者中关村发展集团，成交价格为 34 857.94 万元，对应持股比例 38.75%。

混改完成后，北京汽车集团有限公司持股比例由 40% 降至 24.50%；新入投资者中关村发展集团持股比例为 38.75%，成为北京工业设计研究院实际控制人（见图 5-6）。从股权结构来看，形成了"一股领先＋相对分散"的形式，中关村发展集团具有一票否决权。

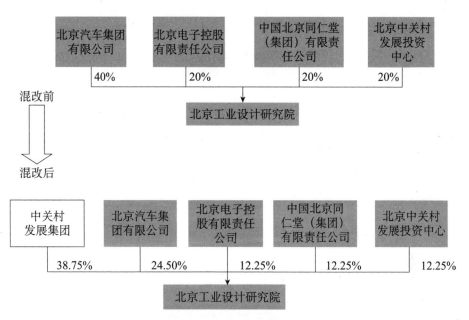

图 5-6　北京工业设计研究院混改前后股权结构图

中关村发展集团到底是谁呢？中关村发展集团成立于 2010 年，注册资本 2 302 010.50 万元，主要经营投资与资产管理、技术中介服务、科技企业孵化、基础设施建设等业务。

从股权结构来看，中关村发展集团也属于具有国资背景的企业，第一大股东兼实际控制人为北京市海淀区国有资本经营管理中心（见图 5-7）。

北京工业设计研究院此次混改，引入的是具有国资背景的企业。所以，即使是中关村发展集团拥有了北京工业设计研究院的实际控制权，国有资本控制力仍保持不变。

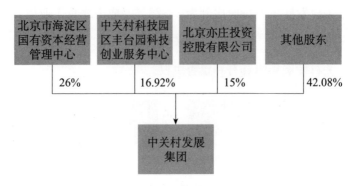

图 5-7　中关村发展集团股权结构图

　　北京工业设计研究院与中关村发展集团的强强联合，具有较强的产业链互补效应。前者在设计领域具有较强的专业能力，但是在产业链的其他环节较为薄弱，而后者在产业链的投资、建设等环节具有较强的实力。所以，二者的结合能够实现产业链的优势互补，共同助力混改后的企业实现健康、可持续发展的目标。

　　结合案例，我们认为，作为依靠人力资源驱动的以设计为单一业务的国有企业，混改时更加需要侧重于产业链的延伸与完善，即通过引入产业链条的上下游企业，补足投资、制造、运营等环节。

　　从混改定价的角度来看，北京工业设计研究院此次成交价格的溢价率约为 58%，属于溢价转让股权，实现了国有资本的保值增值。

基金和金融资本引进

　　产业基金等金融资本在投资领域越发重要，这些金融资本利用资本的力量投资参与产业的发展和运作，通过并购整合等方式实现资本配置，在本轮国企改革中也显现出很大的参与兴趣，产生了若干典型项目。

◎ 案例54 中信戴卡混改引入金融投资者

中信戴卡股份有限公司（以下简称"中信戴卡"）是中国中信集团有限公司于1988年投资组建的铝车轮制造企业，前身是戴卡轮毂制造有限公司。2007年10月，戴卡轮毂制造有限公司进行股份制改造；2012年8月，正式更名为中信戴卡股份有限公司。目前，中信戴卡是全球的铝车轮及轻量化零部件企业，铝车轮产销量连续10年全球第一。

截至2018年底，中信戴卡营业收入为2 852 205.88万元，净利润为120 486.53万元，净资产为690 739.9万元。截至2019年6月30日，中信戴卡营业收入为1 279 172.38万元，净利润为50 382.76万元，净资产为741 846.04万元，资产负债率为70.18％。

中信戴卡的混改改制项目于2019年9月启动。2019年9月20日，中信戴卡57.89％股权转让项目在北京产权交易所预披露。

2019年11月12日，中信戴卡57.89％股权转让项目在北京产权交易所正式挂牌，转让底价550 000万元。

2019年12月23日，中信戴卡混改改制项目成功落地，引入中国国有企业结构调整基金股份有限公司（以下简称"国调基金"）、亚投资本、沄柏资本、南方德茂、中金资本、伊藤忠（中国）、金石投资等7家中外投资机构及员工持股平台（非公开协议）（见图5-8）。

我们将中信戴卡引入的投资人分为国调基金、财务投资者、战略投资者三类，此外还引入了员工持股平台。

首先，混改引入国调基金。国调基金的作用主要是推动国有企业结构调整，帮助企业转型升级和实现可持续发展。因此，国调基金的加入，不但能够给中信戴卡提供资本助力，而且能够帮助中信戴卡打造具有持续创

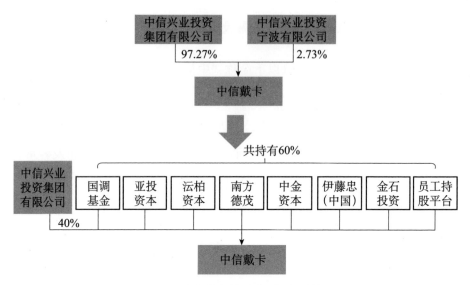

图 5-8　中信戴卡混改前后股权结构图

新能力的全球汽车轻量化零部件龙头企业。

　　其次，混改引入财务投资者。中信戴卡此次混改引入的亚投资本、沄柏资本、南方德茂、中金资本、金石投资都是财务投资者。财务投资者参与混改主要是为混改企业提供资金助力，希望获得资本收益，不甚在意对混改企业的经营管理权。因而，此次财务投资者的加入能够为中信戴卡未来发展提供丰富的资本支持，助力其打造具有国际竞争力的全球汽车轻量化零部件龙头企业。

　　再次，混改引入战略投资者，且是外资。伊藤忠（中国）作为外资，成为中信戴卡的战略投资者，能够使双方进一步优化产业链。伊藤忠（中国）业务形态集国际贸易、国内贸易、投资等于一身。背靠伊藤忠（中国），拥有全球市场网络布局，不仅能够为中信戴卡提供一定的资金支持，更能为其提供销售渠道，助力其走向国际市场。

　　最后，混改引入员工持股平台。中信戴卡此次混改，不仅实现了股权多元化，引入了市场化运作、职业经理人机制，也实现了公司与核心员工的长期利益绑定，进一步完善了公司治理结构和经营管理机制。

外国投资者引进

竞争性领域的国企混改，在满足外资引进政策的条件下，也欢迎外国资本的参与。我们发现，一些国外产业和投资机构对混改股权投资也表现出积极尝试的态度。在中信戴卡的案例中，就出现了日本投资者伊藤忠（中国）。我们再举两个例子。

◎ 案例 55　中国高铁系统引入外资混改——济青高铁

济青高速铁路有限公司（以下简称"济青高铁"）成立于 2015 年，由山东省国资委负责对公司国有资产进行监督管理，山东省发改委负责对公司业务进行指导管理。济青高铁是我国首条以地方为主投资建设的高速铁路，是我国"四纵四横"快速铁路网的重要组成部分。

济青高铁此次混改的主要目的是探索我国高速铁路项目投融资新模式，同时推动山东"双招双引"实现新突破。

此次，济青高铁混改采取的是市场化债转股和股权转让相结合的方式，其中通过市场化债转股方式引入农银投资 10 亿元，通过股权转让方式引入中金资本代理的科威特投资局 13.86 亿元（见图 5-9）。

首先，济青高铁混改是中国高铁混改史上第一次引入外资的典型代表，而且对于提升我国高铁在国际市场的影响力，展示我国高铁质量和效率，推动我国高铁"走出去"，具有重要意义。

第一，从国企混改行动来看，我国新一轮国企混改启动以来，央企及

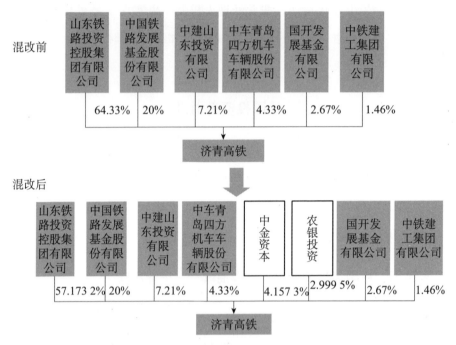

图 5-9 济青高铁混改前后股权结构图

地方国企在混改过程中引入外资的现象早已存在。2014 年以来,中石化销售公司、中储股份、中信集团、东航物流等企业在混改过程中,均不同程度地引入了外资。

第二,从国企混改政策来看,国家推出了相关政策鼓励外资参与国企优化重组。2017 年 1 月,国务院印发《关于扩大对外开放积极利用外资若干措施的通知》,对进一步做好利用外资工作进行部署;2017 年 8 月,国务院印发《关于促进外资增长若干措施的通知》,进一步减少外资准入的限制,鼓励外资参与国企优化重组,鼓励外资参与国企混改;2017 年 9 月,上海市出台《关于进一步推进上海国资国企改革发展的若干意见》,大力推动上海国有企业"跨地区、跨所有制重组",吸引中央企业、地方企业及外资企业、民营企业参与上海市国资调整和国企重组。

第三，混改引入外资，有利于创建世界一流企业。国企混改引入投资者，主要是为了获取资本和资源。外资参与国企混改，不但能够实现国际资本的流入，而且有机会实现国际先进技术和世界一流管理经验的输入。因此，混改引入外资，有助于我国企业快速提升国际竞争力，快速实现全球化战略，缩短与世界一流企业之间的距离。

其次，济青高铁混改引入外资模式有新突破，不仅实现了"内资＋外资"的有效结合，更是实现了"市场化债转股＋混改"的有机结合。

第一，科威特投资局通过代理投资机构中金资本来参与济青高铁混改项目，这种方式在国企混改引入外资的案例中实属少见。外资以我国投资机构为中介参与我国国企混改的方式，能够减少及降低其在投资流程、投资条件等方面的限制。

鉴于在法律、营商环境等方面存在诸多差异，外资直接参与我国国企混改仍存在一些障碍，如存在如何确保外资直接参与的安全性、如何确保不会对产业安全产生重大不利影响、如何确定股权比例等问题。因此，当前我国国企混改引入外资的数量和金额较少。在股权结构设计方面，给予外资的持股比例也较低。然而，从国企混改政策导向及行动趋势来看，混改引入外资有望成为新的亮点。

第二，"市场化债转股＋混改"是济青高铁混改的特色之一。农银投资此次通过市场化债转股的方式，出资 10 亿元入股济青高铁，获得其 2.999 5％的股权，不仅是农银集团通过投贷联动对铁路投融资体制改革的一次有益尝试，也是济青高铁"市场化债转股＋混改"有机结合的一次尝试。

◎ 案例 56   招商资本引入外资混改

招商局资本投资有限责任公司（以下简称"招商资本"）成立于 2012 年 1 月，国内运营总部设在深圳，国际运营总部设在香港。招商资本是驻港央企招商局集团的一级子公司，专门从事另类投资与资产管理，是招商局集团投资业务的管理与发展平台。

招商资本的发展方向是不断探索与培育新的产业，增强资本活力，同时，整合招商局集团内部资源，推动金融与事业的相互结合。

2019 年，招商资本入选国家发改委第四批混合所有制改革试点企业名单。此次增资扩股是招商局集团为落实中央国有企业混合所有制改革政策而做出的重要战略布局。

2019 年 10 月，招商资本以增资扩股方式引入普洛斯。增资完成后，招商局集团持股比例由 100％降为 50％，新进投资者普洛斯持有股权 50％（见图 5 - 10）。

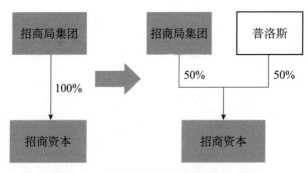

图 5 - 10   招商资本混改前后股权结构图

招商资本混改是招商集团近年来一直探索推动下属子公司的混合所有制改革的结果。招商资本的混改，符合招商局集团长远的战略目标，能够进一步优化企业的法人治理和经营机制。

招商资本属于金融行业，市场竞争较为激烈。对于这类国有企业而言，非国有资本具有明显的机制灵活优势；国有资本则需要通过降低持股比例，遵循"宜控则控、宜参则参"的原则，为引入市场化的机制奠定基础。所以，招商资本为适应市场竞争，选择引入外资，通过股权比例的降低促进市场化经营机制的导入，进而实现与非国有企业对等的机制优势。

从股权结构设计来看，招商局集团和普洛斯各持股50%，也就意味着没有任何一个股东能够实现对招商资本的实际控制。这样一种对等的双元股权结构，是一种股权结构设计陷阱，导致企业无实际控制人，存在一定的公司治理风险。

招商资本此次混改引入普洛斯，为招商资本进入国际市场打下坚实的基础。普洛斯是全球最大的物流基础设施、不动产、科技私募基金管理者之一，拥有全球最大的不动产基金管理平台之一，截至2019年6月30日，资产管理规模达到660亿美元。此外，普洛斯与首农股份、东航物流、中铁特货等国家央企、地方国企建立了良好的合作关系。招商资本联手普洛斯，能够实现资源共享、优势互补，助力企业提升投资和运营能力。

联手普洛斯，能够进一步助力招商资本业务协同创新发展。双方将共同管理招商资本现有的2 700亿元的资产，同时，利用各自的国内外投资者网络合作开发新基金，不断优化现有的业务模式和探索新的业务模式，提升主营业务的核心竞争力，走高质量发展道路，做实基金、提高回报、管控风险、创造品牌，助力招商资本提升在国内外的地位。

第 6 章 >>

国企混改评估定价型案例

国企混改涉及国有资产交易，混改企业价值评估属于法定评估范畴，是构建混改企业资本结构的重要环节。而国有资产价值能够客观公允地体现是混改顺利推进的重要内容之一。因而，国企混改评估定价是积极推进混改和防范国有资产流失的重要环节，也是国企混合所有制改革过程中必不可少的环节。

混改企业价值评估的目的，主要是为涉及的国有资本的交易价格确定提供科学、合理、合规的参考依据，防止国有资产流失。

在国企混改过程中，会涉及国有资本出资人、投资人、资产占有方等，各方的利益诉求点不同。正确理解和把握国有资产定价机制，合理评估定价，有助于混改过程中国有资产的交易流程更为合规。

总体来说，由于混改的模式不同，对应的定价基准和方法也不一样。我们基本上从以下几个方面举例进行分析。

- 产权交易所挂牌交易定价
- 新设公司注册资本定价
- 上市公司股价定价
- 协议转让定价

产权交易所挂牌交易定价

根据《企业国有资产交易监督管理办法》，存量非上市国有股权的变动，需要通过国有产权交易机构进行公开挂牌和竞价，最终确定投资者和交易价格。这种方法构成了目前国企混改定价的主流形式。

◎ 案例 57　宁夏国际招标咨询集团混改

对于绝大多数未上市的国有上市公司的下属企业而言，混改中涉及的股权没有股票市场交易价格可以参照。那么，根据目前的国有资产交易规定，需要进行"进场交易"，通过公开信息、竞争性交易等方式寻找最优的国有股权价格，如宁夏国际招标咨询集团有限公司（以下简称"宁夏国际招标咨询集团"）混改的案例。

宁夏国际招标咨询集团是宁夏成立时间早、规模大、综合实力强的集招标、采购、造价、咨询、监理于一体的综合服务性企业。目前，宁夏国际招标咨询集团拥有中央投资项目招标代理甲级、工程建设项目招标代理甲级、政府采购项目招标代理甲级和国际招标代理甲级四项代理资质，造价咨询乙级、监理乙级，以及专业从事工程咨询、PPP 咨询的专业资质和专家团队。

2017 年，公司营业收入 1 801 万元，净利润 197 万元，总资产 4 146 万元，净资产 3 548 万元。截至 2018 年 10 月 30 日，公司营业收入 1 381 万元，净利润 123 万元，总资产 4 341 万元，净资产 3 678 万元。

2018 年 11 月，宁夏国际招标咨询集团 66％的股权转让项目在宁夏科技资源与产权交易所挂牌，公开征集战略投资者。

2019 年 1 月，宁夏国际招标咨询集团混合所有制改革试点项目在宁夏科技资源与产权交易所成功签约，引入国信招标集团股份有限公司（以下简称"国信招标集团"）。宁夏国有资本运营集团以 1 963 万元的价格将持有的宁夏国际招标咨询集团 66％的股权转让给国信招标集团。

混改完成后，国信招标集团持有宁夏国际招标咨询集团 66％的股权，宁夏国有资本运营集团持有宁夏国际招标咨询集团 34％的股权（见图 6-1）。

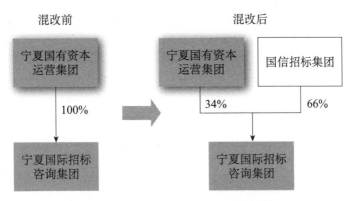

图 6-1　宁夏国际招标咨询集团混改前后股权结构图

宁夏国际招标咨询集团所处行业属于充分竞争领域，因而在制定混改战略时，宁夏国有资本运营集团便决定遵循"宜参则参"的原则，最大程度引入市场化机制，助力宁夏国际招标咨询集团快速发展。

宁夏国际招标咨询集团混改定价的基础是资产评估，评估日账面净资产总额为 2 936.47 万元，成交价格为 1 963 万元。经过测算，宁夏国际招标咨询集团混改成交价格的溢价率为 1.29％，实现了国有资本的保值增值。

宁夏国际招标咨询集团此次引入的是国内规模和综合竞争力行业领先的招标采购代理企业国信招标集团。近年来，国信招标集团业务规模和盈利能力进一步提高，整体实力和影响力不断增强。未来，国信招标集团将继续坚持"多元化、集约化、国际化"的发展道路，继续贯彻实施"一体多元"的业务发展战略，全力推进全过程工程咨询服务新模式。

宁夏国际招标咨询集团与国信招标集团的联合，可谓强强联手，不仅能够实现资源的优势互补，也能够提升产业链相应环节的关键能力，实现

"1＋1＞2"的产业发展效应。

　　宁夏国际招标咨询集团是宁夏首例通过转让存量资本吸收非公资本入股发展混合所有制经济的国有企业，为企业完善现代企业制度、健全法人治理结构注入了活力，也为今后宁夏国有企业探索以不同方式实施混合所有制改革提供了借鉴。

◎ 案例 58　天津城投置地混改

　　没有股票价格的国有股权，通过进场交易形式开展增资或者转让，这种交易定价模式可以更好地保证国有资本的保值增值，也有利于国有资产交易秩序规则的统一和透明。在近几年的混改案例中，大部分的交易定价是通过国有股权进场交易的方式完成的。其中也有不少项目的成交价格，与挂牌底价项目相比，产生了较高的溢价率，如房地产领域的天津城投置地投资发展有限公司（以下简称"天津城投置地"）。

　　天津城投置地是天津城投集团的全资子公司，主要从事房地产、城市基础设施建设投资、房地产开发与经营、自有房屋租赁、建筑工程设计及施工等业务。公司拥有大量的土地储备及优质资产，先后开发运营天津银河国际购物中心、新梅江锦秀里以及海南万宁石梅半岛等项目。

　　2018 年 10 月，天津城投置地增资项目在天津产权交易所挂牌，公开征集一名战略投资者进行增资扩股，拟募集资金总额不低于 79.34 亿元。增资扩股完成后，战略投资者持股比例为 49％，天津城投置地原有 3 家股东所持股份比例合计 51％。

　　天津城投置地明确了其意向投资者为同行业实力较强的企业，即通过混改与同业者实现竞合双赢。主要投资条件是：意向投资者自身或其控股股东、实际控制人为"2018 中国房地产百强企业"前 50 名；意向投资者或者其关联方具有一级房地产开发资质；意向投资者自身或其控股股东、实际控制人为世界 500 强企业；意向投资者或其关联方具有丰富的高端商业运营经验，持有运营单体建筑面积在 15 万平方米以上的综合性商业购物中心数量不少于 3 个。

2018 年 12 月，天津城投置地混改成功，引入战略投资者华润置地，增资 79.34 亿元。混改后，华润置地持股 49%，天津海河建设持股 40.65%，天津市政投资持股 5.85%，天津城投集团持股 4.50%，天津海河建设、天津市政投资和天津城投集团为一致行动人（见图 6 - 2）。

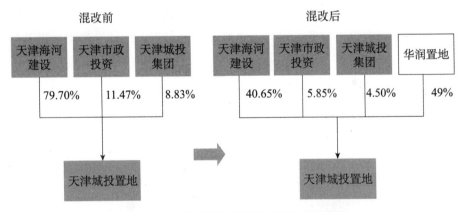

图 6 - 2　天津城投置地混改前后股权结构图

天津城投置地混改定价的基础也是资产评估，净资产总额为 48.70 亿元，评估值约为 161.92 亿元，溢价率达到 232.48%，故此次成交价格为 79.34 亿元。从天津城投置地本身的资源优势来看，这个溢价率是得到战略投资者认可的，挂牌不到 2 个月的时间便引入华润置地。

天津城投置地是天津市管企业，拥有大量的土地储备及优质资产，尤其是天津银河国际购物中心，硬件条件基础好，附近高收入人口基数大。但天津城投置地缺乏资金，难以加大项目投资力度，资产负债率高，需要优化资产结构。而华润置地在住宅开发、商业运营等领域拥有丰富经验，但其缺乏优质土地资源，且在天津仅开发过住宅项目，缺少商业项目，影响力不足。

由此，天津城投置地和华润置地强强联合，能够充分发挥天津城投置地的地缘优势，并结合华润置地在住宅开发、商业运营等领域的丰富经验，双方深耕天津，预期开拓全新的业务局面。

混改后，虽然华润置地成为第一大股东，但天津海河建设、天津市政投资和天津城投集团为一致行动人，依然是天津城投置地的实际控制人，保持了绝对控股地位。天津城投置地的混改虽然是在子公司层面开展的，但集团仍然保持绝对控股，因为天津城投置地对于天津城投集团来说具有战略意义和发展前景。此次混改是为了扭转颓势，而不是处置非核心资产，这样既保留控股权，又可以将混改效应放大。

◎ 案例 59　北方信托混改

金融领域，地处混改突出地区的北方国际信托股份有限公司（以下简称"北方信托"）在混改过程中同样产生了较高的溢价率。

北方信托是天津市首批混改试点的市管企业之一，成立于 1987 年 10 月，是我国最早组建的信托公司之一，注册资本 10.01 亿元，是一家由大型国企、上市公司及民营企业投资构成的国有控股股份制非银行金融机构。公司主要经营各类信托、自有资金投资和贷款、企业资产重组、并购及项目融资、公司理财、财务顾问等业务。

混改前，北方信托共有 27 名股东，大部分为国有股东，其中第一大股东泰达控股持股 32.33%。

2018 年 7 月，北方信托增资项目在天津产权交易所挂牌，公开征集战

略投资者。2018 年 11 月，北方信托混改项目成功落地，三家民营企业合计
受让 50.07％的股权，引入资金约 62 亿元。其中，日照钢铁持股 18.30％，
成为第一大股东；上海中通持股 17.65％；益科正润持股 14.12％。泰达控
股持股稀释至 17.94％，降为第二大股东（见图 6-3）。

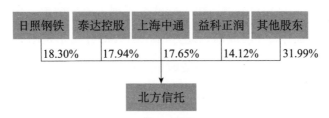

图 6-3　北方信托混改后股权结构图

北方信托混改定价的基础是资产评估，披露的净资产总额为 43.06 亿
元，成交价格为 62 亿元，成交价格溢价率为 187.58％。从北方信托混改成
交的进程来看，这个混改定价是在合理范围内的，在一定程度上加速了混
改落地。

北方信托混改引入了优势互补的股东，实现了国民共进。国有企业对
资源获取、风险把控、持续稳定经营以及社会责任方面有着清晰的认识，
而民营企业对决策效率、体制机制和激励机制搭建有着更深的理解。在北
方信托进行体制机制改革、产融结合发展的历史阶段，从股东层面做出调
整和变化是非常有意义的。

北方信托此次混改的关注点并非财务投资，而是与新进股东真正实现
战略协同，在实业、资本、金融三大领域形成合力。

战略投资者的引入一方面帮助北方信托扩大实业投资领域、优化战略
布局，另一方面能够帮助北方信托获取境外金融服务渠道、经验和资源，
助力公司探索国际化发展战略。此外，新的战略投资者还为企业发展提供

必要的资金支持,有利于加快公司经营规模的扩大。

北方信托混改后成为国有参股企业,最大化激发企业发展动能。首先,股权制衡度有所提升。北方信托原第一大股东持股 32.33%,其他股东持股比例远低于第一大股东;混改后,前五大股东持股比例从 14.12% 到 18.30% 不等,股权相对分散,很大程度上实现了股权制衡。其次,国有资本持股比例大幅下降。混改前,北方信托的大部分股东是国有企业;混改后,3 家民营企业共受让 50.07% 的股份,形成了国有资本、民营资本持股比例基本对等的局面。混改有利于北方信托摆脱国有企业的机制僵化问题,有利于引入更灵活的市场化经营机制,激发企业活力。最后,民营企业成为第一大股东。混改后民营企业成为第一大股东是北方信托的一大突破,民营企业通过较高的持股比例获得了企业较多的话语权,有利于其将优秀的管理机制引入国有企业中。

北方信托混改后的国有股权进一步集中。引入 3 家民营企业后,国有股东不是第一大股东,而且股权较为分散,难以形成对北方信托的控制力。于是,津联集团等 5 家国有企业将 2.55 亿股北方信托的股份转让给渤海文化,渤海文化持股比例达到 14.12%,成为北方信托的第五大股东。这样一来,前五大股东中就有两家国有企业,保证了国有资本的控制力。同时,北方信托原国有股东多达 20 余家,且所持股权较为分散,这对北方信托混改后的未来发展将造成一定影响。国有股权集中后,北方信托股东数量减少,股权结构得以进一步优化。

◎ 案例 60　中铁特货混改

混改资产评估的重点与难点包括评估基准日选择、评估范围、资产权属、评估方法、结果公示等。中铁特货运输有限责任公司(以下简称"中铁特货")在评估基准日选择、评估方法等方面的做法具有借鉴意义。

中铁特货是中国铁路总公司直属专业运输企业,主要从事商品汽车、大件货物、冷藏货物的铁路运输,注册资本 183 亿元人民币。公司总部在北京,下设哈尔滨、沈阳、北京等 16 个分公司,郑州、广州、柳州 3 个机械保温车辆段,中铁特货大件运输有限责任公司、中铁特货汽车物流有限责任公司 2 个全资子公司,形成覆盖全国的铁路特货运输网。

中铁特货 2018 年 9 月 30 日报表显示,其营业收入为 56.57 亿元,净利润为 4.38 亿元,总资产为 160.6 亿元,净资产为 148.1 亿元。

混改前,中铁特货的股东由中国铁路投资有限公司及广州局、北京局等 18 家地方铁路局组成。其中,中国铁路投资有限公司持有中铁特货 91.79% 的股权,18 家地方铁路局则持有中铁特货从 0.03% 到 1.01% 不等的股权。

2018 年 12 月 17 日,中铁特货总共 20% 的股权在上海联合产权交易所挂牌转让。挂牌期满后,意向投资人通过网络竞价的方式竞买公司股权,东风汽车、北京汽车、中车资本、京东物流、普洛斯、中集投资 6 家企业取得中铁特货 15% 的股权,成交金额为 23.65 亿元。混改后,中铁特货原有股东中的 13 家地方铁路局退出,还剩 5 家地方铁路局共持股 1.01%,中国铁路投资有限公司持股 83.99%,新进入的 6 个股东共持股 15%(见图 6 - 4)。

中铁特货此次公开挂牌共转让 20% 的股权,20% 的股权被分成了 20 个项目,每 1% 的股权为 1 个项目。这 20 个股权转让项目合称"组合项目",意向受让方在信息披露期满之前提交组合项目中任意项目的意向受让申请,即可申请受让 1~20 个项目(包含 1 和 20)。中铁特货之所以采取组合项目的方式进行股权转让,主要有两个原因。首先,此次转让涉及多个转让方,每个转让方持有的股权不尽相同,包括中国铁路投资有限公司和青藏、太

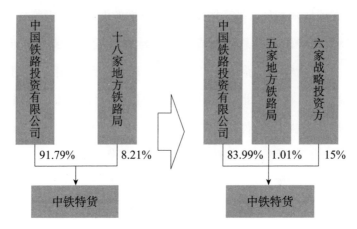

图 6-4   中铁特货混改前后股权结构图

原、广州、济南、昆明、北京、郑州、南宁、沈阳、呼和浩特、上海、西安、南昌、兰州、成都、哈尔滨、武汉、乌鲁木齐地方铁路局，设置多个项目便于后续操作。其次，组合项目的方式可以让战略投资者根据自己的战略目的和财务状况选择受让合适的标的数量，使双方都能达成各自的战略意图。

从资产定价的角度来看，中铁特货此次混改定价也采用净资产评估法，评估基准日为 2018 年 6 月 30 日，净资产账面价值为 1 470 633.02 万元，净资产评估值为 1 576 974.21 万元，本次混改资金溢价率为 7.23％。从实际成交价格来看，中铁特货 15％的股权成交价格为 23.65 亿元，实际成交价格的溢价率为 7.21％。可以看出，中铁特货此次混改定价相对科学、合理，能够得到投资者的认同。

从 IPO 角度来看，中铁特货此次混改是为上市做准备，以推动铁路资产资本化、股权化、证券化，提高铁路特种货物物流服务水平。中铁特货按股份制改革和上市要求，已于 2018 年底开始履行减资程序，原本计划于 2019 年启动股份制改革、申报首次公开发行股票。未来 IPO 募集资金将规划用于收购 30 多个物流场站等，以扩大公司经营规模。

中铁特货混改后的股权集中度较之前有所下降，股权制衡度较之前有所提升，但依然保持国有资本绝对控股。中铁特货此次国资比例较高的股权结构设计是出于两个原因。首先，中铁特货未来将要上市，经过多次公开发行后，国有资本所持股权比例将不断被稀释，因此在 IPO 之前保持较高的国资比例是出于保持国有资本控制力的考虑。其次，中铁特货主要从事商品汽车、大件货物、冷藏货物的铁路运输业务，其主业属于重要行业和关键领域，需要保持国有资本的较高比例。中铁特货的股权结构设计对有上市计划且处于重要行业和关键领域的国有企业有一定的参考意义，需要考虑在多次公开发行股票后依然让国有资本保持对企业的控制力并防止恶意收购。

◎ 案例 61　西南知名服饰国企折价混改——老鸭服饰

资产评估是混改定价基础，已经成为国有企业的共识。在混改当中，国有资产的评估价格将会直接影响最终交易的价值和金额，起着至关重要的作用。如重庆老鸭服饰有限公司（以下简称"老鸭服饰"）净资产评估值的溢价率为负，直接影响实际成交价格溢价率为负。

老鸭服饰前身为创建于 1952 年的重庆市外贸畜产羽毛厂。2009 年 12 月，老鸭服饰从重庆市外贸畜产羽毛厂剥离，并变更为现名。公司主要经营生产、销售羽绒制品（羽绒衣、羽绒裤、羽绒被等）等相关业务；2017 年为了扩大经营范围，尝试拓展进出口货物贸易。

2018 年底，公司营业收入为 898.84 万元，净利润为 34.82 万元，净资产为 696.06 万元。截至 2019 年 7 月 31 日，公司营业收入为 838.97 万元，净利润为 23.08 万元，净资产为 719.13 万元，资产负债率为 63.11%。

老鸭服饰此次混改，拟通过引入业内优秀战略投资者，导入全新思维与管理理念，建立与营销规模相匹配的生产、技术、市场、管理全方位人才团队，积极引入其他非国有资本实现股权多元化，以增强市场活力和竞争力。

2018 年 6 月 4 日，老鸭服饰在重庆联合产权交易所披露公司拟开展混改工作；2019 年 8 月 29 日，重庆繁盛机电技术进出口有限公司转让其持有的老鸭服饰 70％股权的转让项目在重庆联合产权交易所公开挂牌，转让底价为 60.54 万元；2019 年 10 月 15 日，重庆联合产权交易所发布项目成交公告，受让方为柯权和胡永明两名自然人，他们分别持有 40％和 30％的股权；2019 年 11 月 6 日，老鸭服饰完成工商变更。

混改完成后，原控股股东重庆繁盛机电技术进出口有限公司持股比例由 100％降至 30％，新引入的自然人投资者柯权和胡永明分别持有 40％和 30％的股权（见图 6-5）。

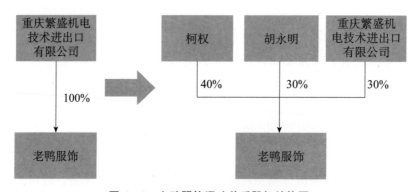

图 6-5　老鸭服饰混改前后股权结构图

柯权成为老鸭服饰第一大股东兼实际控制人。老鸭服饰由国有独资企业变更为自然人控股的有限责任公司。

老鸭服饰此次混改定价的基础是资产评估，评估基准日是 2019 年 4 月 30 日，净资产账面价值为 768.63 万元，净资产评估值为 86.49 万元，70％的股权对应的成交价格为 60.54 万元。无论是净资产评估值的溢价率还是实际成交价格的溢价率，均为－88.75％。可见，老鸭服饰此次混改是折价混改。

为什么会折价混改？首先，从财务角度进行分析，我们从公开披露的信息中发现，老鸭服饰混改时存货评估减值 786.07 万元，减值率为 50.59％，减值原因为部分原材料已无使用价值、产成品销售状况不佳，形成大量存货积压，故形成存货评估减值。

其次，从老鸭服饰的经营情况来看，虽有盈利，但盈利水平较低，根据企业现有资源以及对投资者的诉求，折价卖出可以更大程度吸引投资者。

最后，从国有资本保值增值的角度来看，折价卖出国有股权，有可能是对国有不良资产的处置方式。

老鸭服饰此次混改，希望通过激活体制机制、引入战略资源，实现新一轮的增长，对重庆服饰市场具有启示作用，为服饰类国企提供混合发展经验。老鸭服饰的混改相对来说较为彻底，不但解决了国有资本"一股独大"的问题，而且提升了股权制衡度，优化了股权结构。从股权比例设计来看，老鸭服饰的国有资本股权由 100％降为 30％，也彰显出其引入市场化经营机制、促使企业突破式发展的决心。

新设公司注册资本定价

通过新设公司的方式进行混改，定价的原则就是注册资本，简单直接，投资成本较低，这种方式获得了不少国企和市场投资者的共同认可。

◎ 案例62　华恒药业公司建设期增资混改

河北华北制药华恒药业有限公司（以下简称"华恒公司"）成立于 2015

年 12 月 18 日，由华北制药股份有限公司（以下简称"华药股份"）出资
300 万元与河北沿海产业投资基金合伙企业（有限合伙）（以下简称"河北
沿海基金"）出资 200 万元共同设立。华恒公司致力于打造以抗生素和维生
素等高端特色原料药为主的具有国内外竞争力、影响力的高端研发和生产
基地，目前主要从事维生素 B12、青霉素 V 钾等原料药品的生产与销售。
作为华药转型升级的重要项目，华恒公司混改项目被河北省和石家庄市两
级政府同时列为重点建设项目。

实施员工持股前，华药股份持股 60%，河北沿海基金持股 40%。2018
年，华恒公司实施"老股东增资扩股＋员工持股"，注册资本由 500 万元增
至 2.1 亿元。最终，华药股份持股 58.057%，河北沿海基金持股 38.705%，
员工持股平台持股 3.238%（见图 6 - 6）。

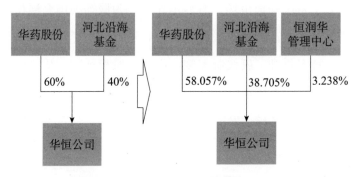

图 6 - 6　华恒公司混改前后股权结构图

华恒公司员工持股的激励对象是华恒公司在职在岗的管理人员及核心
骨干人员共计 50 人，占华恒公司员工总数的 35%。

华恒公司规定，单一员工出资比例不超过华恒公司总股本的 1%。根据
员工岗位不同，员工持股额度分为 5 档，分别为 35 万元、30 万元、25 万
元、15 万元、10 万元。最终，50 名员工通过员工持股平台出资 710 万元实

现持股，持股锁定期为 36 个月。

华恒公司以有限合伙企业作为员工持股平台，恒润华管理中心的合伙人包括华恒公司董事长等 50 人，持股平台的执行事务合伙人由华恒公司董事长兼总经理李晓宇担任。

我们可以看出，华恒公司实施员工持股计划时正处于项目建设期。审计报告显示，2018 年 1—7 月华恒公司营业收入和净利润均为 0 万元，可以看出华恒公司正处于项目建设期。此时，企业建设能否达到预期效果与企业核心员工的积极性密切相关。在此阶段实施员工持股能够实现利益捆绑、风险共担，有利于发挥员工的积极性，建立长效激励机制，促进华恒公司的长远发展。

实施员工持股后，华药股份持股 58.057%，河北沿海基金持股 38.705%，员工持股平台持股 3.238%。从股权结构上来看，第一大股东华药股份为国有企业；第二大股东河北沿海基金为合伙企业，由众多具有国资背景的投资公司组成。因此，华恒公司依旧是国有控股企业，且国资持股比例较大。

员工持股比例仅为 3.238%，主要有两个原因：首先，华恒公司是河北省第一批国有控股混合所有制企业开展员工持股试点单位，也是河北省首家完成员工持股的国有控股混合所有制企业，改革比较谨慎，员工持股比例设计讲求稳妥；其次，华恒公司还处于项目建设期，企业人员数量不多，企业发展存在许多不确定性，设计较高的员工持股比例并不符合企业现状。

华恒公司在实施员工持股计划时，也在同步完善配套机制。混改后，公司董事会由 7 名董事组成，其中华药股份推荐 3 名（含董事长），河北沿海基金推荐 2 名，恒润华管理中心推荐 1 名，职工董事 1 名。监事会由 3 名成员组成，华药股份、河北沿海基金各推荐 1 人，职工监事 1 人。

上市公司股价定价

涉及上市公司股权的混合所有制改革，需要根据证监会的相关规定，按照上市公司股票价格进行股权转让。

◎ 案例 63 上市公司杭齿前进国有股权转让深化混改

国有上市公司虽然取得了股权多元化的阶段性成果，但是距离本轮改革的终极目标还有不小的差距。国有上市公司需要根据自身情况继续推动改革，深化股权多元化。本案例我们选择杭州前进齿轮箱集团股份有限公司（以下简称"杭齿前进"）来进行研究与分析。

杭齿前进前身为杭州前进齿轮箱集团有限公司，成立于 1997 年 3 月 14 日。2008 年，由杭州市萧山区国有资产经营总公司、中国华融资产管理股份有限公司和中国东方资产管理股份有限公司三家公司作为发起人，由杭州前进齿轮箱集团有限公司整体变更设立为股份制企业，于 9 月 28 日在杭州市工商行政管理局变更注册登记。公司股票于 2010 年 10 月 11 日在上海证券交易所挂牌交易。杭齿前进目前生产和销售的主要产品包括船用齿轮箱及可调螺旋桨、工程机械变速箱及驱动轿、汽车变速器及特种车辆变速器等十大类千余种。

混改前，杭齿前进已在 A 股上市，其第一大股东萧山国资持股 45.01%，第二大股东东方资产持股 6.21%，第三大股东华融资产持股 2.45%。

2018 年 11 月，杭齿前进发布公告称公司控股股东萧山国资拟转让其持有的公司部分股份，本次拟转让股份的比例不超过公司总股本的 19.99%。

2019 年 2 月，股权转让事项得到浙江省国资委的批复同意，萧山国资正式公布拟受让条件。萧山国资拟以公开征集受让方的方式，转让所持的公司无限售条件流通股 7 997.19 万股，占公司总股本的 19.99%。混改后，萧山国资仍为第一大股东，持股 25.02%；新进入的战略投资者为第二大股东，持股 19.99%；第三、第四大股东分别为东方资产和华融资产，持股比例保持不变（见图 6-7）。杭齿前进作为上市公司，其股权结构设计思路能够兼顾活力与制衡，值得其他混改企业学习。

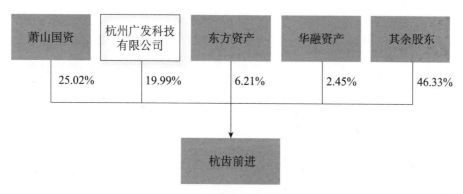

图 6-7　杭齿前进混改后股权结构图

杭齿前进发布公告，明确提出了公开征集的拟受让方条件，对受让企业的规模和行业进行了限定。杭齿前进要求拟受让方设立 10 年以上，且最近 3 年实际控制人未发生变更，注册资本不低于 10 亿元且实到资本不低于 5 亿元；拟受让方或其实际控制人所控制的企业集团应属于人工智能、互联网＋、高端装备制造等国家战略性新兴产业领域，且整体市值或估值超过 300 亿元。从这两个要求可以看出，杭齿前进此次引入战略投资者的目的不是"为混而混"，而是真的要有益于企业未来的发展，能够为企业带来互补资源和协同效应。同时，杭齿前进此次要求如此严苛，也是因为企业本身有足够的实力。杭齿前进立足传动装置主业，在国内市场占有率居第一位，是中国齿轮行业综合竞争力最强的大型骨干企业。

杭齿前进混改后的股权结构在股权制衡度上有所提升，在股权集中度上有所降低，股权结构优化的力度很大，但同时保持了国有资本的控制力，防止控制权转移风险。

首先，萧山国资持股 25.02%，战略投资者持股 19.99%，双方持股比例相近。一方面，民营资本的持股比例足够高，足以影响公司的运营与决策，能使国有企业的运营机制发生质变，提高国有企业运转的灵敏性和竞争力。这时，民营资本不仅仅是单纯的资本投资者，更是战略投资者，这样的混合所有制改革是真正有意义的。另一方面，民营资本的持股比例足够高，才能对国有资本产生足够的制衡作用，在防止"一股独大"的同时，将更多市场化的机制引入国有企业，以激发企业活力。

其次，萧山国资持股比例仅比战略投资者高 5.03%，看似存在控制权转移风险，但其实不然。萧山国资和战略投资者以外的第三、第四大股东分别为东方资产和华融资产，这两家企业都是财政部控股的国有企业，分别持股 6.21% 和 2.45%。于是，三家国有企业共持有杭齿前进 33.68% 的股份，超过了三分之一，意味着国有资本对企业有着相对控制权。

协议转让定价

《企业国有资产交易监督管理办法》说明，在国企产权转让和增资过程中，有几种特别的情况可以不进行产权交易所的挂牌交易，而采用双方协议转让的方式。就此，我们在《国企混改实战 100 问》里做了专门的梳理。这里举一个案例来作为参考。

◎ 案例 64　北京外企人力服务公司混改

北京外企人力资源服务有限公司（以下简称"北京外企人力"或"FESCO"）是北京外企服务集团有限责任公司的下属企业，在北京从事人力资源派遣服务和其他服务，具有较高的市场知名度。

经过近 40 年的发展，FESCO 成为一个知名品牌，但依然充满前行挑战。人力资源服务，是一个高度参与市场竞争、完全依靠智力创造的行业。全球人力资源服务企业，基本是股权、组织、人才、机制全部市场化、资本化的现代公司制模式，而 FESCO 虽然已经成为有一定规模的人力资源服务公司，但是在向全国发展的过程中，传统国有企业的机制仍在不同层面上制约企业的进一步成长。

所以，FESCO 需要改革，中国国有人力资源服务公司需要改革。

2019 年 6 月 6 日，FESCO 增资项目在北京产权交易所公开挂牌，拟征集投资方 2 家，2 家新进投资方持股比例合计不高于 13%（其中单个新进投资方持股比例不低于 4%）。以非公开协议方式引入特定投资方 1 家。3 家投资方合计持股比例不高于 14%。

2019 年 9 月 3 日，北京产权交易所发布 FESCO 增资项目成交公告。两家投资方一共增资投入 76 875 万元，募集资金对应股权比例为 12.812 5%。FESCO 混改落地了！引战成功了！这是 FESCO 的一大步，也是中国智力服务型国企改革的一大步，对未来具有长期的示范效应。

通过增资扩股的方式，FESCO 从一家北京市直属的全资企业，开始向一家股东多元的市场化公司迈出第一步。

原控股股东北京外企服务集团有限责任公司持股比例由 100% 降至 86%，新入投资者天津融衡股权投资合伙企业（有限合伙）（以下简称"天津融衡"）

持有股权 8.812 5%、北京创新产业投资有限公司（以下简称"创新产投"）持有股权 4%，非公开协议方式引入的特定投资方北京京国发股权投资基金（有限合伙）（以下简称"京国发股权投资"）持有股权 1.187 5%。北京外企服务集团有限责任公司为公司第一大股东兼实际控制人（见图 6-8）。

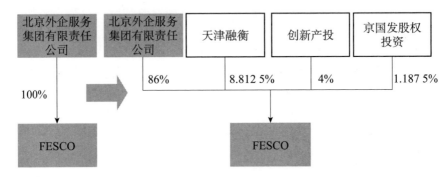

图 6-8　FESCO 混改前后股权结构图

这次北京外企人力引入三个投资者，它们的加入能够带来新的动力和新的激情。

第一个投资者——创新产投，成立于 2018 年 12 月，注册资本 200 000万元，是一家以股权投资为基本业务的产业基金型股权投资机构。虽然成立不久，但它不是一般的投资机构，这家企业是由诸多知名企业共同发起成立的（见图 6-9）。

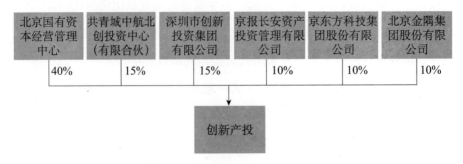

图 6-9　创新产投股权结构图

通过创新产投股权结构图，看得出创新产投是由北京市国资委直属的北京国有资本经营管理中心为主要发起人和投资人，吸引了包括深圳市创新投资集团（深圳市国资）以及京东方集团、金隅集团等多家北京市属国企集团作为联合投资人的投资公司。从名字上就能看出，这家企业成立，就是要帮助投资和发展战略性、创新性、先导性产业。我们可以大致认为，这是一家政府搭台、市场运作、面向未来的战略引导型财务投资者。

第二个投资者——天津融衡，背景为中央企业控制的信托资本。天津融衡成立于 2019 年 3 月，公司主要从事对未上市企业的投资、对已上市企业非公开发行股票的投资及相关咨询服务。这家投资型企业成立时间也不长，看似是专门为类似 FESCO 这样的项目成立的投资平台。

这家企业的投资方，一共有三个，如图 6-10 所示：

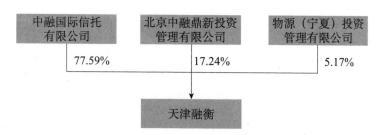

图 6-10　天津融衡股权结构图

天津融衡是一家新企业，但其主要投资人中融国际信托有限公司却是有着长期历史的信托企业，目前是中央企业国机集团下属恒天集团作为大股东的信托公司。总体来看，天津融衡也是一家具有国资背景的市场化资本出资方，是典型的财务投资者。

第三个投资者，即 FESCO 以非公开协议方式引入的特定投资方——京国发股权投资，从名字看也是一家投资基金型企业。京国发股权投资成立于 2011 年 12 月，是北京市国资系统的市场化基金机构（见图 6-11）。

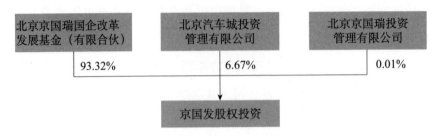

图 6 - 11 京国发股权投资股权结构图

FESCO 此次混改有两大特色：

首先，FESCO 通过寻找本地区能控制的其他具备国有市场化背景的投资企业作为投资者，通过自主可控的方式实现混改的整体设计和执行。

FESCO 是一家知名公司，混改释放大量股权，对于国有股东来说需要慎重权衡。吸引什么样的投资者对公司长期发展有价值，也是一个核心的不确定性问题。为了解决这个问题，北京选择了本地区直属的国有市场化资本和基金作为 FESCO 混改的主力部队，同时引入了具有央企背景的信托资本；虽然缺少了所谓的战略投资者，但是目前的三个财务投资者都不会对 FESCO 的控制权和治理模式产生重要影响，同时可以通过这样一种股权格局更好地推动公司市场化机制的建设。从这个角度来看，FESCO 的案例是北京市利用自身国资条件，帮助本地优秀国企推动混改成功落地的典型。

其次，从股权结构可以看出，FESCO 引入的第三个小投资者，是北京市属国有企业改革发展基金占股 90％以上的一家下属投资企业，这家企业的参与是北京市充分利用市场化金融工具为国企改革服务的直接体现。

第 7 章 >>

国企混改中长期激励型案例

激励机制是影响国企混改效果最重要的因素之一。激励股权的设计与实施不仅影响到混合所有制企业的治理结构，更影响到混合所有制预期效应。

《国企混改实战 100 问》中，我们结合对国企的理解，对多种激励方式进行了分析。在本章中，我们选取一些不同行业的混改长期激励案例，供各位朋友参考。

- 科技型公司员工持股
- 科研院所员工持股
- 交通运输行业员工持股
- 医药行业员工持股
- 互联网行业员工持股
- 商贸流通行业员工持股
- 节能环保行业员工持股
- 新能源行业员工持股
- 装备制造行业员工持股

科技型公司员工持股

科技型公司，人才密集、智力密集特点突出，进行核心员工持股将带来突出的效果。需要关注的是这类企业员工持股的时间选择、价格确认和持股比例等重点问题。目前，包括海康威视在内的科技型公司已经做出了典型的示范。

◎ 案例 65　海康威视中长期激励创新模式

杭州海康威视数字技术股份有限公司（以下简称"海康威视"）成立于 2001 年，注册资本 500 万元，是全球领先的以视频为核心的物联网解决方案提供商，致力于不断提升视频处理技术和视频分析技术，面向全球提供领先的监控产品和技术解决方案。

目前，海康威视全球员工超 34 000 人，其中研发人员和技术服务人员超 16 000 人，研发投入占企业销售额的 8.99%（2018 年）。2018 年，公司营业额 500 亿元，比上年同期增长 19%；净利润 113.5 亿元，比上年同期增长 20.6%。公司从一家小的技术孵化企业成长为全球领导型科技公司，长期激励计划的作用是显著的。

海康威视成立之初，中国电子科技集团第五十二研究所下属的浙江海康信息技术股份有限公司出资 255 万元，持有海康威视 51% 的股份。自然人龚虹嘉出资 245 万元，持有海康威视 49% 的股份（见图 7-1）。

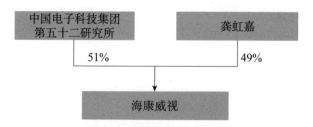

图 7-1　海康威视成立之初股权结构图

2007 年，海康威视实施员工持股计划，对象是核心管理层和技术团队。员工持股股份来自非国有资本，即龚虹嘉将其持有的 15% 股权以 75 万元的价格转让给杭州威讯投资管理有限公司（员工持股平台）。

2010 年上市之前，招股说明书中显示中国电子科技集团第五十二研究所持股 48.45%，仍为海康威视第一大股东兼实际控制人。第二大股东仍为自然人龚虹嘉，持股 27.55%。两个员工持股平台合计持股 19%（见图 7-2）。

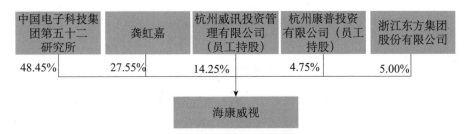

图 7-2　海康威视上市前股权结构图

2010 年上市后，公司每两年推出一期股权激励计划，采用限制性股票的形式，至今已推出共 4 期股权激励计划，激励员工人数超过 6 000 人，覆盖各层级管理人员及业务骨干的核心人才队伍。

2015 年，海康威视实施核心员工跟投计划，建立内部创业、创新的风险共担、利益共享的长效机制。在新业务领域，海康威视推出《核心员工跟投创新业务管理办法》，跟投对象是创新业务子公司的中高层管理人员、核心骨干员工，跟投方式是实体股的出资跟投和不用出资的股权增值权。跟投比例是定式，创新业务子公司持有 60% 的股权，员工跟投平台跟投 40% 的股权。

当前，中电海康集团有限公司是海康威视第一大股东兼实际控制人，持股比例为 39.09%。第二大股东为自然人龚虹嘉，持股比例为 13.43%。两个员工持股平台合计持股 6.77%（见图 7-3）。

从海康威视的中长期激励经验来看，成长期实施股权激励是其特色。海康威视以混合所有制企业的形式成立于 2001 年，股东仅有 2 名。2007

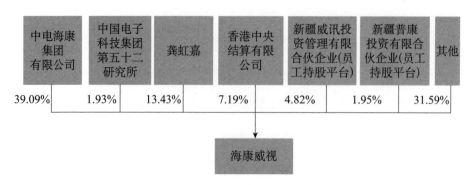

图 7-3   海康威视当前股权结构图

年，即在海康威视成长期的第 6 年，股东认识到核心管理层和技术团队对企业发展的重要性，便开始实施股权激励，以达到激励员工、留住人才、吸引人才的目的。显然，海康威视的激励已经达到目的，短短 9 年间企业已发展壮大到独立上市的阶段。

从股权结构设计来看，海康威视逐步向"一股领先＋高度分散＋股权激励"发展。成立之初，作为混合所有制企业，海康威视仅有两名股东，且国有股东与民营股东股权配置比是 51：49。作为高新技术企业，海康威视中的国有资本仍保持绝对控股权。为实现企业更好的发展以及混改的最终目标，海康威视逐步启动股权激励计划，引入外部投资者，进一步降低国有资本持股比例，逐步解决国有资本一股独大的问题，同时逐渐提升股权制衡度。

在 2010 年上市之初，海康威视的股权结构已经形成"一股领先＋一定程度分散＋股权激励"的模式，已经有"一股领先＋高度分散＋股权激励"的雏形。2010 年上市之后，海康威视更加注重股权集中度的降低、股权制衡度的提升以及员工激励。

◎ 案例 66　新设科技公司员工持股——构力科技

在符合政策规定的整体比例限制条件下，如何确定一家国有企业的具体员工持股比例呢？企业发展阶段、员工出资能力是重点考虑的两个因素。对于创业初期的新设企业来说，虽然目前底盘较小，但是未来发展的空间较大，资本扩张的需求很大，也不断需要新的核心人才队伍加盟到企业中来，所以企业设计的员工持股计划就要为发展预留充足的空间，初期设计一个相对高的总体持股比例，同时保持足够的预留股权。这样，在未来的持股融资和引进新股东的过程中，才能保持稳定的激励能力。首先来看一看北京构力科技有限公司（以下简称"构力科技"）。

构力科技成立于 2017 年 3 月，是国务院国资委批准的混合所有制企业开展员工持股首批十家试点单位之一。构力科技以自主知识产权的 PKPM-BIM 平台为依托，解决"BIM 报建、智慧城市、工业化、绿色化、信息化领域"的关键应用技术问题，主营产品为建筑行业专业软件及集成应用解决方案。

2017 年 3 月 6 日，中国建筑科学研究院下属的建研科技股份有限公司（以下简称"建研科技"）将其软件事业部以新设公司形式成立构力科技。

2017 年 6 月 2 日，构力科技引入战略投资人启迪设计集团股份有限公司（以下简称"启迪设计"），同步实施员工持股计划，增资金额 700 万元（见图 7-4）。

从战略投资人选择层面来看，启迪设计在建筑工程领域经验丰富，而且资金雄厚，能够为构力科技提供市场、资本助力。而构力科技混改后将开展人工智能、大数据等高新技术与已有 BIM 的融合，与启迪设计的联合，能够实现双方优势互补，可以使构力科技在技术领域实现突破式创新，获得较大发展空间。

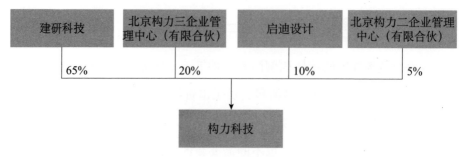

图 7-4 构力科技混改后股权结构图

从中长期激励来看，构力科技同步实施员工持股计划，也是为进一步激发员工积极性，助力企业快速发展。构力科技共有员工 400 人，持股者 73 人，持股员工占比为 18.25%，采用了两个员工持股平台，员工共持有构力科技股份 25%。另外，在员工持股价格方面同样采取的是同股同价，即持股员工按照引入的战略投资人购股价格认购股权，持股员工共计支付购股款 10 100 万元。

从员工持股额度分配来看，构力科技较欧冶云商相对科学。构力科技按不同岗位将员工持股额度仅分为 4 档，分别为 40.4 万元、60.6 万元、101 万元和 161.6 万元。可见，构力科技的员工持股分配原则是"以岗定股"，能够更好地激发员工活力。

从公司治理结构角度来看，构力科技进一步完善了公司法人治理结构。混改后，董事会成员共 5 名，包括建研科技推荐 3 名、启迪设计推荐 1 名、员工持股平台推荐 1 名。监事会成员共 3 名，包括建研科技推荐 2 名、职工监事 1 名。总经理 1 名，由建研科技推荐。

◎ **案例 67 煤化工科技公司员工持股——神耀科技**

宁夏神耀科技有限责任公司（以下简称"神耀科技"）成立于 2017 年 3

月，注册资本 5 000 万元，前身是神华宁夏煤业集团有限公司（以下简称"神华宁煤集团"）下属神华宁煤煤化工公司"神气创新工作室"。

目前，神耀科技主要从事煤气化技术许可销售和研发，开展煤化工关键技术研究，包括大型煤气化技术、热电联产气化技术的研发，专有技术、专利设备推广等。

2016 年 8 月，神耀科技入选首批国务院国资委确定的 10 家"国有控股、员工持股"试点企业名单，将为煤气化技术研发与推广、培养科技研发人才搭建良好平台。

2017 年 3 月，神耀科技以"新设公司＋员工持股"的模式进行混改，即神耀科技由神华宁煤集团、上海齐耀科技集团有限公司、中科合成油技术有限公司、中国五环工程有限公司，以及员工持股平台宁夏天健丰融股权投资合伙企业（有限合伙）共同发起设立（见图 7-5）。

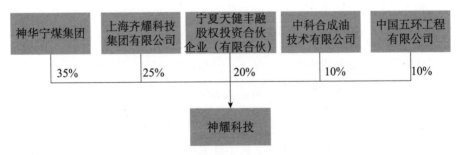

图 7-5　神耀科技混改后股权结构图

神耀科技在公司成立之初便采用"引入战略投资人＋员工持股"的模式，重视激发员工的科技创新能力，从而使公司从"产品型"迈向"技术型"。另外，神耀科技全面推进公司的混改计划，从而能够为能源型国企提供可复制的混改经验。

进入新时代以来，国企混改的力度和深度不断延伸，能源类国企也逐步承担起国企改革的希望。作为国有科技型企业，人力资本是企业最重要的资源和竞争力，也是决定企业发展前景的关键性要素。神耀科技拥有诸多核心技术和高端人才，通过员工持股将核心管理层和骨干员工的利益与企业利益绑定，才能够吸引人才、留住人才、激励人才，进而促进混改国企更快、更好地发展。

神耀科技在成立时员工仅 15 人，但是持股人数却达到 14 人。可以说，神耀科技的员工持股计划几乎是"全员持股"，其中绝大部分是核心技术人员。

神耀科技同样采取同股同价的员工持股定价方式，持股员工与其他发起人股东之间是同股同价，持股员工共计支付购股款 1 000 万元，获得神耀科技 20％的股权。

神耀科技与构力科技一样，也是遵循"以岗定股"原则，将员工持股额度分为 7 档，分别为 15 万元、18 万元、22 万元、30 万元、40 万元、45 万元、50 万元，从而激励员工往岗级更高的方向发展。从员工持股额度档级划分来看，神耀科技比欧冶云商少，但是比构力科技多，属于适中。

此外，神耀科技也在完善公司法人治理层面加大力度，健全公司股东会、董事会和经理层。其中，董事会成员共 7 名，神华宁煤集团推荐 2 名，上海齐耀科技集团有限公司推荐 2 名，员工持股平台通过股东会选举产生 2 名，中科合成油技术有限公司推荐 1 名；总经理 1 名，由员工持股平台推荐。公司不设立监事会，但由中科合成油技术有限公司推荐监事 1 名。

科研院所员工持股

与上述科技型公司有所不同，在国内不同行业里，都有一些被称为设计院、研究院等的科研院所，这些单位从事研发设计，保持了一些科研机构的传统，在转型为市场化竞争企业的过程中，更加需要通过核心团队持股来激活组织，实现突破式发展。

◎ 案例 68　中国电器院员工持股

中国电器科学研究院有限公司（以下简称"中国电器院"）成立于 2002 年 9 月，是中国机械工业集团有限公司（以下简称"国机集团"）体系内一家专业电器科研院所。

中国电器院拥有工业产品环境适应性国家重点实验室、国家创新型企业、国家级国际科技合作示范基地等 10 个国家级科技研发平台，研究领域涵盖能源科学、材料科学、工程科学、智能科学、评价科学、环境科学等六大领域 30 多个专业，拥有超亿元的世界一流科研仪器设备。

中国电器院业务处于充分竞争领域，公司地处珠三角，该地区民营经济体制和机制灵活且相对活跃。民营经济的发展对中国电器院来说产生较大的威胁，一个是市场竞争方面的威胁，一个是人才竞争方面的威胁。

中国电器院的业务中人力资本和技术要素占比高，导致它长期受到核心人才流失的严重困扰，迫切需要在体制和机制方面进行改革。因而公司希望通过员工持股，建立风险共担、利益共享的长效人才激励机制；通过引入非公资本，侧重考虑战略协同，进一步丰富所有制形式，激发企业发展活力。

2016 年 11 月，中国电器院获准成为中央企业首批开展员工持股试点的十户子企业之一。

2017 年 1 月，中国电器院在上海联合产权交易所挂牌。

2017 年 5 月，中国电器院完成混合所有制员工持股改制，从国有全资子公司调整为国有控股公司。

中国电器院遵循"增量引入、利益绑定"原则，通过增资扩股方式引入战略投资者和员工持股；通过增资扩股方式引入国机资本控股、盾安控股、浙江正泰和建信投资等 4 家战略投资者，同步实施员工持股。4 家战略投资者按照投后估值 129 225.9 万元认购中国电器院 24％的股权，其中，国机集团合计持股 60％，员工持股平台持股 22％，三家民营战略投资者合计持股 18％（见图 7-6）。

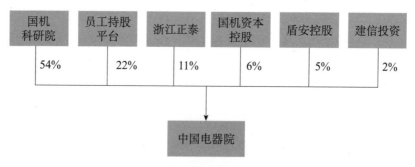

图 7-6　中国电器院混改后股权结构图

中国电器院的员工持股同样遵循"以岗定股"的原则，进行合理分配。中国电器院把"对企业未来发展影响大、与业绩关联度高、可替代性低"的核心骨干纳入持股范围，持股员工人数达 450 人，占整个中国电器院职工总数的 30％。同时，中国电器院"按各业务板块的业绩贡献和战略重要程度、各业务板块人才对企业业绩贡献大小，分业务板块核定持股人数和持股数量，由各业务板块负责板块内员工股份的分配，再经公司统筹平衡，保证员工股份分配的总体公平合理"。

在员工持股定价上，中国电器院也是选择员工持股与战略投资者同股同价。经过在上海联合产权交易所的竞价，购股价格为 3.645 3 元/单位注册资本。员工共计支付购股款 28 429.694 7 万元，认购中国电器院新增注册资本 7 799 万元。

针对持股员工人数较多、员工股份需要流动管理，以及代持预留股、部分解决员工入股资金问题等需求，与同批员工持股试点单位欧冶云商一样，中国电器院员工也是通过两级有限合伙企业平台间接持有公司 22% 的股权。其中，一级持股平台为广州凯天投资管理中心（有限合伙），二级持股平台为 12 家有限合伙企业。

两级有限合伙企业平台下，每年绩效考核后员工的股份调整不会影响到中国电器院的股权结构以及员工间的股份流动，进一步加大员工与企业的绑定力度。

在员工持股额度方面，相比欧冶云商的 11 档，中国电器院有增无减，将员工持股额度分为 18 档：6 万元、9 万元、11 万元、13 万元、18 万元、21 万元、27 万元、32 万元、45 万元、63 万元、82 万元、91 万元、127 万元、154 万元、182 万元、191 万元、227 万元、264 万元。

中国电器院强调持股员工应做到进退有序。持股员工一旦离职，自离职之日起就不再享受股份收益，并且股份将被锁定 3 年。新进人才可以获得股权，岗位调整时所持股份随之调整。通过每年动态调整转让价格、股份强制退出、股份转让限制等方面的制度设计，确保员工股份与岗位、业绩紧密挂钩，实现员工持股"能高能低，能进能出"，形成具有可操作性的股权内部流转和退出机制。

中国电器院同样注重完善法人治理结构，健全公司股东会、董事会、监事会、经理层。其中，董事会成员共 9 名，外部董事 6 人，内部董事 2 人，职工董事 1 人，形成了外部董事、内部董事和职工董事相互制约的机制。监事会由 3 名监事构成，由国机科研院提名 1 人，由战略投资者提名 1 人，职工监事 1 人。总经理 1 名，由国机科研院推荐。

另外，中国电器院董事会制定了《工资总额预算管理试行办法》，全面推进企业用人机制改革，落实董事会对企业工资总额的决定权。

中国电器院在机制创新方面的另一个动作是以员工持股为突破口，建立新业务合伙制和模拟合伙制的企业内部创新创业模式，打造内部创新创业平台，为企业裂变式发展奠定坚实的基础。

交通运输行业员工持股

交通运输行业是国民经济的主干行业之一，这个行业的企业兼具资本驱动和人才驱动两个特点，如何进行股权激励呢？请参考我们整理的案例。

◎ 案例 69 山东交运集团员工持股

山东省交通运输集团有限公司（以下简称"山东交运集团"）成立于1989 年 11 月，是一家国有大型综合性交通运输产业集团，被国家发改委、省经信委确定为发展物流的重点扶持企业，入选中国交通百强、中国物流百强和中国服务业 500 强。2017 年 9 月，山东交运集团成功完成集团层面混合所有制改革，成为山东省级国企混改的"第一单"。

目前，山东交运集团经营范围已形成"两业为主，多业并举"的发展格局，即以道路客运和现代物流两大产业为主，业务涵盖道路客货运输、集装箱堆场、国际货代、仓储配送、国内国际旅游、城市出租、城市公交、汽车维修、浮桥经营、公务车辆租赁、健康管理、投融资及金融信息咨询等。

山东交运集团是一家交通运输产业老牌国企，道路客运是公司一直以来的主营业务。然而 2014 年以来，随着高铁的迅速发展，公司的客运业务受到了剧烈冲击，客运营业额严重缩水。在如此严峻的外部形势下，山东交运集团为了实现企业的长远发展、保持企业的内生活力、保障员工的切身利益，走上了"混改"道路以谋求出路。

混改前，山东交运集团便将企业资产做实，给战略投资者展现了一个最真实的集团。公司设计了"存量＋增量"的交易方案，在通过增资扩股引入战略投资者和实现员工持股的同时，将存量资本转让给二者，从而实现在企业夯实资本实力的同时，国有股东能够获取一次性的资本回报。

此次混改并不是山东交运集团混改的终点。未来，公司还会启动B轮、C轮融资，并购优质地方交运企业，争取从传统的交通运输企业转型成为创新型交通运输综合服务商，最终完成混改并实现整体上市。

混改前，山东交运集团股权结构如图7-7所示：

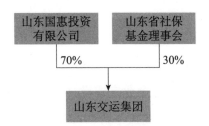

图7-7　山东交运集团混改前股权结构图

混改完成后，山东交运集团注册资本变更为6.8亿元，其中山东国惠投资有限公司出资2.516亿元，持股37％；引进的多家战略投资者合计出资2.244亿元，持股33％；员工持股平台出资2.04亿元，持股30％；山东省社保基金理事会退出山东交运集团（见图7-8）。

本次混改形成了"国有资本＋战略投资者＋骨干员工"共同持股模式，其中，国有资本持股37％，战略投资者持股33％，骨干员工持股30％。这样的股权结构设计，使得国有资本集中度降低，在一定程度上解决了国有

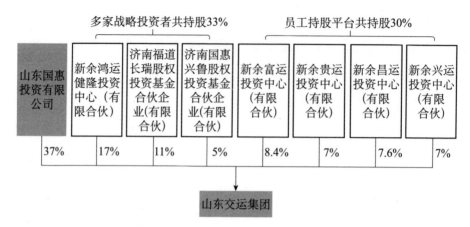

图 7-8   山东交运集团混改后股权结构图

资本一股独大的问题。混改引入社会资本的持股比例达到 63%，远远超过国有资本的 37%，使得非国有资本和员工拥有足够的话语权和控制力。同时，第二大股东持股比例远低于国有资本，国有资本还是持有最多的股权，保持了国有资本的主导地位。

从持股对象来看，山东交运集团此次员工持股计划，持股范围为管理层及核心骨干员工，通过合伙企业方式设立持股平台，集团核心团队和骨干员工 180 人组成了 4 个员工持股平台，入股山东交运集团。

从持股原则来看，山东交运集团此次员工持股计划遵循"以岗定股"原则。内部员工股权比例区分标准岗位，职级高、责任大的岗位，对应的职工可持股比例也较高，同时对关键技术岗位骨干员工设置持股权利。这样的设计能够使对企业经营管理最重要的管理层及骨干员工获得高比例股权，从而最大限度发挥股权的激励作用。

从员工持股比例来看，山东交运集团员工持股比例实现顶格设计。《关于国有控股混合所有制企业开展员工持股试点的意见》规定员工持股总量不高于公司总股本的 30%，单一员工持股比例不高于 1%。山东交运集团设计的员工持股比例为 30%，是国有控股混合所有制企业能够实现的最高比例。这样的股权结构设计一方面符合相关政策规定，另一方面能最大限度激励企业核心员工，将企业利益和个人利益绑定，增强了核心员工积极性，有效激发了企业活力。

从股权结构来看，山东交运集团国有资本、战略投资者、员工持股比例相近。山东交运集团混改后，形成了"国有资本＋战略投资者＋骨干员工"共同持股模式。在股权结构方面，国有资本持股 37%，战略投资者持股 33%，骨干员工持股 30%。山东交运集团当初的混改是为了引进先进管理理念和产业配套资源，以期实现企业内外兼修的效果，加快企业转型升级。这样的股权结构，股权集中度降低，股权制衡度提升，非国有资本和员工拥有足够的话语权和控制力，有利于企业的市场化发展。同时，即使三方持股比例相近，国有资本还是持有最多股权，保持了国有资本的控制力。

从公司治理结构来看，山东交运集团董事会成员共 7 名，山东国惠投资有限公司、战略投资者、员工持股平台的董事之比为 2.5∶2.5∶2，其中山东交运集团董事长占山东国惠投资有限公司、战略投资者各 0.5 个名额，其余 6 名董事中由山东国惠投资有限公司、战略投资者和员工持股平台各推荐 2 名（见图 7-9）。

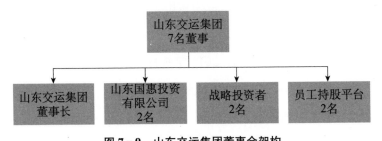

图 7-9　山东交运集团董事会架构

近年来，山东交运集团也取得了一定的改革成效。2017 年，山东交运集团营业收入 120 537.36 万元，利润总额 1 023.03 万元，净利润－914.17 万元。截至 2018 年底，即集团完成混改后第一年，集团营业收入 120 905.47 万元，比去年增长 0.31％；利润总额 3 123.07 万元，比去年增长 205.28％；净利润 1 162.22 万元，比去年增长 227.13％。从中可以看出，混改后集团的财务状况得到了较大改善。

医药行业员工持股

医药行业是一个知识密集特点突出的行业，推进员工持股将大大促进企业创新能力的提高，目前已有这方面的成功混改案例。

◎ 案例 70　江苏医药员工持股

"我们认为，作为投资人，要保证核心经营团队的奋斗和稳定基因得以建立和维持。因此，原有股东和新入投资者要尽可能稳定优秀经营团队，激励他们持续奋斗。如果有长期激励和持股可能，请考虑将手中的股权分配一部分给经营管理团队，让他们分享发展的长期成果。"在这个方面，江苏南方卫材医药股份有限公司（以下简称"南卫股份"）在江苏省医药有限公司（以下简称"江苏医药"）混改中做出了表率。

江苏医药成立于 1953 年，2006 年成为江苏省国信集团有限公司（以下简称"国信集团"）全资子公司，2016 年 6 月完成改制。公司经营范围以医疗终端业务、零售业务、第三方物流配送业务为主，经营市场覆盖南京所有市县并辐射省内其他市县。

截至 2018 年底，公司营业收入为 564 850.47 万元，净利润为 6 248.49 万元，净资产为 36 566.61 万元。截至 2019 年 3 月 31 日，公司营业收入为

152 672.07 万元，净利润为 1 694.86 万元，净资产为 38 261.46 万元，资产负债率为 88.09%。

江苏医药的混改历史始于 2017 年。2017 年 6 月，江苏医药入选江苏第一批国有控股混合所有制企业员工持股试点名单。

2019 年 4 月 11 日，江苏医药增资项目在江苏省产权交易所公开挂牌。公司拟征集 1 名战略投资者，拟募集资金总额不低于 4 362.22 万元（战略投资方），对应持股比例为 10%，同步实施员工持股。

2019 年 8 月 6 日，南卫股份发布了重大资产购买报告书（草案），公司拟以现金方式认购江苏医药 10% 的新增股权，增资金额为 5 224 万元。

2019 年 10 月 31 日，江苏医药混改项目成功落地。

可见，江苏医药通过增资扩股方式引入战略投资者南卫股份，同步实施员工持股。混改完成后，国信集团仍保持控股地位，仍为江苏医药第一大股东兼实际控制人（见图 7-10）。

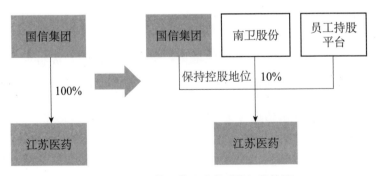

图 7-10　江苏医药混改前后股权结构图

南卫股份成立于 1990 年 7 月，专注于医用敷料等医药产品的研发、生产和销售，主要产品管线涵盖透皮产品、医用胶布胶带及绷带、运动保护产品、急救包及护理等多个产品，是一家由自然人控股的民营企业（见图 7-11）。

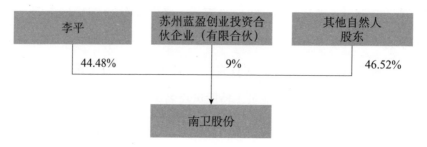

图 7 - 11　南卫股份股权结构图

江苏医药是处于充分竞争领域的商业类企业，以混改为手段创新资本运营，与民营资本发生化学反应，提高资本的效率和效益。此次混改，引入了具有领先优势和协同效应的战略投资者南卫股份，进一步延伸和拓宽了江苏医药的产业链。

江苏医药也属于人才和技术要素贡献占比较高的科技型企业，需要进一步发挥人力资本优势，提升企业核心竞争力。

江苏医药增资扩股是江苏省属国企首例通过公开增资方式，同步引入外部战略投资者和员工持股而实施的企业混合所有制改革。江苏医药员工持股拟通过员工持股平台同步实施增资，采取同股同价，即增资价格与本次公开征集的战略投资者增资价格一致。

通过混改，江苏医药进一步形成了"国有企业＋民营企业＋员工持股"的多元化股权结构。

互联网行业员工持股

互联网、信息技术等领域是战略性新兴产业，通过员工持股可以最大程度保留人才，激发活力。在国企混改的实践中，应十分重视这个行业的员工持股实践。

◎ 案例 71　宝武集团欧冶云商开展员工持股

欧冶云商股份有限公司（以下简称"欧冶云商"）是宝武集团在"互联网＋钢铁"领域探索的结果，定位是互联网电商企业，公司需要构建适合互联网企业的体制机制，包括管理决策机制、市场化运营机制，更重要的是需要培养一支专业化的"互联网＋"队伍。

欧冶云商成立以来一直处于亏损状态，需要通过改革来激发企业活力，提升企业内在价值。因此，欧冶云商便选择了以员工持股为着力点的混改，助力企业突破式发展。

2017 年 5 月，欧冶云商投后估值 34 亿元，开放股权 28％，增资约 10.5 亿元，引入战略投资者，同步实施员工持股计划。

欧冶云商的员工持股对象是 6 级以上核心岗位的技术、业务管理人员，持股员工数量达 126 人，占欧冶云商职工总数的 20％。持股员工范围包括欧冶云商及其下属控股子公司的董事、高级管理人员、核心骨干（包括技术和业务骨干）。

此次员工持股计划中，持股员工与战略投资人之间是同股同价。持股员工共计支付购股款 1.7 亿元，获得欧冶云商 5％的股权。

欧冶云商员工持股平台采用的是两级有限合伙企业，一级持股平台是上海欧玑企业管理中心（有限合伙），该平台直接持有欧冶云商 5％的股权（见图 7-12）。

从员工持股额度分配来看，欧冶云商员工持股额度有 11 档，即 9 万元、11 万元、16 万元、19 万元、23 万元、27 万元、30 万元、34 万元、43 万元、47 万元、55 万元。

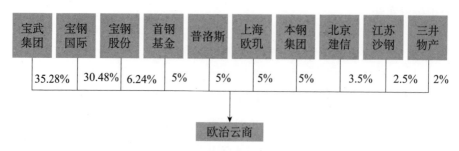

图 7 - 12 欧冶云商混改后股权结构图

然而，仅仅是从金额角度将核心员工划分为 11 档，并未直接与岗位价值挂钩，即自有资金多的员工获取的股份多，却无法区分哪个档次的员工岗位价值更高。这种操作较为简单且具有平均分配的倾向，无法根据核心员工价值进行差异化激励。因此，员工持股计划仍具有一定的改进空间。

从公司治理层面来看，欧冶云商董事会成员共 9 名，宝武集团和宝钢股份共推荐 5 名，在董事会层面拥有绝对控制权；监事会成员共 3 名，由宝钢股份提名 1 人，职工监事 2 人；总经理 1 名，由宝钢股份推荐。

◎ 案例 72 旅游互联网企业宁夏丝路风情开展员工持股

宁夏丝路风情旅游网络股份有限公司（以下简称"宁夏丝路风情"）成立于 2015 年，现用名宁夏丝路风情网络科技股份有限公司，是宁夏旅游发展有限公司旗下的首家控股子公司，承载着"宁夏旅游云"的落地延伸及惠民服务（见图 7 - 13）。

宁夏丝路风情定位为"智慧旅游综合解决方案的提供商及运营商"，致力于充分利用现代互联网技术，以云计算、数据信息、互联网和电子商务为支撑，为旅游行业的管理者、经营者及旅游消费者提供最有效的解决方案。

2018 年 8 月 8 日，宁夏丝路风情顺利召开员工持股有限合伙企业成立

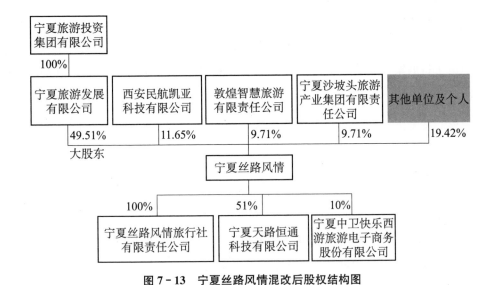

图 7 - 13　宁夏丝路风情混改后股权结构图

大会，宁夏旅游发展有限公司相关领导、公司管理层人员、全体持股员工参加成立大会。

　　宁夏丝路风情员工持股对象包括对公司发展有重要作用的技术研发核心骨干员工，由公司 29 名员工合计出资 314 万元（人均出资约 10 万元），占公司股份的 14.563%。

　　对比其他员工持股企业来看，宁夏丝路风情企业规模较小，14.563% 的持股比例虽然不是特别高，但是对于宁夏丝路风情的持股员工而言，已经能够达到充分激励的效果。所以，实施员工持股计划的企业，员工持股比例的大小需要根据企业自身情况而定，没有统一的标准。

　　宁夏丝路风情在成长期实施员工持股，更有助于企业成长与发展。成长期是企业在成长过程中失败率较高的时期，是风险与机遇并存的时期。有效解决成长期面临的种种问题，是企业可持续发展的关键。对国有企业而言，在成长期能否有效激励员工、降低员工流动率，也是影响企业成功的重要因素之一。

另外，宁夏丝路风情员工持股更加注重技术人员。我们结合已经研究的员工持股案例来看，实施员工持股计划的国企，员工持股需要充分达到当期激励目标，留住和吸引科技人才。因而，基于当期激励考虑，应当给予核心技术人员和团队最大持股比例、覆盖最多员工数量，这样激励效果才更好。

宁夏丝路风情是区属企业第一例员工持股试点单位，通过此次员工持股，将进一步激发企业活力，建立健全激励约束长效机制，入股员工与企业共享改革发展成果，共担市场竞争风险，进一步全面提升公司作为智慧旅游企业的综合实力和市场竞争力。

商贸流通行业员工持股

商贸流通行业包括大量的商业公司，属于充分竞争的行业，对管理者的专业知识贡献要求也很高。推动这类公司开展员工持股计划，也成为业内人士关心的问题。

◎ 案例 73　山东鲁商集团银座家居开展员工持股

山东银座家居有限公司（以下简称"银座家居"）是山东省商业集团有限公司（以下简称"鲁商集团"）下属企业，依托鲁商集团的雄厚实力与超凡背景，成为集团继百货、超市等业态后又一新型零售业态企业，在山东建材家居行业中处于领先地位。自 2003 年开业至今，银座家居已在济南、淄博、威海、东营、临沂、滨州、菏泽、莱芜等地开设门店。银座家居致力于绿色家居生活，创造品质舒适享受，倾力打造行业全新标准与实力典范，力争成为全国建材家居行业的领先企业。

银座家居是山东省目前规模最大的家居连锁企业，经营范围涉及建材、家具、家装、家饰、家电、灯具等一切与居住有关的商品和服务，旨在打造一站式、多元化的绿色家居航母。公司以"缔造品质生活，引领城市风尚"为经营宗旨，坚持"健康、环保、品质、时尚"的中高档产品定位，借助银座品牌在百货零售业的成功经验，率先在省内推行"商场化管理"的先进运营模式，实行统一形象、统一管理、统一收款。银座家居卖场环境优雅，名品荟萃，货真价实，服务周到。

截至 2018 年 5 月 31 日，公司资产总额 52 157.64 万元，负债总额 48 800.10 万元，净资产 3 357.54 万元；营业收入 8 527.43 万元，净利润－1 073.25 万元。

2018 年 12 月 6 日，银座家居混合所有制改革项目在山东产权交易所挂牌；2019 年 7 月 18 日，银座家居引入国内最大的家居零售企业红星美凯龙，并同步实施员工持股。红星美凯龙以 3.49 亿元投资，获得银座家居 46.5% 的股权，与鲁商集团并列第一大股东。

混改完成后，鲁商集团持股 46.5%，红星美凯龙持股 46.5%，员工持股 7%，山东银座商城股份有限公司不再持有银座家居股权（见图 7 - 14）。

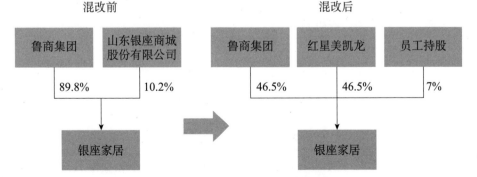

图 7 - 14　银座家居混改前后股权结构图

　　银座家居此次混改定价相对科学与合理，不光调动了员工参与股改的积极性，也吸引了社会资本参与。此次混改，银座家居没有剥离资产，而是在原有资产 7.1 亿元评估基础上新增估值 4 000 万元，以总价 7.5 亿元引入社会资本。其中，员工持股平台按照与战略投资者同股同价的原则，出资 5 252.51 万元，占增资后公司注册资本的 7%。

　　银座家居此次员工持股人数为 86 人，设立了两个员工持股平台。其中，单一员工持股比例最高为 0.998%，未突破 1% 的限制；员工合计持股比例为 7%，与 30% 的政策限制有很大距离。从银座家居体量来看，以 7.5 亿元的价格引入社会资本，这个体量是相当大的。虽然员工的持股比例较低，但是员工持股的单位收益较高，这使得较低的持股比例能够保证足够的激励效果。

　　从股权结构设计来看，国有资本与民营资本持股比例相同；从引战发展的角度来看，是为了给予民营资本更高的话语权，使混改后的银座家居能够更大程度利用民营资本较为灵活的体制机制，从而进一步激发企业发展活力，实现突破式发展。此外，同步实施员工持股，员工持股比例则具有更强的制衡作用，使混改后的银座家居在股权结构上得到进一步优化。

　　公司改制后，银座家居依法享有经营管理自主权，并建立高效的董事会治理结构和管理运行机制。

节能环保行业员工持股

　　节能环保行业是一个新兴的行业，由于技术领域在不断快速发展当中，所以对行业核心人才的需求也十分旺盛。如何才能留住和激励人才？开展员工长期激励可能是一项重要的选择。

◎ 案例 74 中国节能大地公司实施员工持股

中节能大地环境修复有限公司（以下简称"大地公司"）也是处于创业初期的科技型国有企业，所以公司设计的员工持股计划为发展预留充足的空间：初期不但设计一个相对高的总体持股比例，而且保持足够的预留股权。在未来的持股融资和引进新股东的过程中，这能够保持稳定的激励能力。因此，大地公司员工持股案例具有广泛的参考价值。

大地公司是中国节能环保集团有限公司（以下简称"中国节能"）下属子公司，成立于 2012 年，注册资本 10 000 万元。大地公司专业从事土地环境综合整治相关业务，在污染土壤及地下水修复、存量垃圾填埋场治理等方面拥有多项专利技术，且拥有热脱附设备、气相抽提系统、垃圾筛分一体化设备等国内先进设备。

中国节能是一家以节能环保为主业的央企，致力于国家的生态文明建设。进行混合所有制员工持股改革，能够更好地激发员工的劳动积极性和创新意识，也能够吸引国内外更多的高端技术人才，从而使公司向"污染场地及地下水修复行业的龙头企业"战略目标迈进。

大地公司的混改是践行中国节能混改战略的重要举措，大地公司的混改主要体现在员工持股计划的实施上。

2017 年 6 月 29 日，大地公司员工持股改革工作顺利完成。混改后，中国环境保护集团有限公司持有股份 46.5%，杭州普捷环保科技有限公司持有股份 28.5%，员工持股平台共计持有股份 25%（见图 7-15）。

大地公司员工持股人数为 36 人，持股员工占比 17.7%。与欧冶云商、构力科技、神耀科技、中国电器院有所不同的是，大地公司员工持股价格按照资产评估结果来确定，员工按照投后估值 36 028.83 万元认购大地公司

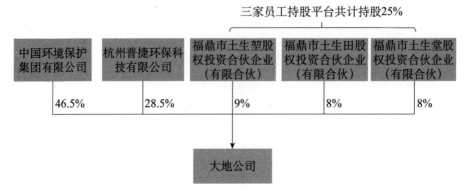

图 7 - 15 大地公司混改后股权结构图

25%的股权，员工共计支付购股款 9 007.21 万元，认购大地公司新增注册资本 3 333 万元。大地公司的员工持股比例合计 25%，接近"30%"的政策上限。

大地公司将员工持股额度分为 12 档，分别为 0.5 万元、2 万元、4 万元、14 万元、28 万元、43 万元、57 万元、72 万元、86 万元、100 万元、115 万元、144 万元。

大地公司在实施员工持股计划时预留了股权。对于国有企业而言，员工持股计划要兼顾当期和远期激励作用。基于对远期新进入人才激励的考虑，大地公司实施员工持股时预留部分股权，是未来打算实施员工持股计划的混合所有制企业可以借鉴的宝贵经验。另外，为保证国有企业股权激励方案遍及每一个核心技术人员，大地公司的员工持股计划是允许以代持的方式实施的。

最后，大地公司进一步完成"改"的步伐，进一步完善公司法人治理结构。董事会成员共 5 名，包括中国环境保护集团有限公司推荐 3 名、杭州普捷环保科技有限公司推荐 1 名、员工持股平台通过股东会选举产生 1 名；监事会成员 3 名，包括中国环境保护集团有限公司推荐 1 名、杭州普捷环保科技有限公司推荐 1 名、职工监事 1 名；总经理 1 名，由杭州普捷环保科技有限公司推荐。

◎ **案例 75 山西大地华基混改"两元结构"**

对于需要服务于国家战略的科技型企业，政府占据主导权是不容置疑的。科技型企业是人才资本和技术要素双驱动的企业，并且人才资本的驱动力要远大于技术要素的驱动力。因而，国有科技型企业在混改时应该坚持政府主导、人才要素并重，在没有产业投资人存在的情况下，可以鼓励企业直接改制为"国有资本＋核心层持股"的两元结构，这样既能更好地发挥国有资本的功能，又能更好地加大企业发展的驱动力。山西大地环境投资控股有限公司（以下简称"山西大地环境"）的混改很好地验证了这一点。

山西大地环境是山西省政府批准成立，致力于"土地整治、固废处理、矿山修复"，集投融资为一体的专业化国有独资公司，是山西国资国企改革、构建国民经济"四梁八柱"中的一梁。

2018 年 11 月，山西省公布了 108 个省属国有企业混合所有制改革项目。山西大地环境董事长在项目推介会上表示，未来将在固废领域和临汾的华基公司进行股权合作。

山西国瑞新能源有限公司（以下简称"国瑞新能源"）是山西大地环境的全资子公司，此次山西大地环境国企混改工作由国瑞新能源具体实施。

2019 年 1 月，山西大地环境与临汾市华基建材科技有限公司（以下简称"临汾华基"）混改重组，成立山西大地华基建材科技有限公司（以下简称"山西大地华基"）。山西大地华基的成立，标志着全省建筑垃圾资源化平台正式建立。

山西大地华基成立之后，将是专业从事集建筑垃圾及工业尾矿回收与资源化利用、绿色混凝土、装配式住宅部品、海绵砖、预拌砂浆、混凝土添加剂等系列绿色建材产品的研发、生产、销售于一体的科技新型现代化企业。

混改完成后，国瑞新能源持股 51％，成为控股股东，而临汾华基相关人员（自然人）持股 49％（见图 7-16）。

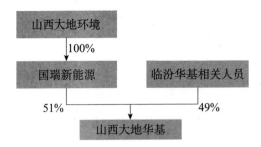

图 7-16　山西大地华基混改后股权结构图

山西大地华基此次混改，首先整合了山西大地环境和临汾华基在建筑垃圾领域的资源优势。二者战略重组，能够在进一步放大国有资本功能的同时，有利于国有资本和非国有资本的取长补短、相互促进、共同发展。

从投资者选择来看，临汾华基是专业从事建筑垃圾和工业固废资源化利用的高新技术企业，是临汾市创新发展的标杆企业。临汾华基和山西大地环境强强联合，能够在产业链上形成优势互补，实现"1＋1＞2"的产业协同效应。

山西大地华基的混改，出现了临汾华基相关人员持股的现象。我们认为，山西大地华基成立之初具有较强的管理人员稳定性诉求，通过给予相关人员一定股份，能够进一步保证管理层的稳定性。另外，通过管理层持股，也进一步优化了山西大地华基的股权结构。

混合经济协同布局新领域，培育节能环保产业新动能，是山西大地华
基支持山西省国资国企改革的具体体现。在战略性新兴领域，国有资本保
持控股地位，能够进一步保障国有资本的保值增值，而给予民营资本 49%
的股权比例，能够最大程度激发企业活力。

新能源行业员工持股

伴随着能源革命时代的到来，传统化石能源企业在向新能源领域寻找
发展突破方向。作为一种正在成长的大产业，新能源行业空间巨大，风险
同样巨大。而降低投资风险、提升成功概率，有效的方法之一是推动核心
团队持股，实现长期的利益和风险绑定，这也是近年来这个行业细分领域
中不断出现员工持股案例的原因之一。

◎ 案例 76　陕西煤化工新型能源开展员工持股

陕西煤业化工新型能源有限公司（以下简称"陕西煤化工新型能源"）
成立于 2014 年，注册资本 4.1 亿元。其中，陕煤集团出资 3 亿元，陕西亿
杰清洁能源有限公司（以下简称"陕西亿杰"）出资 7 000 万元，陕西煤化
工新型能源员工通过三个员工持股平台合计出资 4 000 万元。2017 年，公司
从国有独资企业变为一家由陕煤集团控股、陕西亿杰参股以及员工持股的
混合所有制企业，之后又建立了现代企业制度，使决策体系发生了变化，
从原来大小事项由上级企业决策变为分层决策，效率大大提高。公司现拥
有洁净煤加工和智慧供能两大主业。

公司以已建、在建项目为依托，利用大数据、互联网、云计算等信息
技术，实现公司运营管理精细化和智慧化，推动企业转型升级，努力把自

身打造成为传统能源清洁高效利用与新能源多能融合的智慧能源提供商和服务商，并实现资本市场上市的战略目标。

2014 年，陕煤集团以新设公司的形式进行混改。2017 年，在引入民营资本陕西亿杰的同时，同步实施员工持股，并且进行了现代企业制度方面的改革，整个混改充分融入企业战略、战术践行过程中。

陕西煤化工新型能源成立后，陕煤集团持股 73.17%，陕西亿杰持股 17.07%，员工持股平台持股 9.75%（见图 7-17）。

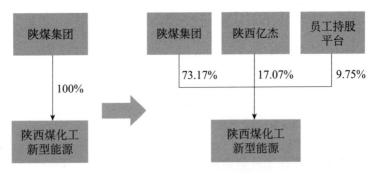

图 7-17 陕西煤化工新型能源混改前后股权结构图

从战略层面来看，陕煤集团与陕西亿杰通过股权合作成立陕西煤化工新型能源，是典型的将混改融入集团新战略布局的实例。煤炭的清洁化利用、集中化开采、重载化运输（联合铁路）、延伸性发展是煤炭领域发展的趋势。陕西煤化工新型能源主要致力于建立洁净燃煤技术战略性新兴产业。这对于陕煤集团的转型发展、长久的持续经营意义重大。

从混改模式来看，首先，通过新设公司的形式进行，这种形式在国企混改中值得关注并借鉴，它具有几个好处。第一，不涉及现有国资评估等复杂流程，比较容易操作。第二，不涉及历史遗留问题的处理，包括资产的处置和人员的安置等。第三，可以规避进场交易条件限制，直接敲定意向投资者，嫁接外部资源。其次，新能源领域具有广阔的发展前景，陕西煤化工新型能源对于陕煤集团来说既是业务领域战略布局，又是未来潜在的利润增长点，必须保证对其绝对的控制力，因此陕煤集团选择了持股73.17%，实现绝对控股。最后，战略投资者对陕西煤化工新型能源未来的发展影响力较小。陕西亿杰的参与能够为陕西煤化工新型能源带来一定的市场化经营机制，在一定程度上可以激发企业活力，同时为陕西煤化工新型能源的未来发展提供一定的产业协同助力，但是对公司的运营与发展所起的作用相对有限。因此，陕煤集团在进行股权结构设计时考虑让陕西亿杰持有陕西煤化工新型能源17.07%的股权。

从中长期激励来看，陕西煤化工新型能源员工持股人员共115人，设立了3个员工持股平台，合计持股9.75%。可以说，这个持股比例不算高。员工持股比例的高低受到公司所处发展时期的影响。陕西煤化工新型能源正处于初创期，公司总体发展及员工队伍相对不稳定，虽然此时实施员工持股计划能够留住核心员工、激励核心员工，使公司和员工凝心聚力，助力企业发展，但是，也需要考虑员工的稳定性和员工意愿。

另外，我们发现，陕西煤化工新型能源单个员工持股比例不高于0.6%，与政策要求的不高于1%相比还有很大提升空间。陕西煤化工新型能源是陕西省首例成功实施员工持股的国有混合所有制企业，采取相对谨慎的员工持股比例也是可以理解的。

装备制造行业员工持股

机械行业是一个涉及面十分广泛的行业，也是技术不断发展创新的行业，推动行业内企业实施长期激励，能够在提升企业竞争力方面创造价值。

◎ 案例 77　湖南华菱线缆开展员工持股

　　湖南华菱线缆股份有限公司（以下简称"华菱线缆"）成立于 2003 年 7 月，是为盘活湘潭电缆厂的有效资产，经湖南省人民政府批准，由湖南华菱钢铁集团有限责任公司等 5 家单位共同发起成立的国有股份制企业。

　　截至 2018 年底，公司营业收入为 121 180.17 万元，净利润为 5 271.82 万元，净资产为 49 099.45 万元。截至 2019 年 3 月 31 日，公司营业收入为 28 567.85 万元，净利润为 1 218.86 万元，净资产为 50 682.51 万元，资产负债率为 53.27%，偿债能力良好。

　　2019 年 4 月，华菱线缆增资项目在湖南省联合产权交易所公开挂牌。公司拟通过湖南联交所进行竞争性谈判，择优引入 2～4 家投资方，募集资金总额视征集情况而定，对应的持股比例合计不超过 20%；同步引入员工持股，按照"同股同价"原则，且员工持股平台协议认购新增股份数对应持股比例不超过 8%。

　　2019 年 7 月，湖南联交所发布华菱线缆增资项目成交公告，共引入 3 家战略投资者：长沙新湘先进设备制造投资基金合伙企业（有限合伙）（以下简称"先进设备基金"）、杭州富阳宇纳衡富投资合伙企业（有限合伙）（以下简称"富阳投资"）和深圳华菱锐士一号投资合伙企业（有限合伙）（以下简称"华菱投资"）。

　　交易完成后，原控股股东湖南湘钢资产经营有限公司（以下简称"湖南湘钢"）持股比例由 73.472 8% 降至 55.73%，仍为华菱线缆第一大股东兼实际控制人，拥有绝对控股权（见图 7 - 18）。持股员工合计出资 4 973 万元，获得华菱线缆 5.49% 的股权。

　　湖南湘钢仍保留了对混改后的华菱线缆的绝对控股权，对华菱线缆的

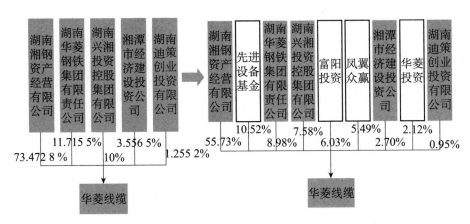

图 7 - 18　华菱线缆混改前后股权结构图

未来发展方向具有决定权。这一方面体现出，华菱线缆对湖南湘钢的发展具有一定的支撑作用；另一方面体现出，湖南湘钢对华菱线缆未来发展信心十足，将加大力度将其做大做强做优。

华菱线缆混改定价的基础同样是资产评估，披露的最近一期净资产总额为 50 682.51 万元，成交价格为 16 907.06 万元，成交价格溢价率为 78.68%。华菱线缆的混改定价，能从根本上使国有股东、民营股东、持股员工之间的利益问题得到妥善处理，在一定程度上也推动了华菱线缆混改落地。

从引入投资者来看，先进设备基金、富阳投资是专项对华菱线缆开展股权投资的两项基金。基金的引入能够为华菱线缆提供强大的财力支持和产业布局指导，推动华菱线缆实现业绩有效增长，助其早日实现 IPO。上述两只基金是湘潭产业集团下辖湘潭产兴私募股权基金管理有限公司、湘潭股权投资有限公司，分别与湖南省国企并购重组基金管理有限公司、湖南宇纳私募股权基金管理有限公司合作设立的基金。

此次同步实施员工持股计划，意在将企业利益与员工利益进行深度捆绑，激发核心员工动力，与企业共成长。此次员工持股人数 32 人，其中熊硕、李国栋持股比例较高，为 0.374%，但与单一员工持股比例不高于 1% 的限制相比有很大提升空间。持股员工合计出资 4 973 万元，认购 2 200 万股份，且认购价格与战略投资者相同，均为 2.26 元/股。

第 8 章》

国企混改机制创新型案例

　　国有企业混改无疑将为企业带来管控机制的转变，企业原来的管理模式将不再适用。为应对混改带来的各方面变化，国有企业应该进行机制创新，建立新的管理规范。

　　因此，国有企业混改在机制创新方面更应该关注的问题是：应该如何坐实董事会，如何按公司章程落实企业治理机制，并在此基础上创新突破更多其他市场化运营机制。

　　由于机制创新与改革的部分涉及混改企业内部经营性工作，出于信息披露口径等多种因素考虑，我们在此仅简单分析几个案例。

- 混改后的公司治理改革
- 干部身份市场化改革

混改后的公司治理改革

　　混改后建立起多元股东结构，需要做实董事会，让法人治理发挥直接的作用。这个方面，我们在《国企混改实战 100 问》中有详细说明。

◎ 案例 78　云南白药混改后的公司治理优化

　　一家原先为国有全资企业的公司，通过混改，或者引入了新的投资方和股东，或者同时进行了股权激励，成为一家股权多元化的企业。那么，对这样的企业，应该怎么管控？云南白药集团股份有限公司（以下简称

"云南白药")从机制创新和治理创新两个方面给出了答案。

云南白药是一家主要经营化学原料药、化学药制剂、中成药、中药材、生物制品等的公司,是我国知名中成药生产企业之一,是云南大型工商医药企业之一,是中国中成药五十强之一。

2016 年 12 月,云南白药通过增资扩股方式引入新华都。新华都出资254 亿元,持有云南白药 50% 的股权(见图 8-1)。云南白药以白药控股股票市场价格进行要约收购,同时倒算出了转让母公司股权的价格,为国有资产提供了价格安全垫,同时限制新入股东 6 年以内不得转让股权。

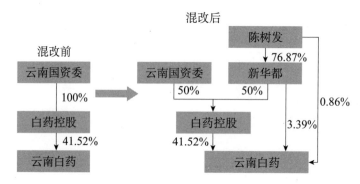

图 8-1 云南白药第一次混改前后股权结构图

第一次混改后,国有股东与民营股东达成了"去行政化"条款,"买断云南白药高管的行政性职级,成为彻底的职业经理人"。

2017 年 6 月,云南白药以增资扩股方式引入江苏鱼跃。江苏鱼跃出资56.38 亿元,持有云南白药 10% 的股份。

最终,形成云南国资委、新华都及江苏鱼跃分别持有白药控股 45%、45%、10% 的股权结构(见图 8-2)。

混改后的云南白药公司章程规定"股东会决议需经全体股东中代表二分之一以上或经三分之二以上(特别决议)表决权的股东通过方可生效,董事

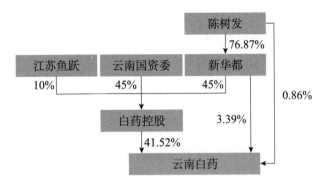

图8-2 云南白药第二次混改后股权结构图

会决议应有全体董事过半数或三分之二以上（特别决议）同意方可通过"。

云南白药的混改有哪些启示呢？下面，我们将一一分析。

首先，云南白药混改实现了资源整合与产业协同。

第一，云南白药作为云南著名的生物医药企业，为响应中央提出的国企混合所有制改革号召，2014年启动混改。云南白药希望通过混改引入非国有资本，转变体制机制，增强企业活力。

第二，云南白药是享誉中外的中华老字号品牌，在云南当地发展较好，是云南瑰宝级的优质国企；但是受地域限制，以及新技术、大健康等新模式的影响，云南白药未来发展面临巨大挑战。因此，云南白药通过第一次混改引入了新华都，为自身引入了资本以及物流资源，实现了商业流通板块的转型升级。随后，云南白药进行第二次混改，引入江苏鱼跃，在销售渠道上与江苏鱼跃形成互补，产生较强的协同效应。在公司治理层面上，两次混改有助于云南白药建立市场化导向的公司治理机制。同时，在产业协同方面，两次混改有助于云南白药借此驱动生物医药、商业物流、健康产品、中药资源四大板块的转型升级。

其次，云南白药混改过程中的股权结构设计存在控制权转移风险。

云南白药两次混改，在股权结构设计上均存在"陷阱"，即第一大股东和第二大股东持股比例均等。就股权比例而言，无论是 50∶50，还是 45∶45∶10 的比例设计，股东数量都较少，股权比例相等或接近，很容易造成公司实际控股权的转移，同时也容易造成大股东间的控制权之争，出现管理内讧。因此，云南白药在公司治理层面存在较大的不确定性风险。

再次，云南白药大股东均衡配置董事会席位，公司治理层面存在较大风险。

混改后的董事会中，云南国资委和新华都各推荐董事 2 人，江苏鱼跃推荐董事 1 人，这种设置同样意味着任何一方都无法实现对云南白药的实际控制。从公司治理层面来看，云南白药变为无实际控制人的企业。

最后，云南白药买断行政级别，成为机制创新的典型。

云南白药突破薪酬限制，解决激励问题。云南白药混改后，白药控股核心管理人员均不具有行政职级，不享受行政待遇，成为按照市场化方式选聘的彻底的职业经理人。自 2017 年以来，云南白药的高层不断进行调整。

干部身份市场化改革

市场化机制的另一个部分，是原有国企干部行政级别的脱离，也就是我们常说的"脱马甲"问题。干部身份市场化，是国企混改后机制改革中重要的基础性工作。同时，推动契约化管理和职业经理人制度建设，也是一些混改国企正在从事的改革重点。

◎ 案例 79　东航物流混改员工转换身份

国有企业混改势必会改变国有企业原有的股权结构，也将改变原先的劳动用工和分配激励制度。这是一项涉及各方股东利益，关系到混改国企所有员工核心利益的重大改革工程。东航物流的"脱马甲"转换国有企业人员身份，便保证了混改的成功和平稳推动。

混改后，东航物流董事会由 9 人组成，其中东航物流委派 5 人、非国有投资者委派 3 人、核心员工持股层委派 1 人。东航规定，东航物流的所有重大决策都必须至少获得 2/3 以上董事会成员表决认可。而东航物流董事占董事会的 5/9，差一票达到 2/3，也就是说，如果东航物流跟其他投资人的意见不能达成一致，决策就会被牵制，这就是所谓的牵制机制。

与此同时，东航物流所有员工都需转换国有企业人员身份，先与东航解除劳动合同，再与东航物流签市场化新合同，重新以市场竞争人员身份入场。这种体制、机制的双突破是混改成败的关键所在。

在混改完成后，东航物流还将推进职业经理人制度，建立相应的选聘、考核、奖惩和退出机制，并全面对标市场化薪酬，根据业务领域与岗位职责对标不同行业的市场薪酬水平，将员工收入与企业长远发展相挂钩。

东航物流混改后保留半数以上董事会席位，一方面是由其股权结构决定的，另一方面也是因其战略上的选择。东航物流 5∶3∶1 的董事会结构，一方面使东航占了绝对多数，拥有掌控力，另一方面又因无法达到 2/3 而受其他董事制约，民营资本可以发挥其牵制作用，在重大决策上发挥民营资本的影响力，从而使东航物流的混改落到实处。

另外，"脱马甲"转换国有企业人员身份是东航物流机制创新的重要特色之一。对于国企混改来说，解决了人的问题，混改的问题就解决了一半。首先，东航物流国企员工顺利"脱马甲"，代表员工对公司未来发展表示认同，有信心在市场竞争的环境下帮助企业获得更高收益，从而拿到市场化薪酬；其次，东航物流打破"铁饭碗"，真正实行市场化的用人制度、薪酬和考核标准，激发企业活力。

◎ 案例 80　新兴际华职业经理人制度改革

新兴际华集团有限公司（以下简称"新兴际华"）的职业经理人选聘改革，作为国资委试点改革，在政策完备性、实施体系性、效果呈现度等几个方面，都令人眼前一亮，值得广大国有企业借鉴和学习。

新兴际华的职业经理人改革，起源于 2014 年 7 月该公司成为新一轮国企"四项改革"试点 6 户中央企业之一。当时，国家开发投资公司、中粮集团有限公司为中央企业改组国有资本投资公司试点单位；中国医药集团总公司、中国建筑材料集团有限公司为中央企业发展混合所有制经济试点单位；新兴际华、中国节能环保集团有限公司、中国医药集团总公司、中国建筑材料集团有限公司为中央企业董事会行使高级管理人员选聘、业绩考核和薪酬管理职权试点单位。

新兴际华能够入选这样的改革名单，一是基于公司市场化的业务结构符合央企推进改革的总体方向，二是由于这家企业在现代企业治理方面的准备相对比较完备。时间倒推到 2005 年，当年的新兴际华被选为中央企业首批 11 户董事会试点单位之一，以此为契机开始建设规范的法人治理结构，建立了一套科学的"225"管理创新体系，实现了业绩持续稳定增长，并实现了从一家名不见经传的企业成长为世界 500 强企业。

在新兴际华成为试点企业之后，其职业经理人改革进程，从 2015 年开始加速，2016—2017 年不断向下、向基层企业深入扩展，形成了全集团三、四级企业大面积覆盖的市场化选聘格局。2015 年 10 月，新兴际华成为全国第一家由董事会成功选聘总经理并实现经理层团队身份市场化转变的中央企业，总经理通过市场化选聘成功入职。

新兴际华的职业经理人改革，通过三年多的时间验证了其成功性。首先是选聘过程有示范效应，在规范操作、市场监督、专家参与、党组织决策等流程设计方面有特色；其次是选聘结果有公信力，除了内部干部参与竞争外，最终在新兴际华的职业经理队伍中选拔产生了很多来自集团外部的优秀人士并相应任命到各级关键岗位上；最后是层层推广激活了集团各级组织。新兴际华完成了总部经理层和职能层的市场化选聘后，开始在各级公司领导层岗位上逐层进行市场化选聘，有效扩展了市场化观念、契约化机制，激发了企业的整体活力。企业的活力最终体现在绩效提升方面，新兴际华前任董事长奚国华先生总结，"从取得的成效来讲，经营质量大幅提高。我们的经营利润去年（2017 年）是成倍增长，我们的资产负债率大幅度地下降了 5.3%"。

首先，我们来对新兴际华模式进行解读。

2015 年，新兴际华选聘集团总经理时，总结了自己的模式，叫作"党组织推荐、董事会选择、市场化选聘、契约化管理"。2018 年，新兴际华提出更加丰富的内容，总结为"党组织领导、董事会行权、市场化进退、契约化管理、人本化激励、共性化监督"。如何理解这一模式呢？

1. 党组织领导

在市场化选聘职业经理人时坚持和加强党组织领导，是一项重要的政治基础。具体操作时，首先要从干部管理渠道提出需要市场化选拔的岗位，并且将选拔流程等重大政策报公司上级党组织批准。同时，党组织授权公司董事会执行市场化选聘的工作，最终人选要得到上级党组织认可。

2. 董事会行权

这充分说明了董事会在国企职业经理人选择中的角色。董事会接受党组织委托代行权利，组织和管理整个流程。董事会承担的使命，包括设计选聘政策和流程、组织开展市场化选聘过程、提出最终任职人选建议、与聘用的职业经理人签订聘用合同和业绩考核合同、对职业经理人的管理和考核、激励约束机制的兑现等。

3. 市场化进退

新兴际华的市场化选聘，采用了面向外部人才市场、执行竞争性招聘方法等选聘的前期管理政策，同时也结合了内部干部竞争后转换为市场化身份的政策。在此之后，选聘人员的市场化，主要体现在签订有期限的聘用合同、制定聘期考核目标、执行市场化薪酬制度、到期如果没有达到目标则退出等方面。

4. 契约化管理

新兴际华的职业经理人，推动了公司内部契约精神的强化。董事会和职业经理人签订了聘用合同，明确双方责权利。董事会进行考核，同时要严格兑现；职业经理人为契约目标奋斗，按合同规定的市场标准取酬，同时接受不能完成目标则退出的结果。

5. 人本化激励

就此，新兴际华前董事长奚国华讲过："实施人本化激励，强化经营者差异化薪酬改革，对实行准市场化的高管层创新物质激励与荣誉激励联动机制，实施企业成长和经营者激励联动计划。让想干事、能干事、干成事的人才在物质上得到应有回报、精神上得到有效激励。"

6. 共性化监督

共性化监督是新兴际华关于市场化选聘经理人提出的最新观念，认为有了这个内容，就能够实现管理闭环。所谓共性化监督，是指在公司内部，市场化经理人和其他干部职工应该采用相同的标准接受规章监督、审计监督、党纪监督，通过这种方式消除内部控制可能出现的空白和潜在风险。

"党组织领导、董事会行权、市场化进退、契约化管理、人本化激励、共性化监督"这六点简单直接，高度概括了新兴际华市场化职业经理人前行三年来的主要经验，值得仔细推敲。

其次，我们再来看一看新兴际华模式的特色。

新兴际华模式对于中国国企来讲，有两个特色鲜明的做法值得学习。

1. 身份市场化

从新兴际华市场化聘用总经理开始，身份市场化一直是公司坚持的原则。新兴际华通过"聘用合同书"实现"身份市场化"，其中明确了相关权责，使聘用的经理人真正成为生产经营的第一责任人，同时明确了市场化退出机制。如在集团总经理合同里规定："乙方当年考核没有完成年度生产经营利润目标，或者业绩考核在 C 级以下且无董事会认可的正当理由，甲方有权解除本合同。"

解除聘用合同后，经理人一律只保留工程、经济、会计、政工等相应系列职称岗位和劳动合同规定的普通员工身份，"岗变薪变、易岗易薪"。这种身份市场化的安排，与传统干部安排和调整机制相比，具有很大的激励和约束力度。

2. 管理契约化

新兴际华通过"年度经营业绩考核责任书""业绩考核办法""薪酬管理办法"等三个契约实现了"管理契约化"，其中明确规定了拟聘任岗位年度及任期目标、任务、奖惩等条款。对于由董事会选聘的高级管理人员，坚持激励与约束、权利与义务相统一，坚持责任与职位、薪酬与业绩相一致，突出发展质量和效益导向，年度业绩和薪酬考核实行"利润确定总薪酬、关键指标严否决"。

这些契约的建立，实现了董事会和经理人对于目标的共同确认、对于薪酬回报的考核和兑现承诺，用公平的方式达成了最大的共识。

作为新兴际华的首位职业经理人，总经理杨彬先生曾在就职一年时总结自己感受到的契约机制。他说："高举党管之'纲'，是'市聘'经理人的心理契约；坚守法治之'约'，是'市聘'经理人的管理契约；善谋经营之'绩'，是'市聘'经理人的治理契约。"

心理契约、管理契约、治理契约这三个层次的总结，是对国企经理人机制中的契约影响总结十分深刻的文字。

奚国华曾接受采访，谈到这些市场化机制的作用。他认为："这样的模式实行完以后，我想从董事会层面和党委会层面来讲，因为总经理是我自己选的，不是组织派来的，如果经理层做不好就是我自己选人用人的责任，所以大家把这个注意力聚焦到怎么把经理层的能力、把他们的才能更好地发挥出来。"

"从经理层这个角度，经理人是通过竞聘来的，是自己愿意的，再加上组织认可，他有很强的荣誉感。再加上我们有白纸黑字，实行契约化管理，目标是很高的，责任也是很大的。我举一个例子，比如合约上有规定，如果今年的绩效低于目标的 70%，就只能拿基本工资且下调岗位了。下到哪儿去，不是去当副总经理，而是去当高级工程师，应该说这个压力还是很大的。一层一层都是这样的，从管理层、中层、二级、三级、四级这些经理层来说，推行市场化改革就很容易。集团的总经理都是市场化选聘，他们还有什么讨价还价的呢？所以，这项改革很容易推进。"

"我们这样做了以后，其他的改革也得到了很好的推动。因为大家都知道，像三项制度改革，应该说难度非常大，这个东西有突破，其他改革就相对容易了。"

新兴际华的市场化选聘经理人，已经成为值得在国企推广应用的模式。

无论是这家公司总结的模式，还是其身份市场化、管理契约化的管理特色，都闪烁出国企管理的智慧。不过，每家企业背景和文化特征不同，具体推动职业经理人制度落地时，还要以我为主，一企一策。

◎ 案例 81　上海电气环保集团"双百行动"市场化机制改革

上海电气环保集团（以下简称"环保集团"）作为"双百企业"，综合进行了优化管控机制、市场化选聘、授权放权改革，并取得了一定的成果，也积累了可供借鉴的经验。

环保集团是上海电气集团股份有限公司（以下简称"上海电气"）直属全资子公司，成立于 2004 年 3 月，是以发展节能与环境保护、污染治理、资源综合利用、绿色能源为主要核心产业的集团公司。

目前，环保集团已经成立固废、水处理、新能源、工业及海外 5 大事业部，拥有下属 22 家国内外独立法人企业。

2018 年，环保集团成为上海市 7 家全国"双百行动"国企改革试点单位之一。2018 年以来，环保集团在市场化机制改革方面取得了重要成绩，主要体现在完善组织架构、市场化选聘和授权放权方面。

首先，完善组织架构方面，成立 5 大事业部独立运营。

2018 年，环保集团改变传统的组织架构，在 5 个业务端口成立了 5 大事业部，同时将权力大幅下放至事业部，采取考核激励并重措施，推行投资项目关键员工捆绑机制，实现企业与员工之间的风险共担、利益共享。

环保集团将事业部模拟成公司化运行，考核各自的销售、利润、新接订单及其他各项指标，分列考核，其中设立刚性的考核指标，并与主要经营者签订一年合同。合同中明确了营业收入、净利润、新接订单 3 项核心指标，以及其他经营质量的要求。

其次，市场化选聘方面，所有员工重新竞聘上岗。

在市场化选聘方面，环保集团重新公开选聘主要经营者以及其他经营团队成员。若新任总经理并无聘任原经营团队的打算，那么原来的经理层均降至普通员工。

最后，进一步授权放权，赋予事业部更多自主权。

环保集团授予各事业部总经理选人用人权、定薪权以及项目开发权，即各事业部总经理拥有相对独立的招人用人的权力、对各自选用的员工确定薪资的权力以及项目开发的权力。其中，事业部拥有项目开发权，不拥有最终决定权，即项目需要集团相关部门的共同评审。如果涉及投资或非投资项目的利润达不到一般要求，便需要环保集团或上海电气总部批准。

为保证授权放权更好地执行，环保集团设计了授权清单。在清单之外的事项，比如审计、法务、投资等涉及风险管控方面的职责，则一律上收。

总结环保集团市场化改革经验，环保集团之所以能在内部顺利推动机制改革并取得相应成效，主要缘于以下两个方面：

第一，集团层面给予高度重视和大力支持。上海电气重视并支持下属单位内部体制机制改革，鼓励旗下的企业对员工薪酬激励机制进行改革。

第二，企业自身发展的必然诉求。环保集团是上海电气在节能环保领域的核心企业，有望成为集团未来发展的支柱企业。在丰富资源的助力下，原有的体制机制不再助力，甚至束缚环保集团所需要的快速增长。因而，必须通过体制机制的变革，引入市场化机制，充分激活企业发展新动能，提升企业综合实力和竞争力，实现做大做强做优的目标，助力集团向成为世界一流企业迈进。

第 9 章 ≫

典型行业的其他混改案例

本书第1~8章根据《国企混改实战100问》的重点内容，有针对性地分门别类介绍了在战略、模式、结构、投资者、定价、机制、长期激励等方面的混改案例。为了让各位朋友对各个行业的混改进程和案例实践有更广泛、多样化的了解，我们在本章中选择了一些典型行业的其他混改案例供参考。

◎ 案例82　汽车租赁企业混改——安吉汽车租赁

我国汽车租赁市场兴起于1990年，近年来经历了异常迅速的发展，未来将会有更大更快的发展。安吉汽车租赁有限公司（以下简称"安吉汽车租赁"）混改的目的是帮助构建创新驱动的汽车租赁行业。以下选择安吉汽车租赁进行深入研究，希望能够为汽车租赁领域的国企混改提供可借鉴的经验，在一定程度上助力汽车租赁行业的快速发展。

安吉汽车租赁成立于2002年11月，注册资本2 200万美元，由上海汽车工业销售有限公司（以下简称"上汽工业"）与ABG（AVIS BUDGET GROUP）集团各出资50%设立。2018年底，上汽工业从ABG集团受让安吉汽车租赁50%的股权，安吉汽车租赁成为上汽工业全资子公司。

安吉汽车租赁是国家商务部批准的首批全国汽车租赁连锁经营试点单位之一。目前，公司业务覆盖上海、北京、广州、苏州和深圳等154个城市，服务超过1 000家企业用户。截至2018年底，公司营业收入为7.8亿元，车辆规模为10 617辆。

安吉汽车租赁混改的目的是优化公司的资本结构、增强资金实力、补充经营发展所需资金、完善法人结构、建立市场化的经营管理机制，以构建创新驱动的汽车租赁行业。

2019 年 7 月 5 日，安吉汽车租赁增资项目在上海联合产权交易所公开挂牌。标的企业拟募集资金金额不低于 10 000 万元，拟募集资金对应持股比例为 0%～10%。

2019 年 9 月 18 日，上海联合产权交易所发布安吉汽车租赁增资项目成交公告，投资方为上海赛可出行科技服务有限公司（以下简称"赛可出行"）。

安吉汽车租赁混改后，上汽工业持股比例由 100% 降为 90%，新入赛可出行持有安吉汽车租赁 10% 的股权（见图 9-1）。

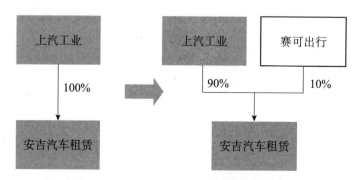

图 9-1 安吉汽车租赁混改前后股权结构图

安吉汽车租赁混改战略清晰，助力混改快速落地。上汽工业全资收购安吉汽车租赁之后，便重新赋予安吉汽车租赁"企业级出行服务"的企业定位，以"享道租车"品牌全新命名，同时与个人出行服务"享道专车"形成优势互补，实行一体化管理，可在客户端实行自由切换。

明确清晰的战略定位，让安吉汽车租赁迈入万亿级的出行市场，而且随着出行市场的日趋成熟，企业级出行或将成为行业新的增长点。这能给投资者带来丰厚的投资回报，也能让员工对企业未来发展更有信心。

安吉汽车租赁此次混改，引入的是战略协同、优势互补的投资者。赛可出行成立于 2018 年 4 月，是上汽集团投资组建的一家国有控股互联网专车服务平台，即"享道出行"，定位于中高端用户群体。

安吉汽车租赁在集团发展战略的指导下，进入新的发展领域，为实现市场的快速布局，与赛可出行强强联手。上汽集团也通过安吉汽车租赁的混改实现产业重组与整合，强化新领域的布局，促使安吉汽车租赁与"享道出行"以及其他平台形成协同，产生"1＋1＞2"的滚雪球效应，最终提升出行服务的市场竞争力。

目前，租车仍是利润率较高的领域。作为未来新的利润增长点，出行服务业务的控制权也被上汽集团紧紧抓住。无论是对安吉汽车租赁还是对赛可出行，上汽集团都拥有绝对控股权。

◎ 案例 83　医药企业混改——云南植物药业

医药领域的云南植物药业有限公司（以下简称"植物药业"）是一家集中药材种植、植物药、中成药、卫生材料、保健食品等大健康产品为一体，并进行研发、生产、销售的现代化制药企业，已经拥有 60 余年的发展历史，是国内医药行业品种剂型齐全、规模较大、生产设施先进的制药企业之一。目前，植物药业总资产超过 17 亿元，是云南省工业投资控股集团有限责任公司（以下简称"云南工投"）的子公司。

植物药业经过多年发展，形成了"诚信、负责、创新、高效"的价值观，以及合作共赢的经营理念。未来，公司希望通过混改引入战略投资者，形成产业协同创新发展，实现 IPO 上市。

2018 年 5 月，贵州百灵企业集团制药股份有限公司（以下简称"贵州百灵"）与云南工投本着"资源共享、价值共创、收益共享、风险共担"的原则签订战略合作协议，参与植物药业混改。

植物药业在多年的生产经营过程中积累沉淀了企业价值观，奉行的合作共赢的经营理念，帮助公司在同行业中、在社会上赢得了良好的声誉。

混改完成后，植物药业股权结构调整为云南工投持股 26.44%，云南医药工业股份有限公司（以下简称"云南医药"）持股 33.56%，贵州百灵持股 40%（见图 9-2）。

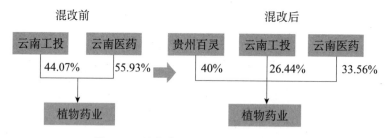

图 9-2 植物药业混改前后股权结构图

贵州百灵为何参与植物药业混改？

首先，我们来看一看贵州百灵是谁。

贵州百灵是一家集苗药研发、生产、销售于一体的医药上市公司，注册资本 14.112 亿元，总资产 42.3 亿元，员工 5 000 余人。2010 年 6 月，公司在深圳证券交易所成功上市。

公司现已形成以"百灵鸟"牌心脑血管类药物银丹心脑通软胶囊，感冒咳嗽类药物维 C 银翘片、咳速停糖浆及胶囊、金感胶囊，小儿柴桂退热颗粒，以及妇科类药物康妇灵胶囊、经带宁胶囊等中药、苗药为主导的强势产品架构和品牌体系。

2017 年，公司销售稳定增长，盈利能力继续提升。公司实现营业收入

25.92 亿元，同比增长 17.05％；归属于上市公司股东的净利润 5.26 亿元，同比增长 9.08％。公司实现上市 8 年以来营收、净利持续增长，净利润首次突破 5 亿元。

贵州百灵紧跟"健康中国"战略，秉承"专精于药、专注于人"的企业理念，围绕全面建成小康社会的战略目标，以提升全民健康为己任，坚持以成熟品牌为依托，以优势品种为核心，不断加强研发创新体系的建设与研发投入，以实现公司可持续发展。

其次，我们来看一看贵州百灵参与植物药业混改能够给双方带来的价值。

贵州百灵的"健康中国"战略，与植物药业发展战略协同互补。"十三五"期间，植物药业依托云南丰富的植物药资源优势，实施创新驱动战略，以多种资本运营手段为抓手，围绕三七、灯盏花等中药材，打造集研发、种植、生产、流通为一体的植物药产业链。

贵州百灵基于战略发展需求，混改路径多元化发展，能够助力植物药业混改落地。近年来，贵州百灵在不断实现内生增长的同时，通过产业并购入股、参投产业基金等多种形式，寻求具备协同效应的优质标的展开多形式合作，实现外延扩张。

贵州百灵入股植物药业也是以股权投资的方式进行，为植物药业注入资金、技术、品牌资源，拓展植物药产业领域，为"健康中国"战略补足马力。通过混合所有制改革手段，贵州百灵助力植物药业快速发展，尽快实现 IPO 上市。双方旨在最终将植物药业打造成为云南省医药产业现代化核心中药企业，形成辐射东盟的以中药现代化为特色的生物医药大健康产业链。

◎ 案例 84　医药企业混改——陕西山海丹药业

　　陕西医药控股集团山海丹药业有限责任公司（以下简称"山海丹"）于 2009 年由西安洪庆制药厂和西安黄河制药有限公司重组成立，是集中、西药制剂研发、生产和销售于一体的现代化国有制药企业。

　　山海丹是陕西医药控股集团有限责任公司（以下简称"陕西医药控股集团"）的全资子公司（见图 9-3）。陕西医药控股集团是在原陕西省医药管理局和陕西省医药总公司的基础上，经过两次改制，于 2006 年 12 月成立的以投资为主、集科工贸于一体的省属国有大型医药企业集团，在陕西省医药行业处于龙头地位，具有引领作用，涉足医药工业、医药流通、医药包装、医药科研和健康服务业等领域。

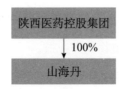

图 9-3　山海丹混改前股权结构图

　　山海丹作为陕西医药控股集团的主营业务板块之一，为践行集团发展战略，做大做强做优企业，支撑企业和集团持续健康发展，利用混改手段，引入优势资源，与投资者一起共同发展壮大，走出陕西。

　　2019 年 6 月，山海丹通过"增量＋存量"方式启动混改。

　　2019 年 8 月，山海丹"增资扩股＋股权转让"项目在西部产权交易所成交。山海丹引入单一投资者山西步源堂生物科技有限公司（以下简称"山西步源堂"）。

　　混改后，山西步源堂获得山海丹 49％的股权，陕西医药控股集团持股比例由 100% 降为 51%（见图 9 - 4）。

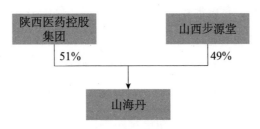

图 9 - 4　山海丹混改后股权结构图

山西步源堂成立于 2009 年 6 月，是一家集营养保健品研发、生产、销售、服务于一体的高标准现代化企业。公司以"关爱健康、服务至上"为企业宗旨，致力于打造中国营养保健品领导品牌。

山海丹作为陕西医药控股集团中药板块的核心骨干企业，肩负着集团做大做强并将具有鲜明特色的中药事业板块整合的伟大使命。通过混改引入资源丰富、具有产业协同效应的投资者，能够推动山海丹体制机制革新升级、提升经营管理水平、拓宽经营领域等，进而增强山海丹的综合竞争力，快速实现做大做强的目标。

此次山海丹与山西步源堂的联合，实现了产业链的优势互补。山西步源堂立足于健康产业，与山海丹之间具有一定的产业协同作用，因而持股比例较高，具有一定的话语权。

另外，山海丹此次引入单一投资者，在一定程度上优化了股权结构，但是距离解决国有资本一股独大问题还有很长的路要走。引入单一投资者虽然能够在一定程度上降低未来战略协同、资源协调等方面的难度，但是在优化公司治理方面的效果较弱，引入的外部资源也具有一定的局限性。

◎ 案例 85　商用车企业混改——重庆重汽专用汽车

重庆重型汽车集团专用汽车有限责任公司（以下简称"重庆重汽专用

汽车")成立于1984年,注册资本5 284万元,主要从事货运专用汽车,以及燃油箱、贮气筒、蓄电池箱等总成、汽车零部件的开发研制与生产业务。公司核心业务为红岩牌重卡的整车销售、自卸车改装和零部件配套,三块业务均基于和围绕上汽依维柯红岩商用车有限公司开展。公司坚持"质量第一、用户至上"的经营理念,朝着创名牌、争一流的目标向前迈进。

2019年2月,控股股东重庆机电集团将持有的重庆重汽专用汽车51%的股权公开转让,转让底价4 446.792万元。随后,转让底价调整为4 002.112 8万元。5月10日,重庆松泽实业以4 002.112 8万元的底价受让重庆重汽专用汽车51%的股权。

重庆机电集团为全面深化国企改革,集团所属25户各层级企业推出混合所有制改革,招募战略合作伙伴。重庆重汽专用汽车便是其中一家。

此次混改,重庆重汽专用汽车旨在引进战略投资者共同发展,并以"混"促"改",逐步推进完善公司治理机制、健全激励约束机制等方面的改革。

混改前,重庆机电集团持股75.49%,重庆市双桥经济技术开发区开发投资集团持股18.38%,重庆嘉昱建筑工程有限公司持股6.13%。

混改后,重庆松泽实业获得重庆重汽专用汽车51%的股份,重庆机电集团持股24.49%,重庆市双桥经济技术开发区开发投资集团持股18.38%,重庆嘉昱建筑工程有限公司持股6.13%(见图9-5)。

重庆机电集团主营业务涉及高端装备制造、电子信息装备、交通运输装备三个核心主业,智能制造、工程技术服务两个新兴主业。重庆重汽专用汽车所属领域并非集团核心主业。因而,在重庆机电集团大力推进混合所有制改革的过程中,重庆重汽专用汽车成为混改对象。

重庆重汽专用汽车所处领域为充分竞争领域,面对激烈的市场竞争环

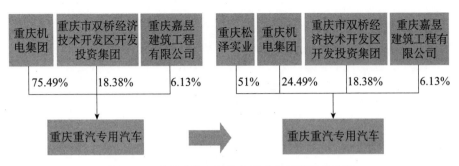

图 9-5　重庆重汽专用汽车混改前后股权结构图

境，需要资本实力强劲或战略资源充足的合作伙伴以谋求共同发展。同时，作为国有资本控股企业，重庆重汽专用汽车体制机制的灵活程度逊色于民营企业，综合竞争力难以大幅度提升，唯有借助集团混改东风，才能更大程度激发企业活力。

此次，重庆重汽专用汽车混改采用的是公开转让股权的模式，仅是股权和对应权利义务的转让。

从股权结构设计来看，充分竞争领域的国有企业混改，国有资本可参、可控。在聚焦主业的大背景下，重庆机电集团放弃了对重庆重汽专用汽车的绝对控股权，有利于将更多的资源向主业倾斜，提升主业的综合竞争力。重庆重汽专用汽车让民营资本掌控，能够解决国有资本一股独大的问题，同时引入更加灵活的体制机制，激发员工和企业活力，更大程度释放企业价值。

混改后的重庆重汽专用汽车的实际控股股东是重庆松泽实业。重庆松泽实业的实际控制人为重庆市大足区佳利金属材料有限公司（持股 60%）。重庆市大足区佳利金属材料有限公司的实际控制人为谷达海（持股 98.72%）。因而，谷达海通过间接控制重庆松泽实业，最终控制混改后的重庆重汽专用汽车（见图 9-6）。

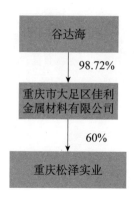

图 9 - 6 重庆松泽实业的股权结构图

◎ 案例 86 水电工程企业混改——天津振津

混改的最大目标之一，是通过外部资源的引入，扩展国企的市场、技术、资源等能力边界，有效推动企业成长。实现这个目标，最简单、最直接的方式，就是和产业链上下游的企业洽谈合作，将原先外部交易的模式改变，通过投资股权把企业之间的关系打通，增强产业链的竞争力。天津振津工程集团有限公司（原天津振津管道工程总公司，以下简称"天津振津"）的混改之路便是寻找产业链上下游企业协同互补的经典案例。

天津振津始建于 1976 年，1996 年按照天津市体改委推进国有企业体制改革的要求，改制为有限责任公司，成为水利部首批 100 家、天津市首批 106 家实行现代企业制度的试点企业之一，是天津市唯一一家同时具有水利水电工程总承包一级、市政公用工程总承包一级、管道工程专业承包一级、机电设备安装工程专业承包一级、堤防工程专业承包一级资质的建筑施工企业，是天津水电工程集团的核心企业。

2018 年 11 月，天津振津 70％股权转让项目在天津产权交易中心公开挂牌。

2019年1月，中建六局积极参与天津市属国有企业混合所有制改革工作，并参与天津振津混改，促使天津振津混改快速落地。

混改前，天津振津是天津渤海文化产业投资有限公司（以下简称"渤海文化"）的全资子公司。混改后，渤海文化将绝对控股权让渡给中建六局。天津振津最终形成的股权结构是中建六局持股70%，渤海文化持股30%（见图9-7）。

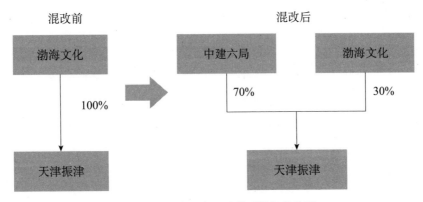

图9-7 天津振津混改前后股权结构图

天津振津作为天津市属国企，在天津市水利行业有着举足轻重的影响力，是天津水利系统的排头兵，具有地缘优势。中建六局作为中国建筑集团的骨干成员企业，在品牌、市场、资金、管理等方面具有更大的优势。

天津振津能够在中建六局的帮助下进一步拓展业务范围并扩展市场领域，在天津市乃至全国、海外开创新的发展局面，成为集设计、研发、投资、建造为一体的水利水电投资建设集团公司。中建六局能够在天津振津的协同下，补足自身在水利水电、河湖整治等方面的短板，通过资源整合实现水利水电业务快速突破和跨越式发展。双方可谓互利共赢。

从股权结构设计的角度来分析，国有参股最大化激发企业发展动能。

天津振津原是渤海文化全资子公司，混改后渤海文化由控股 100％变成了参股 30％，这种转变背后有三个原因。

首先，天津振津的母公司隶属天津渤海国有资产经营管理有限公司。天津渤海国有资产经营管理有限公司有多家控股子公司，覆盖医药、金融、地产等多个行业，行业跨度大，难以产生协同效应或资源互补。而对于天津振津来说，不进行改变就难以获得更多资源，难以改变企业经营模式和配套机制。

其次，天津振津作为天津市属国企，深耕天津水利水电行业多年，已成为天津市水利行业领先企业。但是，天津振津是国有独资企业，体制机制不够灵活，难以突破天津市这个小市场，获得更广阔的发展空间，因此，需要通过混改的手段最大程度激发企业发展活力，而降低国有资本集中度、优化股权结构便是重点工作之一。

最后，天津振津此次引入的战略投资者中建六局是中国建筑股份有限公司的子公司，是混合所有制企业，也是国资控股企业。一方面，中建六局拥有丰富的混合所有制改革和发展经验，此次控股天津振津能够快速将混合所有制体制机制效应发挥到最大，中建六局功不可没，其在混改后的发展上能够助力天津振津更上一层楼；另一方面，中建六局具有国资背景，此次与渤海文化携手，能够利用各自优势实现国有资产的保值增值。

◎ 案例 87　宾馆酒店类企业混改——橙果酒店

混改企业要深海遨游，只有依靠公司的核心经营团队。混改企业引入哪类投资者更为合适？同时，作为投资者，怎么才能保证核心经营团队的奋斗和稳定基因得以建立和维持？以下选择深圳橙果商务酒店管理有限公司（以下简称"橙果酒店"）混改案例，研究酒店类国企的典型混改模式。

　　橙果酒店成立于2009年9月27日，是深圳市赛格宝华企业发展股份有限公司（以下简称"深赛格"）的全资子公司。深赛格经营范围包括投资兴办实业、经营与管理电子专业市场以及以涉外运输和保税仓储、物业租赁为代表的现代综合物流与服务业务等，商务酒店业务是深赛格主营业务之一。

　　深赛格商务酒店主要由橙果酒店和赛格趣创公寓酒店管理公司运营，已开设了5家，其中橙果酒店4家。

　　酒店行业的快速发展给橙果酒店带来机遇和挑战。通过混改引入战略投资者能够为橙果酒店的发展带来外部资源上的助力，促使橙果酒店抓住酒店行业快速发展的机遇，加快发展。混改也是橙果酒店发展的内在需求。公司通过混改建立规范化、市场化的运作机制，从而激发经营管理者及员工活力。

　　本次混改符合橙果酒店的战略发展规划及行业发展趋势，能够进一步促进其业务发展，有利于其合理配置资源，增强其核心竞争力和盈利能力，有利于其长远发展。

　　橙果酒店通过增资扩股引入深圳市华美达建设工程有限公司（以下简称"华美达"）和深圳金专人才网络服务有限公司（以下简称"金专人才"）2家战略投资者，同步实施员工持股，即以增资方式实现管理层和核心骨干持股。

　　混改完成后，深赛格、华美达、金专人才、员工持股平台分别持股55%、20%、5%、20%（见图9-8）。深赛格对橙果酒店仍拥有绝对控股权。

　　橙果酒店的混改有哪些特点呢？

　　首先，橙果酒店处于充分竞争领域，采用了"增资扩股＋员工持股"混改模式。

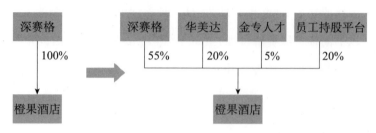

图 9-8　橙果酒店混改前后股权结构图

橙果酒店在此次增量混改过程中，同步实施了员工持股。可以理解为，橙果酒店此次混改不仅要实现"混"的目标，还要实现企业与员工利益捆绑的目标。而国有企业，只有成为混合所有制企业才能在政策导向下实施员工持股计划，才能在进一步创新企业体制机制，激发企业活力的时候，激发员工的积极性。因此，橙果酒店此次混改，构建了企业与员工利益共同体，更有利于企业未来快速、可持续发展。

其次，国有资本控股，员工持股比例较高。

混改后，深赛格持股比例由 100% 降至 55%，仍拥有绝对控股权。橙果酒店虽然处于充分竞争领域，但仍是深赛格新的利润增长点之一。因此，深赛格对其进行绝对控股，以最大程度保障国有资本的保值与增值。

引入两名战略投资者后，橙果酒店的股权结构得到进一步优化，股权集中度进一步降低，但仍存在国有资本一股独大的现象，体制机制仍需进一步创新与突破。为提升员工对企业未来发展的信心，最大程度激发员工活力，橙果酒店给予员工 20% 的持股比例，与华美达并列第二大股东。

橙果酒店此次混改员工持股范围包括 28 名管理层和核心骨干，合计持股比例为 20%。从员工持股的实践来看，这个比例虽然不是顶格的，但也是较高的。橙果酒店成立至今已有近 11 年时间，可以认为处于稳定的成长期，在这个时期，持续保持企业快速发展，布局新领域，需要一批稳定的核心员工。因此，在这个时期实施员工持股，能够更好地吸引员工、留住员工。另外，橙果酒店规模体量较小，给予持股员工最大程度的持股比例，才能达到预期的激励效果。

◎ 案例 88　有色金属企业混改——洛钼集团

随着国企混改的不断深入，国企混改模式逐渐由"增量"混改转变为以"增量"混改为主、"增量""存量"混改并存的阶段。2013 年以前的混改在混改模式和股权比例方面的限制较多，洛阳栾川钼业集团股份有限公司（以下简称"洛钼集团"）的两次混改都是在 2013 年以前进行的，体现早期混改的缩影。

洛钼集团是以钼钨的采、选、冶、深加工为主，集科研、生产、贸易为一体的海外上市公司，公司市值居世界矿业前 30 位，是河南省百强企业和洛阳市 16 家重点企业之一。公司生产规模在国内同行业中位居前列，主要产品包括钼（钨）精矿等 30 多个品种，产品远销美洲、欧洲、韩国、日本、东南亚、香港等地区。

洛钼集团混改前是国有独资企业，为实现企业突破式发展和可持续发展，分别在 2003 年、2012 年进行了两次混改。

2003 年，洛钼集团为提升市场竞争力，实现扭亏为盈和突破式发展，启动第一次混改，引入战略投资者上海鸿商，获得注资近 2 亿元。第一次混改完成后，国有资本持股 51%，上海鸿商持股 49%（见图 9-9）。

第一次混改后，洛钼集团的混改成效便迅速凸显。2003—2007 年，洛钼集团总资产增长 100 倍、净资产增长 162 倍、营业收入增长 52 倍、利润增长 347 倍、国有净资产增长 39 倍。2007 年，洛钼集团在香港 H 股主板上市。

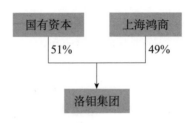

图 9 - 9   洛钼集团第一次混改后股权结构图

　　洛钼集团再次混改,实现"市场化、国际化"腾飞。2012 年,洛钼集团启动第二次混改,上海鸿商通过市场化方式增持洛钼集团股份至36.01%,国有股权占 35.01%。同年,洛钼集团实现 A 股上市。目前,上海鸿商持股 24.69%,洛阳矿业持股 24.68%(见图 9 - 10)。

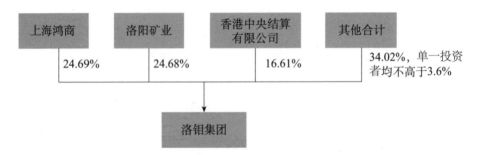

图 9 - 10   洛钼集团当前股权结构图

　　洛钼集团,无论是 2003 年的第一次混改,还是 2012 年的第二次混改,都是发生在新时代混改之前,国企混改的审核较为严格,而且需要以增量为主。增资扩股是增量混改的主要方式,是保障国有资本保值、增值,防止国有资本流失较有效的方式。

　　在混改前的几年时间里,受亚洲金融危机影响,国际矿业发展环境恶化,国内外钼价低迷,洛钼集团处在半停产状态,亏损严重,濒临倒闭。这背后的原因是洛钼集团当时作为国有企业,股权责任不清、决策迟缓、效率低下,无法适应市场竞争环境。为了摆脱发展困境,洛钼集团最终选择通过混改促使集团走出低谷。

2003 年混改，洛钼集团选择了国资与民资 51：49 的股权比例，在保持国有资本的绝对控股地位的前提下让民营资本对企业的影响力最大化。事实证明，洛钼集团确实利用此次混改带来的资金与机制改变，迎来了新一轮发展。

第一次混改可以总结为：国资控股，民资参股，实现规模化跨越发展。

2012 年，洛钼集团再次混改时主动放弃控股地位。2008 年世界金融危机导致市场再次持续下行，洛钼集团经营进入低谷，业绩受市场波动的影响忽高忽低。为了摆脱困境，增强市场竞争力，提高抵御风险能力，2012 年洛钼集团实施二次混改，决定由上海鸿商出任大股东，主导公司经营。

此次混改，国有资本放弃控股权，退居第二大股东，保持 35.01％的持股比例。上海鸿商通过市场化方式增持洛钼集团股份至 36.01％，成为第一大股东和实际控制人，由此完成由国资控股向民资控股的体制机制转换。洛钼集团的这种决定是基于在第一轮混改中，国有资本控股的股权结构经过实践证明并不能彻底解决洛钼集团所面临的问题。战略不清、机构臃肿、效率不高等体制问题依然存在，公司治理结构并没有从第一轮混改中脱胎换骨。因此，放弃控股权，让民营企业主导企业经营，对于处于竞争领域的洛钼集团而言是进一步增强企业活力的选择，经过后来事实证明也是正确的选择。

◎ 案例 89　农业企业混改——武汉农业集团

没有一家企业是天然就完美的，各家企业面对混改时都需要根据自己的情况对资产、业务、组织进行重组安排。如何设计和实施业务重组，一方面关系到企业效率，另一方面关系到企业能否稳定发展，还要兼顾国有股东的利益不受影响。以下选择武汉农业集团有限公司（以下简称"武汉农业集团"）"战略重组＋混改"案例，以更好地体现业务重组是科学制定混改方案、助推混改方案快速落地的要件。

武汉农业集团是武汉市直属唯一的国有农业集团，主要涉足水产、畜牧、饲料、观光农业、农业地产和农业机械、农业投融资、农业担保、农业咨询、新农村建设、涉农产业引导基金管理等产业。

2018 年上半年，集团营业收入同比增长 58%，利润总额同比增长350%，远超同期全市出资企业平均增长率。

集团新的利润增长点正在形成。投资 5 亿元的正大饲料新厂重建项目已经投产，年产值 15 亿元。集团还积极谋划实施都市田园综合体、渔业种业科技园等 9 个共计 180 亿元的招商合作建设项目，为集团发展增添新动力、新亮点。

武汉农业集团近年来坚持"改革、发展、市场、效益"八字经，以实施乡村振兴战略和"三乡"工程为契机，以深化改革和内外资源整合为突破口，以体制机制创新为动力，通过重点项目建设和农业战略性新兴产业投资，推动主业结构调整，加快产业转型升级，由单一的农业产业模式转型发展为"产业＋投融资"双轮驱动发展模式，改革成效明显。

武汉农业集团的改革经历了战略重组和混改两步，其中，战略重组始于 2017 年。2017 年 3 月，为带动行业与自身发展，武汉农业集团与武汉市农业投资公司正式合并，完成了国有股权的划转工作。重组后，武汉农业集团资产规模由 20 亿元扩大到 40 亿元。

集团由单一的农业产业变为"产业＋投融资"，实现了产业与金融两翼齐飞。集团服务"三农"的手段和能力进一步增强，引领武汉现代都市农业作用进一步显著。

第一步，为改变积弊已久的"弱小散"状况，集团将 26 家子企业合并同类项，整合为 6 家专业化全资子公司、1 家控股公司、2 家参股公司，实现板块化配置、专业化运营，集中资源做大主业，培植新业态。同时积极处置低效无效资产，淘汰落后产能，关停并转 7 家亏损大户，盘活集团内部资源。

第二步，全面推进公司制改革，建立现代企业制度。6 家全资子公司和 1 家控股公司建立了以董事会建设为核心的法人治理结构，并率先在全资子公司武湖公司委派外部董事。

此外，集团还推进人事、劳动用工制度改革，实行全员劳动合同聘任制，建立"能者上、庸者让、劣者汰"的用工制度，完善激励约束机制，打造差异化的薪酬分配体系，建立 7 级 8 档 35 级差收入档次，以发挥对员工的激励作用。

我们可以看到，武汉农业集团的战略重组工作，进一步优化了企业的产业结构、明晰了产权管理关系等，为混改奠定基础。

武汉农业集团的混改模式，重点在于"改"而不在于"混"，以完善公司法人治理结构、健全激励约束机制为重点。

另外，武汉农业集团"改"的阶段力度不断加大，混改成效已显现。武汉农业集团一直以来坚定不移地推动深化改革与资产重组工作，同时也在推动人事、薪酬激励、母子公司管理架构等不同层面的改革。当前，改革成效正在体现，充分激发企业活力和干部职工干事创业热情，大幅度提升了集团整体经营效益。

◎ 案例 90　商业企业混改——汉商集团

武汉市汉商集团股份有限公司（以下简称"汉商集团"）前身是 1958 年

建店的汉阳百货商店，1990 年完成股份制改造，正式成立汉商集团，并于
1996 年成功登陆 A 股，成为武汉市首家在上交所上市的公司。目前，汉商
集团是一家集商业、展览业、外贸、旅游业于一体的多元化、多业态、现
代化的大型商业上市公司。

2012 年以来，卓尔控股有限公司（以下简称"卓尔控股"）6 次举牌将
持股比例提升至 30%。

2018 年底，卓尔控股又提出一次性要约收购 9.5%的股份，最终获得了
汉商集团的控股权（见图 9 - 11）。

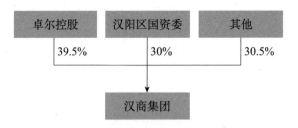

图 9 - 11　汉商集团混改后股权结构图

卓尔控股作为民营企业，一步步通过规范、透明的公开市场化收购获
得汉商集团的控股权，有利于激活汉商集团的体制机制，促进集团提升经
营质量；同时，这也彰显出武汉地区国企混改过程中对民营资本的开放度
和宽容度较高，允许民营资本通过参与混改激发老字号的发展活力。

本地民营企业通过规范、透明的公开市场化收购获得上市公司控股权，
有利于向传统国企注入市场化机制，有利于国企混合所有制改革的推进。

首先，从改革政策角度而言，零售业属于充分竞争性行业，按照本轮
混改思路，对于充分竞争性行业，国有资本可以不执着于保留其控股权，
即应践行"宜参则参"的原则，甚至是"宜退则退"，就如我们前面分析的
天津水产集团和天津一商集团。在我国，零售类企业众多，且地域性业务

分布与地方国有资本布局紧密相关。所以，在国企混改政策导向下，零售类国有企业有望迎来更大范围、更深层次的混改。

其次，从行业实践来看，民营资本对市场需求变化反应迅速，且投资过程决策链短，对零售业的布局快速有效。零售业混合所有制企业由民营资本控股具有其优势，但国有资本拥有大量本地资源，也适宜在混改后的企业中保留一定的股份。

再次，从投资人选择来看，卓尔控股是中国 500 强企业，一直专注于投资高端制造业、现代服务业等实体经济领域。卓尔控股在商业方面具有广泛的布局，与汉商集团在零售业领域可以融合发展，实现协同发展。

最后，渐进式混改可减少一次性变革阻力，汉商集团股权 6 年间发生了多次变动，最终才由民营资本卓尔控股获得控制权。长周期、多次股权更迭有助于在混改过程中减少变革阻力，特别是在推进"改"的层面。

◎ 案例91　轻工企业混改——华都酿酒

北京华都酿酒食品有限责任公司（以下简称"华都酿酒"）是由建于 1949 年 4 月的昌平县酿酒厂改制而成的股份制企业，是北京地区唯一兼具酱香、浓香、清香三种香型白酒生产能力的企业。

截至 2019 年 1 月 31 日，公司营业收入为 3 118.33 万元，净利润为 210.14 万元，净资产为 5 805.41 万元，资产负债率为 74.61%。

华都酿酒为适应新常态经济形势，进一步深化国企改革，积极应对白酒行业的深度转型调整，开启了混改。

2015 年 11 月，华都酿酒引入北京糖业烟酒集团有限公司（以下简称"北京糖业集团"），其中北京糖业集团持股 70%，北京红冶汇新控股集团有限公司（以下简称"北京红冶汇新"）持股 30%，双方结合各自优势开启了

"新华都"时代（见图 9 - 12）。

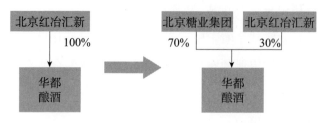

图 9 - 12   华都酿酒第一次混改前后股权结构图

华都酿酒此次混改是战略协同、产业协同的体现。华都酿酒引入北京糖业集团有利于北京酒界两家本土化的老字号企业协同发展，充分发挥区域优势，借助市场化运作，有效整合华都酿酒的工艺、产品、品牌、渠道资源，进一步调整公司业务结构，加快技术创新和产业转型升级，以实现"1＋1＞2"的效应。

为进一步完善公司治理结构，激发企业活力，华都酿酒开启了第二轮混改，并同步实施员工持股计划。

2019 年 3 月 13 日，华都酿酒增资项目在北京产权交易所公开挂牌。华都酿酒通过增资扩股引入 1 家战略投资者，同步实施员工持股；通过非公开增资引入北京百年华都信息咨询服务合伙企业（有限合伙）（朱华等 49 名股东）和北京华都赢信息咨询服务合伙企业（有限合伙）（王新等 16 名股东）2 家员工持股平台，持股比例分别为 17.13% 和 2.87%。

2019 年 8 月 29 日，北京产权交易所发布华都酿酒增资项目成交公告，引入的战略投资者为北京华之彩科创科技有限公司（以下简称"华之彩科创"）。交易完成后，原控股股东北京糖业集团持股比例由 70% 降至 45.5%，仍为公司第一大股东兼实际控制人（见图 9 - 13）。

此次混改，一方面，实现了与战略投资者之间的业务协同。华之彩科

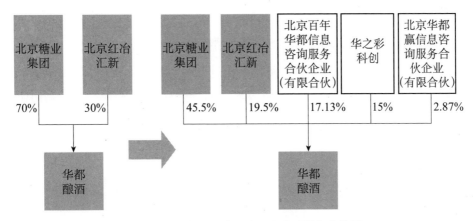

图 9-13　华都酿酒第二次混改前后股权结构图

创成立于 2018 年 12 月，主要开展技术推广服务、产品设计、工艺美术设计、文化艺术交流活动组织、文艺创作、展览展示承办等业务，能够在产品设计、宣传渠道等方面给予华都酿酒一定的支持。另一方面，此次混改更大程度地激发了企业活力。员工持股计划的开展能够有效激发企业员工的积极性与创造性，为企业带来蓬勃的发展活力。将企业与员工的利益捆绑在一起，能够进一步激励企业和员工朝着美好的未来勇敢迈进。

◎ **案例 92　轻工企业混改——老白干酒**

河北衡水老白干酒业股份有限公司（以下简称"老白干酒"）是由河北衡水老白干酿酒（集团）有限公司（以下简称"衡水老白干"）联合衡水京安集团有限公司等 6 家企业于 1999 年 12 月 30 日共同发起设立的股份有限公司，注册资本为 1.4 亿元。2002 年 10 月，公司在上交所正式挂牌上市交易。

2016 年 2 月，公司实际控制人由衡水市国资委变更为衡水市工业和信息化局。公司目前主要从事衡水老白干酒的生产和销售、商品猪及种猪的饲养及销售、饲料的生产与销售业务。

实施员工持股计划前，公司的控股股东衡水老白干持股比例达
36.11%，其余大股东的持股比例均不超过5%。实施员工持股计划和引入
战略投资者后，衡水老白干持有老白干酒28.88%的股权，仍为公司控股股
东（见图9-14）。

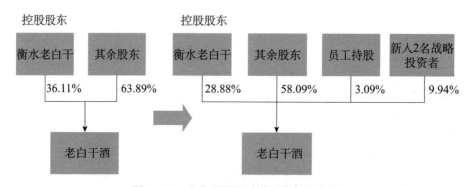

图 9-14　老白干酒混改前后股权结构图

2014年12月1日，老白干酒公布非公开发行方案及员工持股计划（草
案）。根据公司员工持股计划，计划认购份额不超过12 760万份，每个份额
认购价格为1元，认购资金总额不超过12 760万元。持股计划所对应的股
票总数累计不超过公司股本总额的10%，单个员工所获股份权益对应的股
票总数累计不超过公司股本总额的1%。

老白干酒此次员工持股计划的参与对象为公司董事、监事、高级管理
人员和公司其他员工。其中，参与认购的董事、监事以及高管共13人，总
计认购不超过2 395万元；其余817名员工总计认购不超过1.04亿元。员
工持股计划的锁定期为36个月，存续期为48个月。在持股计划存续期内，
持有人所持有的本持股计划份额不得申请退出或转让。

从老白干酒的发展现状来看，企业本身适合实施员工持股。首先，老

白干酒所处行业有良好的发展前景。随着我国城乡居民收入和消费能力的持续增长，我国国内消费需求也呈现稳定增长趋势，白酒消费的市场空间也随之扩大。其次，白酒行业属于完全竞争行业，目前面临转型，需要提升核心员工的积极性来应对激烈竞争。随着白酒需求量持续增长，消费理念也逐渐由以中低档为主向以中高档为主过渡。为适应白酒消费格局的转变，全国知名品牌以及区域性知名品牌白酒企业开始调整产品结构和品牌宣传，使中高档产品领域的竞争日益激烈。而对于白酒行业来说，人力资源对企业发展具有较大的影响力，高管的决策将影响企业的发展布局。

从股权结构设计来看，员工持股配合混改优化股权结构。企业在混改之前，国有控股股东持股比例达 36.11%，虽然持股比例未达到 50%，但是由于其他股东所持的股份比例均较低，难以对其产生有效制约，因此第一大股东能够绝对控制公司的运作。混改后，国有控股股东持股比例降低至 28.88%，经销商持股共计 6.97%，新引入的 2 家战略投资者各占 4.97%，员工持股占比为 3.09%。这样的股权结构设计有效降低了股权集中度，提升了股权制衡度，也提升了其他大股东参与公司治理的积极性，并有利于市场化经营机制的引入，对于提升国企活力和绩效具有正向作用。

此外，老白干酒的员工持股同样告诉我们，国有上市企业员工持股需防控风险。在老白干酒混改后的股权结构中，国有控股股东持股比例降至 28.88%，低于 34%，且老白干酒为上市企业，股权分散度和流动性较高，存在着控制权转移的风险。不过，老白干酒的其他大股东中有若干国企股东，使得国企股东总持股比例较高，风险有所降低。但对于其他国有控股混合所有制企业，尤其是上市公司来说，在进行员工持股时，还是应保证国企股东的控股地位，使其持股比例不低于 34%。

◎ **案例 93   基础设施行业混改——河北交投沿海**

广大混改国企，需要根据自身的规模、市场地位、财务和业务现状等条件进行客观评估，看看适合自己的投资者是什么样子的。河北交投沿海高速公路有限公司（以下简称"河北交投沿海"）混改仅仅引入产业基金，表明通过产业基金进行的股权投资也成为工程领域企业的核心选择。

河北交投沿海成立于 2017 年 9 月，注册资本 39 216 万元，主要经营河北省沿海高速公路秦皇岛至冀津界段的建设、运营管理及养护等业务。河北省沿海高速公路为秦、唐、沧环渤海公路的一部分，是联系沿海地区的主要通道。截至 2017 年底，河北交投沿海营业收入为 77 526.34 万元，净利润为－467.59 万元，净资产为 107 062.87 万元，资产负债率为 89.71％。

河北交投沿海的混改史并非一帆风顺，历经一年半的时间，才最终成功落地。

2018 年 2 月 12 日，河北交投沿海增资项目在河北产权市场公开挂牌。标的企业拟募集资金金额不低于 150 000 万元，拟募集资金对应持股比例不高于 49％。

2019 年 8 月 14 日，河北产权市场发布河北交投沿海增资项目成交公告。交易完成后，原控股股东河北省高速公路开发有限公司持股比例由 100％降至 51％，新引入战略投资者溢银基金持有 49％的股权（见图 9 - 15）。河北省高速公路开发有限公司仍为河北交投沿海第一大股东兼实际控制人。

河北交投沿海此次混改的主要特点在于引入的单一股东是以基金形式入股的，而且具有较高的参股比例。

溢银基金成立于 2008 年 8 月 5 日，注册资本为 20 000 万元，公司经营

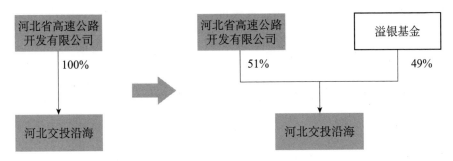

图 9 - 15　河北交投沿海混改前后股权结构图

范围包括股权投资管理、投资咨询、投资管理。溢银基金自成立以来，管理的有限合伙基金主要有高速公路投资、污水处理投资、城市管网、地产投资、夹层投资、基建项目供应链融资六大业务板块。

对工程建设企业而言，一体化服务包括"投融资、设计、研发、咨询、施工、运营"等环节。河北交投沿海仅有一个产业链环节，就是施工环节。而溢银基金也仅有一个产业链环节，即投融资环节。因此，二者的联合具有产业链协同效应。另外，我们可以认为，处在产业链中的投融资、设计等环节上的企业，在进行混改或参与混改时更多的是考虑自身市场资源的稀缺性，包括市场资源和设计能力。

从引入投资者类型来看，河北交投沿海引入民营控股的市场化运作基金，一方面实现了金融行业资源和经验的引入，另一方面则无须担心国有资本控制力降低。国企引入市场化运作的基金进行混改也属于国企混改的一种创新。

◎ 案例 94　会展服务企业混改——上海依佩克

上海依佩克国际运输有限公司（以下简称"依佩克"）成立于 1996 年，注册资本 500 万元，隶属于东浩兰生（集团）有限公司（以下简称"东浩兰生")。公司主营"来华展"和"出国展"展品运输代理业务,拥有"工博会""华交会"等大型展览项目。

截至 2018 年底,公司营业收入为 3 955.74 万元,净利润为 28.52 万元,净资产为 1 729.57 万元。截至 2019 年 3 月 31 日,公司营业收入为 735.41 万元,净利润为 −19.27 万元,净资产为 664.94 万元,资产负债率为 38.10%。

东浩兰生聚焦人力资源服务、会展赛事服务和国际贸易服务三大核心业务,是上海现代服务业的国有骨干企业。为助力国资国企改革和央地融合发展,2019 年,东浩兰生以依佩克作为平台深化改革。

2019 年 5 月 24 日,依佩克增资项目在上海联合产权交易所公开挂牌。标的企业拟募集资金金额不低于 586.514 3 万元,拟募集资金对应持股比例为 45%。

2019 年 8 月 14 日,上海联合产权交易所发布依佩克增资项目成交公告,引入中国国际展览中心集团公司(以下简称"中展集团")。

2019 年 12 月 5 日,东浩兰生与中展集团的战略合作签约仪式暨依佩克揭牌仪式在上海举行。

依佩克增资扩股完成后,上海外经贸商务展览有限公司持股 55%,中展集团持股 45%(见图 9-16)。上海外经贸商务展览有限公司为依佩克实际控制人。

中展集团成立于 1985 年,是中国国际贸易促进委员会直属企业,现已发展成为集展馆经营、国内组展、境外出展、展览工程、展览运输、展览广告等业务于一身的会展全产业链龙头企业。

从行业发展的角度来看,我国已经成为全球最具吸引力的投资目的地之一。在新常态经济发展趋势下,会展行业面临空前的发展机遇和挑战,

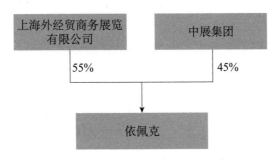

图9-16 依佩克混改后股权结构图

要在会展领域有更大作为，成为世界一流企业，则需要强强联合。

依佩克此次引入中展集团，在中国会展行业实现了强强联合、互利互惠、战略协同的效应。东浩兰生和中展集团均具有国企背景，拥有相同的发展理念和相似的全产业链。二者的联合，能够发挥各自优势，形成优势叠加、协同创新效果，同时有助于推进上海"五个中心、长三角一体化发展示范区、上海自贸试验区临港新片区建设"，助力地方国企发展和央地融合发展。

从业务发展的角度来看，依佩克所属的产业板块是东浩兰生的核心业务板块之一。东浩兰生推动依佩克混改，也是通过引入战略资源推动其更快、更好地发展，早日实现做大做强做优的目标。作为核心业务之一的依佩克，未来将成为东浩兰生的主要利润来源。因此，混改后，东浩兰生仍要保持对依佩克的绝对控股权。但是，为了更大程度激发依佩克体制机制和企业活力，让灵活的市场化机制充分融入企业当中，东浩兰生给予了中展集团较高的持股比例。同时，这也能够进一步降低依佩克的股权集中度，在一定程度上提升其股权制衡度，优化公司法人治理结构。

◎ **案例95 物业服务企业混改——天津天孚物业**

天津天孚物业管理有限公司（以下简称"天孚物业"）于2000年正式挂

牌成立，隶属于天津泰达投资控股有限公司附属公司天津泰达资产运营管理有限公司（以下简称"泰达资产"），是目前天津市最大的综合性物业管理公司。截至 2019 年 6 月 30 日，公司营业收入 1.43 亿元，净利润 223.16 万元，净资产 3 222.44 万元。

2019 年 8 月 5 日，泰达资产在天津产权交易中心公开挂牌，拟转让其持有的天孚物业 51％的股权，转让底价 3 014.91 万元。

挂牌期满后，符合条件的三家意向受让方经过 111 轮激烈竞价，最终山东润华以 1.3 亿元成功竞得天孚物业 51％的股权，与转让底价相比溢价率达到 331％。2019 年 10 月 16 日，天孚物业混改项目签约仪式圆满举行，标志着天孚物业混改项目成功落地。

混改完成后，原控股股东泰达资产的持股比例由 70％降至 19％，原第二大股东天津开发区金泰达建筑装饰有限公司持股比例 30％不变；新入投资者山东润华持股比例达 51％，成为天孚物业第一大股东兼实际控制人（见图 9 - 17）。

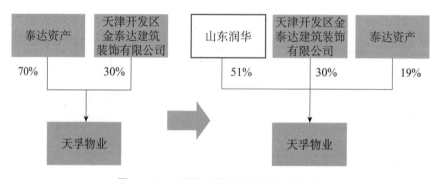

图 9 - 17　天孚物业混改前后股权结构图

天孚物业是充分竞争领域的商业类国有企业，又处在国企混改速度、力度、深度较高的天津地区，其混改必然符合天津国企混改的大趋势。与前面研究的天津地区的混改案例进行对比，天孚物业此次混改并未有创新性的突破，但是天孚物业混改依然遵循了"宜参则参"的原则，进一步降低了国有资本集中度，将企业控制权让渡给民营资本。

首先，从混改定价来看，评估基准日为 2018 年 8 月 31 日，净资产账面价值为 3 075.77 万元，净资产评估值为 5 911.59 万元，净资产评估值溢价率为 92.2%，转让底价为 3 014.91 万元。从混改速度来看，这个混改价格也是比较容易被投资者接受的，首次挂牌后便已经征集到意向投资者。

其次，我们来看一看战略投资者是谁。山东润华成立于 1996 年 2 月，系润华集团旗下的国家一级资质物业管理企业、中国物业管理协会会员单位、山东省物业服务企业综合实力 30 强、济南市物业管理行业协会副会长单位、济南市十佳物业服务企业，并于 2016 年 1 月 29 日正式新三板挂牌上市，成为济南市第一家登陆资本市场的物业服务企业。

天孚物业业务主要集中在公建领域，山东润华业务主要集中在高铁、医院领域，双方业务形成优势互补。天孚物业与山东润华可谓强强联合，共同实现"1+1>2"的产业效应。

◎ 案例 96　物流企业混改——珠海环通仓储物流

珠海环通仓储物流有限公司（以下简称"环通仓储物流"）成立于 2002 年 7 月，注册资本 3 414.75 万元。公司以珠海港口、中远海航线为依托，开展集装箱业务延伸服务。

截至 2018 年底，公司营业收入 0 元，净利润 -17.8 万元，净资产 70.74 万元，资产负债率 86.49%。根据交易所披露信息，2015—2017 年度公司营业收入均为 0 元。

2019 年 5 月 22 日，环通仓储物流增资项目在北京产权交易所公开挂牌。标的企业拟募集资金金额不低于 14 326 万元，拟募集资金对应持股比例为 70%，拟征集投资方数量 2 个。

2019 年 8 月 22 日，北京产权交易所发布环通仓储物流增资项目成交公告。新引入的两家战略投资者为上海泛亚航运有限公司（以下简称"泛亚航运"）和珠海国际货柜码头（高栏）有限公司（以下简称"高栏国码"）。

增资前，环通仓储物流为南光（集团）有限公司下属二级企业南光物流有限公司（以下简称"南光物流"）的全资子公司。

增资完成后，原控股股东南光物流持股比例由 100% 降至 30%，新引入的战略投资者高栏国码和泛亚航运分别持有 40% 和 30% 的股权（见图 9-18）。高栏国码成为环通仓储物流第一大股东兼实际控制人。

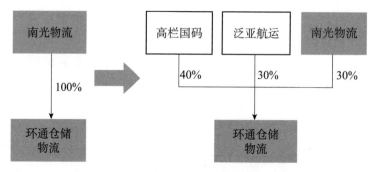

图 9-18　环通仓储物流混改前后股权结构图

环通仓储物流此次增资价格 14 326.11 万元，净资产 70.74 万元，成交价格溢价率高达 28 831.12%，溢价近 300 倍。

为何如此高的溢价率还能吸引投资者？我们可以理解为环通仓储物流是混改中的"靓女"。

首先，从业务结构来看，环通仓储物流背靠澳门最具有影响力的专业化物流公司南光集团，未来行业增长空间大、业务扩展性良好。

其次，从资本结构来看，环通仓储物流"收入低，净利润更低；总资产不高，净资产更低"，通过混改能够激发企业发展活力，进一步提升企业价值。

最后，从组织结构来看，环通仓储物流具有完善的组织结构。

简而言之环通仓储物流具有扩展性良好的业务结构和利于混改的资本结构与组织结构，因此其容易受投资者追捧。

从投资者类型来看，高栏国码、泛亚航运都属于物流行业，与环通仓储物流能够形成产业优势互补，共同打造物流行业的领军企业。

◎ **案例 97　建材企业混改——安徽海螺集团**

安徽海螺集团有限责任公司（以下简称"海螺集团"）隶属于安徽省国资委，是我国目前规模最大的建材行业企业之一。海螺集团的前身是安徽省宁国水泥厂，1996 年改制为海螺集团。1997 年，海螺集团将宁国水泥厂和白马山水泥厂中与水泥生产经营相关的资产划拨出来，发起成立海螺水泥。同年，海螺水泥成功在香港联交所上市，成为国内水泥行业第一家 H 股上市公司。2002 年初，海螺水泥和海螺型材在境内 A 股成功上市，成为 A＋H 股上市公司，将境内外资本市场成功对接，企业投融资能力显著增强。

实施员工持股前，海螺集团是安徽投资集团全资子公司。经过实施员工持股及后续发展，安徽投资集团持有海螺集团 51％的股权，由海螺集团、海螺集团控股公司及 3 个工会组织和 8 名自然人共同出资设立的安徽海螺创业投资有限责任公司（以下简称"海螺创投"）持股 49％（见图 9-19）。

2002 年，海螺集团成立了海螺创投，注册资本 150 000 万元整，资本来源于海螺集团内 3 个工会组织、8 名自然人和海螺型材。其中，海螺集团工

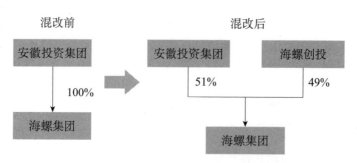

图 9-19 海螺集团混改前后股权结构设计图

会持股 31%，宁国水泥厂工会持股 26.3%，海螺水泥工会持股 21.6%，海螺型材持股 8%，海螺水泥董事长等 8 名自然人持股 13.1%，其中全部持股工会涉及海螺集团 7 758 名员工。随后，海螺创投以社会资本的形式参股海螺集团，持有 11% 的股份，并于 2003 年增持至 49%，与 51% 的国有股份一起形成了海螺集团的混合所有制形式，通过推行员工持股的方式在集团母公司层面实现了股权多元化的混合所有制改革。

2007 年，海螺集团子公司海螺水泥向企业员工定向增发股票，涉及企业员工 7 000 多人。海螺水泥将海螺创投作为主体，共发行了 28 800 万股 A 股流通，并且购买了企业名下持股的 4 家子公司的剩余全部股份。这一定向增发政策实施后，由企业员工持有的海螺创投直接持有了海螺水泥 18.3% 的股权，从而在子公司层面深化了混合所有制改革。

与老白干酒一样，海螺集团自身也适合实施员工持股。首先，所处行业面临发展与竞争。水泥是建筑行业必要的基础材料，随着中国经济发展，水泥行业有着广阔的发展空间。同时，水泥行业也是完全竞争行业，国有企业的体制与经营机制并不占优势，作为国有独资企业的海螺集团需要进行改变。其次，企业面临资金压力。从 2000 年到 2002 年，国家收紧宏观调控政策提出：三年内不产一个新项目，银行不提供新的贷款。另外，由于水泥是一个高风险的行业，所有银行对水泥行业的贷款严格把控，所以在海螺集团建设的初期阶段，集团面临着负债率高、融资困难等很多发展困难。最后，当时员工手中有足够资金。21 世纪初，国企改制过程中海螺集团的 7 758 名国有全民职工在解除劳动关系后获得的一次性经济补偿，称为身份置换金，总额为 1.7 亿元。海螺集团一方面为了安抚解除劳动关系的员工，另一方面也为了提升员工积极性，选择了实施员工持股。

海螺集团多次实施员工持股，员工持股范围逐渐扩大。包括首次成立海螺创投实施员工持股在内，海螺集团先后共实施了四次员工持股，参与人数逐渐增加，参与范围逐渐扩大。

海螺集团刚开始进行员工持股改革时，持股的范围就广泛涵盖了大部分的普通员工和高层管理人员。紧跟其后，海螺集团又推动实施了三次股权改革激励政策。通过这几次员工持股计划，参与其中的员工人数已达两万余，这一人数接近当时企业总人数的 50%，范围之广、力度之大显而易见。目前，海螺集团形成了以普通员工为基础、以优秀骨干员工为主体、以企业管理者为主导的较为成熟的员工持股模式。

海螺集团已经具有多层次深度实施员工持股的经验。海螺集团的员工持股还有一个亮点，就是覆盖了集团层面和子公司层面。首先开展的是集团层面的员工持股。集团员工通过海螺创投参股海螺集团，获得 49% 的股权，在集团层面实现了混合所有制改革。其次，海螺集团子公司海螺水泥向企业员工定向增发股票，企业员工通过海螺创投直接持有了海螺水泥 18.3% 的股权，从而在子公司层面深化了混合所有制改革。海螺集团及其最重要的子公司海螺水泥都通过员工持股实现了混改，这对于集团各个层面优化治理结构、增强企业活力都大有益处。

海螺集团实施的差异化员工持股，能够实现精准激励。与很多企业不同的是，海螺集团并没有采用"简单粗暴"的全员无差别持股模式。海螺集团针对企业中的核心人才如管理者、可替代性低的珍贵人才的特点，为他们制定了差异化的持股奖励。这样一来能够调动这些"精英"的工作积极性，更能带动企业快速发展。同时，海螺集团进一步提高了企业核心员工的持股比例，根据企业核心员工对企业的价值确定更优质的持股比例。这两种方式相结合，既做到了持股比例差距拉开，也兼顾了公平与效率。

　　海螺集团实施的员工持股不仅仅简单地发挥对员工的短期激励作用，还通过其他手段延续、加大这种激励作用，为企业的持续发展提供助力。根据相关数据可知，在海螺集团多次实施员工持股改革之后，每股现金股利在不断增长，这样的增长模式大大增强了员工的积极性。以前都是为企业而工作，当持有股份时，员工都形成了是为自己工作、而不是为企业工作的意识，员工持股对员工的激励作用显而易见。

◎ 案例 98　港口企业长期激励——上港集团

　　上海国际港务（集团）股份有限公司（以下简称"上港集团"）是我国大陆所有的港口公司中最大的一个综合性港口公司，其货物吞吐量、母港集装箱吞吐量在世界上都能排到首位。公司主营业务涉及集装箱码头运输、散杂货码头运输、港口运输和港口服务四大领域，且这些业务板块都经营良好。

　　上港集团起先由上海市港务局改制而来，由上海市国资委、招商局集团下的招商国际等几家单位作为倡议人创议设立，经国家商务部批准，于2005 年 6 月 28 日在上海正式开业，并于 2006 年 10 月 26 日在上海证券交易所挂牌上市。

　　实施员工持股计划前，上港集团大股东上海市国资委持股 31.36%，第二大股东外资企业亚吉投资持股 24.04%，第三、第四、第五大股东均为国有企业。于是，上海市国资委通过直接及间接的方式共持有上港集团 65.32% 的股份。实施员工持股方案后，上海市国资委通过直接及间接的方式共持有上港集团 64.14% 的股份。

2014 年 11 月 18 日，上港集团发布《2014 年度员工持股计划（草案）（认购非公开发行股票方式）》的公告。经中国证监会核准后，公司于 2015 年 5 月向激励对象以非公开发行人民币普通股（A 股）的形式发行股票 418 495 000 股，占公司股本总额的 1.81%，发行价格为 4.18 元/股，募集资金净额为 1 719 790 605 元。

上港集团此次员工持股计划所认购股票的来源为非公开发行的股票。此次员工持股计划的参加对象为上港集团总部及上港集团下属相关单位员工。参加此次员工持股计划的员工总人数为 16 082 人，占公司员工总人数的 72% 左右。参加此次员工持股计划的公司董事、监事和高级管理人员合计 12 人，其认购份额占员工持股计划总份额的比例约为 1%。

2014 年实施员工持股计划之初规定的员工持股计划存续期为 48 个月，其中前 36 个月为锁定期，后 12 个月为解锁期。解锁期内，此次员工持股计划资产均为货币资金时，员工持股计划可提前终止。员工持股计划的存续期届满后未有效延期的，员工持股计划自行终止。2018 年 3 月，上港集团对员工持股计划存续期进行了一次为期一年的展期，即上港集团员工持股计划存续期实际上是 60 个月。

上港集团此次实施员工持股计划也是从企业未来发展的角度考虑的。首先，上港集团国有资本所占股比过高。实施员工持股前，上港集团 65.32% 的股份以直接或间接的方式被掌握在上海市国资委的手中，这样的国有控股企业适合通过员工持股实施混改。其次，上港集团属于劳动密集型企业。查阅其 2014 年年报,可知其当时共有 19 000 余名在职员工,仅操作人员就有 11 000 多名,大约占到员工总人数的六成。所以,人力资本对企业经营发展起着决定性作用。要想未来经营远景良好,要想在市场上维持竞争力,就必须想办法有效地推动员工持股以起到良好的激励效果。

上港集团此次员工持股比例虽小,但有激励作用。员工持股计划向激励对象发行股票 418 495 000 股,仅占公司股本总额的 1.81%,比例虽然很小,但依然能够起到激励作用。首先,上港集团注册资本 232 亿元,企业规模足够大,仅仅 1.81% 的股份就募集了超 17 亿元的资金。对于持股员工来说,所持股本不多,但价值很高。其次,上港集团颇具规模的四大主营业务经营状况良好,在行业中处于领先地位,发展前景良好。对于持股员工来说,所持股本不多,但未来的收益可观,自然具有激励作用。

上港集团此次员工持股计划激励对象广泛,兼具激励与制衡。首先,员工持股方案的参与员工占人员总数的 72% 左右,并非只是针对高管和骨干员工,几乎大面积覆盖到了上港集团的中高层员工。其次,此次计划的总份额中,高管认购的份额仅占到约 1%,其余的份额都被其他员工所认购,有效地避免了管理层因持股比例过高而产生操纵股价等行为从而危害企业利益,同时还实现了众多基层操作人员的转变,激励他们从人力资源变为人力资本。劳动密集型企业的特点,在上港集团此次员工持股方案设计中完美地体现了出来。

上港集团此次员工持股方案在持续时间上设置了较长的期限。证监会的指导意见要求以非公开发行方式实施员工持股计划的持续期限不低于 36 个月,而上港集团本次员工持股计划的存续期长达 60 个月,锁定期 36 个月,解锁期 12 个月,并展期一年。该持股期限较一般的股权激励期限长,以在相当长的一段时间内将公司长期利益与员工个人利益绑定在一起。如

此一来，企业的短期业绩和长期发展之间的关系也得以平衡，可形成公司
与员工"风险共担、利益共享"的良性机制。

　　国有企业员工持股实施备受争议的地方之一，就是员工持股的实施容
易造成国有资产的流失。但上港集团采取了相应措施。首先，上港集团员
工持股计划通过管理委员会对员工持股计划进行管理，并不另行设置专门
的平台对员工持股计划进行管理，防止因委托给员工持股公司经营而造成
国有资产的流失。其次，上港集团此次员工持股计划中员工的持股比例较
低，仅为1.81%，很难对国有资本的控制权产生威胁。最后，上港集团对
员工所持有的股份转让做了较为严格的规定：除特殊情况外，参与此次员
工持股计划的股份不得转让。这有效避免了股票随意转让导致股市和员工
股管理混乱，防止国有企业被恶意收购从而造成国有资产的流失。

◎ 案例 99　机械企业综合改革——郑煤机

　　从三项制度改革到股权多元化改革、混合所有制改革，再到职业经理
人制度改革、授权放权改革等，郑州煤矿机械集团股份有限公司（以下简
称"郑煤机"）的改革路径和举措可谓具有全局、长远、系统的特点，值得
学习和借鉴。

　　郑煤机是中国少数煤炭采掘设备制造商之一，致力于生产及销售液压
支架、刮板输送机、掘进机、大型采矿高度液压支架等煤炭采掘设备。公
司是河南省实施混合所有制经济改革和职业经理人制度改革的"双试点"
单位。2018年入选国务院国资委国企改革"双百企业"名单。

　　郑煤机为激活企业内部的内生动力和发展活力，让企业得以生存并持
续发展，从2000年开始便走上了改革之路。新时代下，郑煤机又通过整合
重组，实现产业转型升级，为深化国企改革，开展混改、综合性改革等工

作夯实了基础。

第一步，三项制度改革（2000—2003 年）。郑煤机陆续启动了以"干部制度改革、分配制度改革和用工制度改革"为主要内容的三项制度改革。

实施干部制度改革，激发中层干部的创造力，以"竞聘制、岗薪制、任期制、末位淘汰制"为原则，坚持公开竞聘上岗。实施分配制度改革，打破薪酬固定模式，提出"三个一线"（技术一线、销售一线、生产一线）的概念，在员工层面逐步推进以"协议工资制、项目工资制、提成工资制、计件工资制、岗薪制"为主要内容的分配制度改革。实施用工制度改革，通过公开聘用制度，以合同制、劳务派遣制、专业顾问制等多种用工方式，使劳动用工更加灵活，形成人才的市场化流动机制。

第二步，股权多元化改革，上市（2006—2012 年）。郑煤机 2010 年在上海证券交易所 A 股主板上市，2012 年在香港联交所 H 股主板上市。

公司也以产业转型为契机，通过发行股票等方式，实行员工持股计划，形成了员工股、国资股、外资股、社会公众股等相对混合多元的股东结构；通过整合各方资源，进一步推动公司的持续发展。

第三步，整合重组，实现产业转型升级（2013—2017 年）。郑煤机 2013年开始探索产业转型升级，2016—2017 年通过并购方式整合建立汽车零部件产业板块，实现了从煤机板块向汽车零部件板块的产业转型，正式跨入汽车零部件市场，实现"煤机＋汽车零部件"双主业驱动；以产业转型为契机，引入新的外部投资者、实行员工持股计划，进一步深化了股权的多元化改革。

第四步，开启混改试点工作（2014 年）。2014 年，郑煤机被河南省国资委选为第一批省管企业发展混合所有制经济试点企业、河南省省管企业市场化选聘职业经理人试点企业。

经理层选聘采用外聘与市场化选聘相结合的方式。2015 年 1 月，郑煤机面向境内外市场化选聘公司经理层人员 8～9 名，其中总经理 1 名、专职副总经理 5～6 名、财务总监 1 名、董事会秘书（或副总经理兼董秘）1 名。目前，郑煤机经理层全部由董事会面向社会选聘，党委确定标准、规范程序和参与考察，经理层成员 100％实现了职业经理人市场化选聘、契约化管理。

在推进混合所有制改革过程中，郑煤机更加注重董事会的规范化、市场化运作，目前组建了内外部董事相结合、多元化全球化有机结合的董事会。董事会成员由股东推荐，并经股东大会选举产生：执行董事需要具备投融资、煤机、汽车零部件业务背景；独立董事在董事会中占三分之一，需要具备投资、审计、法律等背景。

在管理创新方面，郑煤机控股股东简政放权，使郑煤机董事会成为决策主体和责任主体。2017 年，公司控股股东河南机械装备投资集团将经营方针、部分对外投资项目、所出资企业的处置及改革改制、工资总额、债券发行、资产转让、经理层选聘等 9 项职权下放给郑煤机董事会。

此外，完善董事会后，加强党的建设。2018 年，郑煤机根据董事会、监事会、经理层换届结果，对其党委会人员进行调整。党委会人员与董事会、监事会、经理层主要决策人员高度重合，一岗双责，确保党委的领导。

◎ 案例 100　基础设施企业综合改革——宁夏交通投资集团

宁夏交通投资集团是在原宁夏交通投资公司基础上，于 2016 年 11 月 7 日改组设立的国有独资公司，注册资本 200 亿元。

宁夏交通投资集团拥有 6 个全资子公司、2 个控股公司、3 个参股公司，主要经营范围是交通运输基础设施项目的投资、融资、开发建设和经营管理，交通运输相关产业的投资、融资、开发建设和经营管理等。

截至 2016 年末，公司资产总额 36.78 亿元，净资产 23.15 亿元；全年实现营业收入 2.18 亿元，利润总额 0.2 亿元，上缴税费 0.06 亿元；在岗职工 820 人。

宁夏回族自治区党委、政府赋予宁夏交通投资集团交通基础设施建设投资主体、交通国有资本保值增值责任主体、交通国有企业产业整合主体和交通基础设施建设融资主体的功能定位。

宁夏交通投资集团按照自治区党委、政府部署要求，为进一步优化交通运输产业布局，理顺国有资产监管体制，建立和完善现代企业制度，不断增强企业竞争力。

2016 年 11 月，新组建的国有投资运营集团宁夏交通投资集团宣告成立。

2017 年，宁夏交通投资集团完成宁夏交通物流集团有限公司与宁夏交通国际物流港重组任务。

2018 年，宁夏交通投资集团将"同质化竞争"的宁夏同元交通资产管理有限公司与宁夏通运物业服务有限公司进行重组整合，将通运物业公司及其全资子公司宁夏通运交通汽车租赁有限公司 100% 的产权无偿划转至同元公司，并将宁夏通运交通汽车租赁有限公司变更为同元公司的全资子公司，同时将通运物业公司产权明晰的房产、广告牌等资产过户至同元公司，实行集中统一管理。

宁夏交通投资集团坚持在尊重市场规律的前提下，采取国有产权无偿划转方式横向合并同类企业。结合宁夏交通运输产业的特点和企业状况，宁夏交通投资集团（含现有子公司和控股公司）在其基础上，将自治区交通运输厅脱钩移交的宁夏交通科学研究所、宁夏交通国际物流港、宁夏通运物业服务有限公司、宁夏公路监理咨询公司 4 家企业划拨合并为由其子公司改组组建而成的国有资本投资集团公司。

我们可以看到，宁夏交通投资集团通过国有产权无偿划转模式，进一步优化产业结构与布局。国有产权无偿划转，是指企业国有产权在政府机构、事业单位、国有独资企业、国有一人企业、国有全资企业之间的无偿转移。

宁夏交通投资集团通过国有产权无偿划转的方式进行改组组建与重组整合，在一定程度上整合并优化了宁夏交通产业结构与布局，提升了产业竞争力。

宁夏交通投资集团推进重组整合已取得明显成效，未来将继续扎实推进企业内部重组整合，为有效解决同质化发展问题、避免企业过度竞争和恶性竞争创造了良好条件。

图书在版编目（CIP）数据

国企混改实战 100 例/刘斌，王娜编著．－－北京：中国人民大学出版社，2020.9
ISBN 978-7-300-16358-1

Ⅰ.①国… Ⅱ.①刘… ②王… Ⅲ.①国企改革－案例－中国 Ⅳ.①F279.21

中国版本图书馆 CIP 数据核字（2020）第 154310 号

国企混改实战 100 例

刘 斌 王 娜 编著

Guoqi Hungai Shizhan 100 Li

出版发行	中国人民大学出版社			
社　址	北京中关村大街 31 号		**邮政编码**	100080
电　话	010 - 62511242（总编室）		010 - 62511770（质管部）	
	010 - 82501766（邮购部）		010 - 62514148（门市部）	
	010 - 62515195（发行公司）		010 - 62515275（盗版举报）	
网　址	http://www.crup.com.cn			
经　销	新华书店			
印　刷	天津中印联印务有限公司			
规　格	170mm×230mm　16 开本		**版　次**	2020 年 9 月第 1 版
印　张	20.5		**印　次**	2020 年 11 月第 2 次印刷
字　数	238 000		**定　价**	69.00 元